电力行业低碳转型
客户细分、负荷预测与能效评价

王莉芳 温 文 俞文瑾 著

机械工业出版社

电力行业作为我国碳排放占比最大的行业，其减排效果对实现"双碳"目标至关重要。本书从大数据赋能电力行业低碳转型的角度，对重塑电力服务体系这一课题进行研究，从客户细分、负荷预测与能效评价三个方面提出了方案并予以实践。首先，基于数据挖掘技术细分电力用户，提升客户满意度；其次，挖掘相关用电数据对电力负荷进行短期和中长期预测，以提高电力负荷的预测精度；最后，开展电力公司供电服务客户满意度评价，精准满足客户需求，提升供电服务质量。

本书可作为电力工程管理、技术经济与管理及相关管理专业的博士生和硕士生，以及从事相关研究的专业人员的参考书，同时对从事电力服务与电力体制改革的工作人员也具有一定的指导作用。本书的编写期望能推进我国电力行业低碳转型，为电力行业服务体系创新和提高电力服务质量开拓新思路。

图书在版编目（CIP）数据

电力行业低碳转型：客户细分、负荷预测与能效评价 / 王莉芳，温文，俞文瑾著. —北京：机械工业出版社，2023.7
ISBN 978-7-111-73250-1

Ⅰ. ①电… Ⅱ. ①王… ②温… ③俞… Ⅲ. ①电力工业 – 节能减排 – 研究 – 中国 Ⅳ. ① F426.61

中国国家版本馆 CIP 数据核字（2023）第 094891 号

机械工业出版社（北京市百万庄大街22号　邮政编码100037）
策划编辑：吕　潇　　　　　责任编辑：吕　潇
责任校对：薄萌钰　翟天睿　封面设计：马精明
责任印制：张　博
北京建宏印刷有限公司印刷
2023年8月第1版第1次印刷
169mm×239mm・16印张・292千字
标准书号：ISBN 978-7-111-73250-1
定价：89.00元

电话服务　　　　　　　　　　网络服务
客服电话：010-88361066　　　机　工　官　网：www.cmpbook.com
　　　　　010-88379833　　　机　工　官　博：weibo.com/cmp1952
　　　　　010-68326294　　　金　书　网：www.golden-book.com
封底无防伪标均为盗版　　　　机工教育服务网：www.cmpedu.com

前 言

党的二十大对能源工作作出了新部署、新安排，全力以赴抢抓电力重点项目建设，为"十四五"时期及中长期电力保供奠定坚实基础。电力行业是国民经济的基础性能源产业，对其他产业部门的发展起着至关重要的支撑作用。电力系统是一个由发电、输电、配电、用电等环节构成的电力生产、输送及消费的系统，它将整个电力行业有效地联结到一起形成一整条产业链。完善的客户细分类别是发展清洁能源，践行国家"绿色发展"战略的必要前提；精确的电力需求预测是保持电力系统安全、稳定、经济、高效运行的重要保障；科学的能效评价方法是推进企业节能减排、降低能源消耗的重要依据。

随着工业化与城市化进程的推进，我国北方部分地区在秋冬季出现了雾霾天气，传统的燃煤采暖方式则是雾霾形成的主要原因之一。面对日益严峻的环境问题，国家发展改革委在"十四五"规划中明确指出要优先发展清洁能源，居民客户作为电力供给的重要需求者之一，研究居民客户对于煤改电的响应程度，细分煤改电居民客户，提升客户满意度成为重要的研究课题。电力负荷数据在不同的时间长度中呈现出不同的变化趋势，但大多均具有复杂的非线性、波动性和随机性等特征，给电网运行的可靠性带来了很大的难题，准确预测电力负荷对于电力企业显得尤为重要，随着分布式能源的并网，电力预测更是变得越来越困难，传统的预测方法带来的缺陷也越来越凸显。因此，亟需基于大数据环境下对电力数据的挖掘分析，并使用现代人工智能方法对电力负荷进行预测。伴随着国企改革三年行动任务及电力体制改革，引入市场竞争机制和输配电核价机制，加速推动国家电网公司提质增效、提升精益化管理、加强客户供电服务。接下来，对节能减排实施的客户用电能效评价项目开展需求侧能效评价，随之成为实现"双碳"目标，推动能源结构转型升级的重要研究课题。

本书所做的主要研究工作及创新点如下：

第一，构建了电力客户细分模型并以国网 A 省电力公司调研的客户用电量数据与问卷调查收集的客户数据进行模型的验证。首先提出模型构建思路，确定了基于客户意愿与客户价值进行研究的细分目标，并明确模型构建原则。其次通过文献分析与专家访谈对细分变量进行提取，采用文献分析法确定出模型构建的方法，选择肘部法则、轮廓系数与 K-means 算法相结合的算法，构建煤改电居民客户细分模型。最后通过煤改电居民客户细分模型进行实例分析，运用 Python 与 SPSS 工具进行了煤改电居民客户细分模型的实例应用研究。以国网 A 省电力公司营销系统导出的客户用电量数据与问卷调查收集的客户数据为实例样本，通过数据清洗与整理、标准化处理、One-Hot 编码，以及 K-means 算法的客户细分聚类，并根据细分结果对各细分客户进行了定义与分析。

第二，构建了智能电网短期负荷预测模型，并以 A 省 X 市的电力负荷数据为例进行了模型的验证。首先介绍人工神经网络的基本理论，分析神经网络方法在智能电网短期负荷预测中的适宜性。然后基于 BP 神经网络和 LSTM 神经网络分别建立智能电网单项短期负荷预测模型，分析各模型预测效果及优缺点；采用遗传算法计算组合神经网络预测模型权重，构建智能电网短期负荷组合预测模型。最后以 A 省 X 市的电力负荷数据为例，筛选历史电力数据样本划分训练集和测试集，用 Python 作为仿真工具进行短期负荷预测。然后分析 BP 神经网络、LSTM 神经网络和组合神经网络模型的拟合优度。结合预测精度结果分析组合预测模型对单项预测模型的缺点弱化程度。

第三，构建了智能电网中长期负荷预测模型，并以 A 省 Y 市的电力负荷数据为例进行了模型的验证。通过灰色系统及灰色模型的概念阐述发现灰色模型适合对离散无规律且数据量不大的数据序列进行预测，并明确了使用 GM（1,1）构建中长期电力负荷需求预测模型的原则。运用灰色关联度分析法计算出了各项影响因子的关联度，在此基础上对初步筛选出的影响因素进行了排序，将这些影响因素确定为多因素条件下电力负荷需求预测的关键影响因素，作为模型的输入变量，合理利用这些影响因素，提出了使用 GM（1,n）来构建多因素条件下的中长期电力负荷需求预测模型。选取了合适的模型评价指标，对单因素条件下模型的预测性能进行了实例分析并对效果进行评价，对多因素条件下的电力负荷需求预测模型，进行了实例分析，验证了模型预测的精度。

第四，构建了客户用电能效指标模型，并基于国网 A 省电力公司"供电+能效服务"业务进行模型的验证。首先基于客户细分结果，对不同客户的用能情况，构建全面的用户用电能效评价指标体系。其次通过评价客户用电能效，分析客户用电能效现状与问题，为客户提供针对能效服务的支撑。通过专家访谈与问卷调查结果，分析确定用户能效服务质量影响因素，完成质量评价指标体系构建，同时通过质量评价体系对现有客户用电能效服务业务进行质量评价，为提出客户用电能效服务质量提升方案提供依据。最后选择相关电网企业进行标杆案例研究，总结并借鉴工作经验，完善提升客户用电能效服务的方案及对策建议。

本书的研究历时5年，研究团队在A省科技厅软科学项目"双碳背景下A省电力企业'供电+能效服务'质量提升研究"（项目编号：D5170230042，批准号：2023-CX-RKX-130）以及国网A省Y市供电公司项目"2021年大数据环境下基于客户分群的电力需求预测研究"（项目编号：D5201210017）等多个省部级、企业合作课题的支撑下，发表了数篇研究论文和学位论文等阶段性成果。在写作本书的过程中，参阅了中外大量专业教材、著作和论文，对我们完成研究工作提供了宝贵的文献支持，在此谨向相关文献的作者表示深深的谢意。此外，在本书的研究过程中，本课题组已毕业研究生彭周、朱琳、权静、王昕德民、徐嘉鹏，以及西北工业大学杨雁坤也为本书的前期调研提供了大量的支持，在此向他们表示感谢。在调研过程中，国网A省电力公司为调研提供了帮助和便利，在此一并致以诚挚的谢意！受到笔者本人见解所限，书中难免有不足之处，欢迎广大读者批评指正，共同推动电力行业低碳转型服务创新体系的研究。

作　者

2023年4月

目 录

前 言

第1章 绪论 1

1.1 研究背景与意义 1
    1.1.1 研究背景 1
    1.1.2 研究意义 3

1.2 国内外相关研究现状 4
    1.2.1 电力行业低碳转型相关研究 4
    1.2.2 电力服务质量相关研究 6
    1.2.3 电力客户细分的相关研究 9
    1.2.4 电力短期负荷预测的相关研究 10
    1.2.5 电力中长期负荷预测的相关研究 16
    1.2.6 能效评价的相关研究 17
    1.2.7 研究评述 21

1.3 研究方法、内容及技术路线 23
    1.3.1 研究方法 23
    1.3.2 研究内容 29
    1.3.3 技术路线 30

第2章 相关概念界定与理论基础 32

2.1 相关概念界定 32
    2.1.1 电力行业低碳转型 32
    2.1.2 智能电网 34
    2.1.3 客户细分 35
    2.1.4 电力负荷 37
    2.1.5 负荷预测 38
    2.1.6 能效评价 39

2.2 相关理论基础 ·········· 39
2.2.1 电力服务理论 ·········· 39
2.2.2 客户关系管理理论 ·········· 42
2.2.3 需求响应相关理论 ·········· 45
2.2.4 电力负荷预测相关理论 ·········· 46
2.2.5 能效服务理论 ·········· 49
2.2.6 客户服务质量评价理论 ·········· 50

第3章 电力客户细分模型构建 ·········· 53
3.1 电力客户细分模型构建思路 ·········· 53
3.2 电力客户细分模型构建的目标和原则 ·········· 54
3.2.1 模型构建目标 ·········· 54
3.2.2 模型构建原则 ·········· 54
3.3 客户细分变量提取 ·········· 55
3.3.1 客户细分变量提取原则 ·········· 55
3.3.2 基于煤改电客户意愿的细分变量提取 ·········· 56
3.3.3 基于煤改电客户价值的细分变量提取 ·········· 58
3.4 客户细分模型构建 ·········· 58
3.4.1 肘部法则与轮廓系数方法确定电力客户细分初始簇数 ·········· 58
3.4.2 K-means 算法实现电力客户聚类 ·········· 60
3.4.3 改进 K-means 算法实现客户细分模型的构建 ·········· 62
3.5 本章小结 ·········· 62

第4章 电力客户细分模型的验证 ·········· 63
4.1 客户数据收集 ·········· 63
4.1.1 营销系统数据收集 ·········· 63
4.1.2 问卷调查数据收集 ·········· 64
4.2 客户数据预处理 ·········· 66
4.2.1 数据清洗与整理 ·········· 66
4.2.2 离群值处理 ·········· 67
4.2.3 标准化处理 ·········· 68
4.2.4 One-Hot 编码 ·········· 69
4.2.5 二进制编码 ·········· 70
4.3 客户细分聚类 ·········· 71
4.3.1 实现工具 ·········· 71

　　　　4.3.2　K 值的确定 ………………………………………………… 71
　　　　4.3.3　K-means 算法聚类 ………………………………………… 72
　4.4　客户细分聚类结果解释 ……………………………………………… 77
　　　　4.4.1　基于煤改电客户意愿的居民客户聚类结果解释 ………… 77
　　　　4.4.2　基于煤改电客户价值的居民客户聚类结果解释 ………… 79
　4.5　客户细分模型应用结果 ……………………………………………… 80
　　　　4.5.1　基于煤改电客户意愿的居民客户细分结果 ……………… 81
　　　　4.5.2　基于煤改电客户价值的居民客户细分结果 ……………… 81
　4.6　本章小结 ……………………………………………………………… 82

第 5 章　智能电网短期负荷预测模型构建 ……………………………… 83

　5.1　短期负荷预测影响因素的提取 ……………………………………… 83
　　　　5.1.1　短期负荷特性分析 ………………………………………… 83
　　　　5.1.2　短期电力负荷预测影响因素的初步选取 ………………… 90
　　　　5.1.3　短期电力负荷预测关键影响因素的甄别 ………………… 98
　5.2　人工神经网络在模型构建中的适用性分析 ………………………… 103
　5.3　基于神经网络的智能电网短期负荷预测单一模型构建 …………… 106
　　　　5.3.1　单一模型选取原则 ………………………………………… 107
　　　　5.3.2　BP 神经网络预测模型构建 ………………………………… 107
　　　　5.3.3　LSTM 神经网络预测模型构建 …………………………… 113
　5.4　基于遗传算法的短期负荷预测组合模型构建 ……………………… 116
　　　　5.4.1　组合预测模型权重确定方法 ……………………………… 116
　　　　5.4.2　BP-LSTM 神经网络组合预测模型构建 …………………… 117
　5.5　本章小结 ……………………………………………………………… 119

第 6 章　智能电网短期负荷预测模型的验证 …………………………… 120

　6.1　预测精度评价指标选取 ……………………………………………… 120
　6.2　样本数据选择与预处理 ……………………………………………… 121
　　　　6.2.1　样本数据选择 ……………………………………………… 121
　　　　6.2.2　样本数据预处理 …………………………………………… 122
　6.3　预测过程及结果分析 ………………………………………………… 125
　　　　6.3.1　BP 神经网络模型预测结果 ………………………………… 125
　　　　6.3.2　LSTM 神经网络模型预测结果 …………………………… 126
　　　　6.3.3　BP-LSTM 神经网络模型预测结果 ………………………… 127
　6.4　模型预测效果对比分析 ……………………………………………… 128

        6.4.1 三种神经网络模型预测效果 ·································· 129
        6.4.2 组合模型与单一模型预测效果对比 ························ 131
    6.5 本章小结 ·· 132

第7章 智能电网中长期负荷预测模型构建 ································ 133
    7.1 中长期负荷预测影响因素的提取 ····································· 133
        7.1.1 中长期负荷特性分析 ·· 133
        7.1.2 中长期电力负荷预测影响因素的初步提取 ················ 135
        7.1.3 中长期电力负荷预测关键影响因素的甄别 ················ 140
    7.2 灰色预测模型在中长期电力负荷预测模型中的适用性分析 ····· 141
    7.3 单因素条件下的中长期电力负荷需求预测模型构建 ·············· 142
        7.3.1 单一模型选取原则 ·· 142
        7.3.2 基于灰色模型的电力负荷需求预测模型构建 ············· 142
    7.4 多因素条件下的中长期电力负荷需求预测模型构建 ·············· 145
        7.4.1 中长期电力负荷预测模型输入变量说明 ··················· 145
        7.4.2 中长期电力负荷需求预测模型构建 ························· 145
    7.5 本章小结 ·· 147

第8章 智能电网中长期负荷预测模型验证 ································ 148
    8.1 电力负荷需求预测实例公司负荷数据选取 ·························· 148
    8.2 单因素条件下电力负荷需求预测模型效果评价 ···················· 149
        8.2.1 预测精度评价指标选取 ·· 149
        8.2.2 预测过程及结果分析 ·· 150
    8.3 多因素条件下电力需求预测模型效果评价 ························· 153
        8.3.1 预测精度评价指标选取 ·· 153
        8.3.2 预测过程及结果分析 ·· 156
    8.4 单因素与多因素预测模型预测效果对比分析 ······················· 159
    8.5 本章小结 ·· 160

第9章 电力客户用能效果评价模型构建 ··································· 161
    9.1 评价指标体系建立目标与原则 ·· 161
    9.2 评价指标体系构建流程 ·· 162
        9.2.1 评价指标初选 ·· 162
        9.2.2 评价指标优化与确立 ·· 167
        9.2.3 客户用电能效指标评价权重方法 ···························· 178

9.3　电力客户用能效果评价模型构建 …………………………………… 181
9.4　本章小结 …………………………………………………………… 186

第10章　电力客户用能效果评价模型验证 ………………………………… 187

10.1　电力客户用能效果质量评价指标提取的原则和目标 ……………… 187
10.2　基于改进的TOPSIS综合评价模型构建 …………………………… 188
  10.2.1　客户数据收集 ……………………………………………… 188
  10.2.2　供电服务客户满意度评价 ………………………………… 188
10.3　A省"供电＋能效服务"项目评价结果分析 ………………………… 201
10.4　相关企业典型案例分析 …………………………………………… 205
  10.4.1　典型案例1 ………………………………………………… 205
  10.4.2　典型案例2 ………………………………………………… 207
  10.4.3　案例分析结论 ……………………………………………… 208
10.5　本章小结 …………………………………………………………… 209

第11章　提升电力服务质量的对策与建议 ………………………………… 210

11.1　客户价值挖掘及服务提升的对策与建议 …………………………… 210
11.2　优化智能电网调控管理水平的对策与建议 ………………………… 219
11.3　客户用电能效服务质量提升的对策与建议 ………………………… 222

参考文献 …………………………………………………………………… 228

第1章 绪论

1.1 研究背景与意义

1.1.1 研究背景

绿色发展作为我国发展全局的重要理念，是我国推进生态文明建设的重要内容。随着我国"双碳"战略目标的提出，在当前我国近90%的温室气体排放来源于能源体系的背景下，推动我国能源结构优化、能源产业结构升级，实现重点行业"能耗强度和总量"控制向"碳排放强度和总量"控制的转变，是实现这一战略目标的重点问题和行动抓手——**电力行业的低碳转型不仅需要在电力系统中形成以非化石能源为主的电源结构，同时也需要充分发挥服务体系在资源优化配置中的重要作用**。因此，推进电力行业低碳转型，创新电力服务体系，是实现"碳达峰、碳中和"的重要技术手段。

电力客户细分是推进电力行业低碳转型、创新电力服务体系的前提条件。电力行业作为国民经济发展的先导行业和我国碳排放的第一大户，积极响应政策号召，从生产环节与供应环节全面提高清洁能源的利用率和降低碳排放量，截至2021年底，A省采用风电、光伏与生物质等清洁能源的装机量达1485万kW，占全省电力总装机量的30.6%，从发电侧不断优化能源结构，实现节能减排；同时从供电侧出发，治理散煤取暖，大力开展针对客户冬季采暖的煤改电改造，全力实现客户采暖行为的转型，提高电采暖的使用比例。随着电能替代的展开，完成煤改电改造的客户放弃了原有的燃煤采暖等传统采暖方式，取而代之采用电采暖这样相对清洁的采暖方式。由于采暖方式的转变，广大客户的用电使用习惯也发生了相应的变化，用电时间、用电方式和用电负荷等行为特点都同改造之前发生了不同程度的变化，这种变化对电力企业的客户关系管理带来了巨大的挑战。一方面，客户用电行为的变化导致客户对于电力企业所提供的服务产生了更专业和更详细的需求，原有的客户细分方式并没有体现出煤改电对于电力客户的影响，若直接沿用，则可能导致客户的服务不能得到充分的满足，降低客户的服务满意度；另一方面，电力体制改革的不断深化放开了原本处于垄断状态的电力市场，引入独立的售电公司，使客户有了更多的服务选择，这也对传统的电力公司提出了更高的客户服务要求。

负荷需求预测是推进我国能源结构转型，实现电力经济高效低碳转型发展的重要手段。 2017年9月，国家发展改革委、工业和信息化部、财政部、住房和城乡建设部、国务院国资委、国家能源局6部门联合印发《关于深入推进供给侧结构性改革做好新形势下电力需求侧管理工作的通知》，表明在新技术发展和电力市场加快改革进程的情形下，需求侧用户主动响应电价参与用电调节的程度将持续提升，有助于推进能源消费结构调整并提高用电智能化水平。"十四五"规划中提到，我国电力企业开始实现高质量发展，新时代下，要不断优化电力需求的预测方法，更好地实现节约能源的目标，促进电力企业的健康发展。2022年8月，四川、江西、浙江、广东等地接连出现了短暂的用电负荷缺口，部分区域的"拉闸限电"和"有序用电"引起了大家的关注，呈现"双高"特点的电力系统在供需平衡、系统调节等方面都在面临新的挑战，电力负荷预测是电力供需形势分析的基础，是保障电力供应的有效手段。由此可见伴随电力体制改革的不断深入，电力行业低碳转型对负荷预测的精度也提出了更高的要求。而电力负荷预测主要是通过对历史负荷数据表现的特征和蕴含的规律进行研究，从而对未来某时间段内的用电需求量以及负荷水平进行推算预测。准确的负荷预测结果，是调控区域电力负荷，保障电网供电经济性和可靠性的数据参考依据，有助于维护电力设备运行并提高利用率。通过对区域负荷水平进行有效预测和分析，可以更合理地规划地区电力市场发展前景及能源结构调整进程，为区域经济社会可持续发展制定更合理的政策。

客户用电能效评价是实现国家"双碳"目标在能源消费侧全面推进电气化和节能提效的重要抓手。 2020年7月，国家电网有限公司发布文件《国家电网有限公司关于全面开展能效服务的指导意见》（国家电网营销〔2020〕432号），提出为落实国家能源革命要求，要推进公司战略在客户侧有效落地，积极实施"供电服务"向"供电+能效服务"延伸拓展，聚焦客户用能优化，以提升客户能效为切入点，统筹开展电能替代、综合能源服务和需求响应，推动公司经营效益提升，促进清洁能源开发利用，实现全社会能效水平提高。近几年随着电网企业信息化快速推进，大数据和互联网技术在国内外电力企业中的应用越来越广泛，大量电力客户信息被存储。但目前主要存在数据来源多、数据精度低、数据种类混杂、数据利用率低、数据质量较低、数据管控能力不强、数据共享不畅、数据集成度不高等问题，以至于电网企业对客户行为的研究分析主要在分类、聚类、关联和预测等方面，还处于较为初期的阶段，未来还有较大的研究空间。在用电能效管理方面，随着"供能＋能效服务"的不断应用与推广，能源互联网旨在将数字化与能源深入结合，形成能效服务致力于公共服务和市场化服务，但对不同类型的电力客户目前没有形成完善的电力能效评估指标体系，也没有完善的用电能效评估方法及系统的优化方法。在"双碳"背景下，用电能效评价研究更应考虑兼具环境友好、数字化和社会公共服务属性，这对我国企业电力高效运行和节能降耗具有重要意义。

因此，本书从创新电力服务体系的视角出发，运用低碳经济理论、数据挖掘理论、能效服务理论等，围绕电力行业低碳转型发展过程中在客户细分、负荷预测、能效评价等方面出现的新问题，设计电力服务创新体系，为电力行业的低碳转型和可持续发展提供基础理论和应用示范方案。

1.1.2 研究意义

1. 理论意义

（1）丰富了电力客户关系管理的理论研究。结合肘部法则与轮廓系数的K-means算法应用于煤改电后的电力客户细分，对未来电力企业实施类似煤改电等能源转型之后的电力客户细分提供了一定程度的参考价值。

（2）创新性地提出考虑需求侧客户主动响应的短期负荷预测方法。传统的短期负荷预测在历史电力负荷数据的基础上，结合日期类型、气象环境因素等对短期负荷的影响程度进行负荷预测。但随着电力改革和市场开放，因电价变化而产生的负荷波动对负荷整体水平也有所影响，而这部分负荷量是通过需求响应政策导向去调整电价，从而调节客户用电行为。因此在电价导向的作用下，需求侧响应产生的负荷转移量在负荷预测中的影响愈发明显，在智能电网短期负荷预测中需要纳入对客户响应电价主动参与调节用电行为这一影响因素的考虑。

（3）在大数据加持环境下进行电力负荷中长期需求预测。大多数关于电力负荷中长期预测的研究是直接获取历史电力负荷数据，并通过理论分析提取关键影响因素作为输入变量进行电力负荷预测，但未验证提取的影响因素是否有效。本著作一方面引入大数据技术来完成电力系统负荷预测，能够有效增加预测精度与速度，有助于稳定性与经济性的提升。另一方面在操作过程中创新性地对比了单因素和多因素条件下模型的预测精度误差，验证了影响因素对于电力负荷预测的重要性。

（4）运用能效服务理论，构建客户能效评价体系。一是通过客户能效评价，为客户在多方面挖掘能效服务需求潜力，完善客户能效服务业务体系理论支撑，使能效服务推进更加专业化、规范化、信息化。二是进行客户能效服务质量评价，切实促进客户能效服务水平稳步提升，有效助力"双碳"目标实现。

2. 实践意义

（1）为电力企业从两个方面提供客户细分的建议。一方面从客户意愿的维度提供了煤改电的优化建议，另一方面也为电力企业提供了从客户价值维度提出的煤改电改造后客户常态化运营管理的科学建议，本部分的研究成果对于其他省市的煤改电工作的推进也具备一定的参考价值。

（2）为电力系统优化调度提供准确数据参考。通过未来负荷水平的预测数据，调度员可以根据预测的负荷曲线趋势调整谷峰率，使曲线趋于平滑，提高电网运行效率；准确的电力负荷预测结果可以为电力负荷运行调度人员制定电力瞬时平衡策略提供参考依据；同时精确的负荷预测值可以作为售电公司绩效考核的指标之一，有助于电网公司在与发电企业和售电企业的利益协商中有更可靠的依据。

（3）为提升客户能效服务质量提供切实可行的方案。基于国网 A 省电力有限公司的客户用能效果项目，结合国家"四个革命、一个合作"能源安全新战略及"碳达峰、碳中和"目标，能源消费侧电气化和节能提效推进情况和能效公共服务建设情况，对客户用电行为的个性特征及客户能效服务业务满意度情况进行调研，分析并提出提升客户能效服务质量方案及对策建议。

1.2 国内外相关研究现状

1.2.1 电力行业低碳转型相关研究

在推动电力行业低碳化发展方面，英国走在低碳研究的前列。Michael 等英国学者试图解释电力行业以及低碳目标二者之间的某些关系，研究结论表明，调整电源结构，提升电源发展的多样性，改变以往火电独大的单一结构是实现电力行业长期低碳发展目标的关键手段[1]。Kannan 利用 MRKAL 模型分析了低碳与电力行业二者的关系，研究结论表明要全面实现低碳目标，电力行业的节能减排势在必行。而电源结构的转变又是实现电力部门清洁低碳发展的关键抓手，同时电源结构的转变要综合考虑低碳电力技术的发展情况、电力需求的发展趋势等多方面的因素[2]。Neil 通过利用 MARKAL-MACRO（M-M）模型，对英国二氧化碳排放总量减少 60% 的长期目标进行了研究。模型运算结果表明，对英国而言，在未来较长的一段时间，其国内二氧化碳排放量的减少是可以做到的,不过值得注意的是该研究忽略了英国经济的竞争力等方面因素对研究结果的影响[3]。Dagoumas[4]采取的是 E3MG 宏观计量模型的思路,通过自下而上的方法,对二氧化碳排放量减少情况设定了三种不同情景,在保证经济发展要求的前提下,对能源电力为达成碳减排目标所选取的发展路径进行了研究。其目的是在碳减排目标指导下,为英国设计低碳发展的政治框架,并量化其贡献。很多学者对可再生能源配额这一政策展开了研究,也就是说在电力生产的过程中,所利用的能源中必须有一部分是来自可再生能源电力。对于可再生能源配额制的研究主要从电力规划、发电权交易和电力可靠性等多个角度进行了分析[5-7]。除英国外,欧洲其他国家也相继对电力行业低碳发展展开了研究。Markandya 的研究结论表明碳排放信用额度在一定程度上对于可再生能源的快速发展有较大的促进作用,而碳排放信用额度市场的建立和发展可以借助于商业银行、碳交易所等诸多平台和措施的激励,随着日趋发展成熟,最终成为一个全球性的碳排放信用系统[8]。Sonia Yeh 等人的观点是,电力行业的低碳化发展最重要的是利用新型低碳燃料来替代传统化石发电燃料[9]。Toshihiko 等人在前人的研究基础上对电力行业的能源系统模型进行了进一步深入的研究和分析,在研究中除了介绍传统化石能源的发电技术,还对水电、风电等低碳新能源电力技术的发展状况进行了阐述,研究结论表明全社会的低碳环保有赖于能源多样性形成的合理能源系统的发展[10]。John 也通过对欧盟的电力行业与碳排放之间的关系进行细致的研究之后得出如下结论,电力行业低碳化发展对于减排目标的实现起着重大作用,是实现减排目标的关键途径[11]。James 等的研究结论表明碳排放总量减少的关键在于减少电力行业的碳排放量,除此之外,碳减排目标的实现还有赖于国家主管部门有效的政策措施,国家政策的推动促进了碳减排目标的实现[12]。文献[13]研究了低碳期货在未来较长一段时间内对能源发展的影响。文献[14-16]主要对欧盟国家的低碳发展进行了研究,欧盟国家通过依仗自身低碳能源技术发展优势,积极推动应对气候变化和碳减排等低碳发展方面的国际合作,期望通过低碳能源技术转让的手段促进欧盟企业顺利进入发展中国家。美国对于低碳发展路径以及低碳技术的研究也一直在进行。文献[17]研究分析了在电力行业中能源经济能效与碳排放强度度量的作用,在理论研究的基础上还进行了实证研究。文献[18]利用经济模型,从成本角度对 CCS 技术和可再生能源技术进行了分析,从经济学的角度探索碳减排目标的实现路径,在此基础之上提出了相应的经济和政治政策。文献[19]对二氧化碳捕获技术的成本进行了研究和估算。文献[20]的观点认为碳减排工作的关键是控制发电侧的碳排放量,通过利用混合整数线性规划模型对不同政策影响下北美西部可再生能源资源的开发利用与发展情况进行了研究分析。研究结论表明倘若未制定新的政策措施，2030 年的碳减排目标将无法顺利完成，碳减排目标的顺利完成必须依赖国家相应的政策措施推动。

放眼国内，我国诸多研究学者对于电力低碳发展同样也展开了许多研究。文献 [21] 对电力行业在低碳经济中可能面对的新环境和新特点进行了全方位的研究，分析研究了电力行业低碳化发展方向，并对电力行业低碳技术的研究与发展进行了展望，明确了电力行业低碳发展战略实施过程中的主要问题以及潜在的挑战，最终构建了整体的电力行业低碳技术研究框架。文献 [22] 基于我国电力行业的碳排放现状论述了电力行业低碳发展的必要性，并结合我国能源发展现状及趋势立足我国国情提出了电力行业低碳发展路径。文献 [23] 立足我国未来风电发展研究了我国沿海地区风电布局与发展展望，并试图寻找提高公众对于风电合理布局及发展关注度的途径与方法，以促进风电更好的发展。文献 [24] 首先对提出低碳经济的背景进行了概述，进而立足中国低碳发展现状与环境，对发电行业低碳发展趋势进行了展望，最终提出了电力行业在低碳发展大环境下的发展战略与举措。文献 [25] 研究了发电企业在低碳发展背景下的转型路径，通过促进新能源电力的发展，调整发电企业能源电力结构，进而达到企业乃至社会的可持续发展。文献 [26] 综合考虑到电力项目的投资与运营特点，以暂停期权为出发点建立了低碳电力项目的价值测算模型，以生物质发电项目为例，对其投资临界点进行了测算，同时根据所测算出来的一系列财务指标提出了相应的政策建议。文献 [27] 主要关注的是分布式能源的发展潜力与方向，对低碳分布式能源体系与该体系下的能源供给模式展开了细致的研究。

1.2.2 电力服务质量相关研究

1. 国外电力服务质量评价相关研究现状

20 世纪中期，国外市场环境开始发生变化，企业也根据市场环境的变化随即调整自身经营策略，此时，基于客户满意度的服务质量评价研究拉开帷幕。1965 年，美国学者 Cardozo[28] 首次提出了客户满意的概念，促进了客户满意度研究的迅速发展，吸引了许多学者对其进行研究并得出了许多相关的理论，并逐步形成了较为成熟的理论模型。Anderson[29] 总结了解释客户满意的两个观点。一个观点是，在某个产品交易完成后，客户对产品在短期内的判断；另一个观点是，在客户多次购买产品后对产品的所有采购体验进行总体评估，是一个累积判断的过程。前者有助于公司在对产品进行调整后跟踪客户的反应，而后者有助于预测消费者的行为和客户对产品的态度。Kano[30] 通过对客户满意度的研究，提出了认为产品质量是影响客户满意度的主要因素，客户对产品的需求包括三种，在其提出的 KANO 模型中，基本需求对应基本因素，期望需求对应绩效因素以及兴奋需求对应激励因素。1989 年，美国的 Fornell[31,32] 博士首次建立了瑞典客户满意度指数（SCSB）模型，该模型包含客户预期、感知价值、客户满意度、客户抱怨以及客户忠诚，构成一个计量经济学的逻辑模型。1994 年，Fornell 为了研究客户的消费过程、客户满意度以及购买产品之后的行为反应之间的关系，在 SCSB 模型的基础上加入感知质量，预测测评结果，随后提出了美国客户满意度指数（ACSI）模型，具有广泛的代表性，也得到了最为广泛的应用，模型中的结构变量沿用至今已覆盖全美大经济领域产业的各个行业，在具体的应用过程中也得到了事实的证明，包括多个大企业和政府部门。虽然客户满意度和服务质量研究已经取得了丰硕的成果，到如今还是世界上应用最为广泛的全国性客户满意度指数，随着行业特征的复杂化模型变量和变量之间的关系只是稍有不同，模型已经覆盖各行各业，不仅得到了广泛的应用，获得了各界的承认，还以此确立了其在客户满意度理论研究的权威地位。这时，客户满意度理论已经发展到了一个成熟的阶段，但由于各国国情不同，行业间的特点也不尽相同。欧洲等许多国家和地区也展开了适合自己国家的客户满意度研究并取得了一定成果，欧洲学者在 ACSI 模型基础上做了略微调整，认为客户抱怨这个变量对满意度测评影响不大，所以删除了客户抱怨，但是其他变量没有进行改动，由此诞生了欧洲客户满意度指数（ECSI）模型。

随着满意度理论的不断发展，满意度测评也广泛应用于各行各业。Schüller[33] 认为，客户群的盈利能力是企业在客户满意度提升过程中应该考虑的关键驱动力，提出多维遗传聚类算法，该方法根据每个分段的收益性将公司的现有客户划分，以识别不同的策略满意度提升过程。Milion[34] 调查了缺陷对住宅建筑客户满意度的影响，研究调查了建筑公司在其项目中进行的缺陷数据与客户满意度调查之间的相关性，用于帮助公司更好地定义持续改进活动，并避免发生导致对客户满意度影响更差的缺陷。Kassa[35] 研究了埃塞俄比亚南部地区城市供水服务的客户满意度水平，并确定主要决定因素，分析显示了客户总体满意度与服务质量维度之间存在单调的积极关系。Catapan[36] 对客户满意度和绩效评估进行研究，设计了绩效衡量系统模型，构建了测量频率、审查频率、谁负责测量和数据来源的绩效指标框架，以测评电力客户满意度情况。

2. 国内服务质量评价相关研究现状

在客户满意度的研究方面，我国相对其他国家来说比较滞后，1998 年，中国质量协会以及全国用户委员会开始建立满意度测评体系，吸收美国等国外的理论和经验，根据我国的实际情况，设置包括认知产品的质量、价值、服务，评估质量，客户需求以及客户忠诚等多个指标，通过一系列的理论计算，获得我国相关行业的客户满意度指数。1999 年，清华大学初步建立了中国客户满意度指数（CCSI）模型，开始研究服务质量评价。该模型借鉴 SCSB、ACSI 和 ECSI 模型，由企业形象、预期质量、感知质量、感知价值、客户满意度、客户抱怨和客户忠诚 6 个结构变量组成，适用于我国大多数行业和企业，随后获得了广泛的推广应用。自此之后，我国各大企业根据自身的不同特点也逐步尝试建立适合自身行业特点的客户满意度测评模型。CCSI 模型的各变量之间也存在着诸多关系，变量间的相互作用也日渐复杂。从变量中的关系来看，预期质量直接影响着感知质量和感知价值，间接影响客户满意度，客户满意度和客户忠诚没有直接的关系，但与品牌形象有一定关系。在客户满意度理论研究中引入行业特征之后，中国石油兰州炼化公司在明确了客户满意度对自身发展的重要性之后，参考顾客满意度指数模型提出了符合自身行业特色的测评模型，在全国各地展开了客户满意度和服务质量综合测评，得到了良好的反应。任何成熟的理论都需要经过实践的考验，在经过一定的研究和反复验证之后，中国石油兰州炼化公司在之前的基础上增加了另一个结构变量——市场环境。为了量化客户满意度，在测评过程中相应地增加了一个观测变量来反映市场的净化程度，使得模型中的变量都具有可测量性，这个模型主要针对的是制造业耐用品领域。我国开展客户满意度研究的时间比较短，并且一直处于创新研究、试验阶段。目前所采用的理论和方法都是建立在国外客户满意度理论基础之上。客户满意度测评市场发展也不够完善，市场调查工作难度大。然而，客户满意度在现代社会中的重要作用已经显现，国家对客户满意度测评的需求也不断增加。所以，为了准确地反映客户满意度并让其具有可测量性，对客户满意度理论的研究也逐步从定性开始向定量转变，选取的模型变量必须具有可测量性，直接反映出具体的客户满意度，为客户满意度调查和测评奠定了基础。从对客户满意度和服务质量历年的研究来看，研究大致可分为两类，第一类是对满意度理论的研究与分析；第二类定性研究是总结国内外的研究成果。这些都是停留在理论的基础上，缺乏数据的支持，只有加强定量分析，才能把客户满意度测评落实到实处。

随着电力市场的深入改革，提高客户满意度已经成为当前供电企业的重中之重。自 2000 年开始，全国范围内就展开了对客户满意度的探索和研究。随后，国网福建省电力公司率先在全省范围内开展了客户满意度和服务质量的测评研究。2004 年 7 月，长沙理工大学管理学院市场营销系接受国网湖南省电力公司的委托也展开客户满意度测评。在研究企业现状、结合设计情况的基础上，上海市电力公司根据客户心理建立了测评指标体系。2007 年，国家电网公司为了改进客户服务质量，出台了《国家电网公司供电服务品质评价管理办法（试行）》，这个管理办法明确指出了供电企业开展客户满意度测评的意义。要想在提高客户满意度方面取得成效，必须建立健全客户满意度和服务质量的监管机制，保持客户与供电企业之间的联动性，及时发现供电服务过程中存在的薄弱环节，并根据存在的问题采取及时有效的改进措施，确保供电企业持续、健康和稳定的发展。只有采取科学而有效的评价，才能切实有效地提高客户满意度和服务质量水平。

在具体研究方面，周黎莎等[37]主要研究指标之间的关系和不易测评的评价对象的问题，通过网络层次分析法确定指标权重，利用模糊综合评价法，根据最大隶属度原则，确定电力客户满意度的测评情况。杨淑霞等[38]把BP神经网络和鱼群算法相结合，对电力客户进行满意度测评，通过算例分析，结果表明鱼群算法优化的BP神经网络比原本的BP神经网络收敛速度快，模型具有一定的科学性与有效性。Zhong Sheng等[39]为了支持管理决策，研究了医院服务、时效性、产品质量、价格合理性和客户满意度之间的关系，考虑到实际需要，在SERVQUAL的基础上提出了医院食品服务的客户满意度模型，结果表明服务的及时性和产品质量对医院食品服务的满意度有着显著的正面影响。Wang Jie等[40]根据供电质量和客户满意度模型的特点，针对客户满意度的不确定性，利用二型区间模糊集和模糊综合评价方法测评电力客户满意度。尹建国等[41]基于AHP和模糊综合评价法，建立了指标的动态测评模型，智能化地测评了电力公司的信通服务，完善了企业管理水平的精细化程度。皇甫汉聪等[42]基于客户的价值理论，对电力客户实施价值分析，把改进的PCA聚类算法与熵权法相结合，详细了解客户需求，为电力客户提供有针对性的服务。

我国客户满意度理论通过这些年的努力发展，与国外的差距进一步缩小，测评指标也更加完善，真实客观地反映各行各业目前存在的实际状况，了解客户关心的问题以及对企业提出的不同要求，为企业的良好发展提供借鉴和理论依据。

1.2.3 电力客户细分的相关研究

在电力客户细分方面，目前学术界的研究都集中在细分方法的优化以及应用场景的扩展。Rajabi[43]采用数据挖掘技术对智能电表应用下的客户负荷模式进行聚类，分析了两种数据缩减方法以及聚类中的特征提取方法，为智能电网背景下的电力客户细分提供了理论基础。Lee[44]基于客户灾后用电负荷信息，提出了采用消耗特征与负荷模式相结合的两阶段K-means细分，细分结果表明该种方法在客户细分上表现很好，给零售公用事业与独立系统运营商提供了更好的灾难恢复计划设计依据。Motlagh[45]提出了将时间序列转化为易于聚集的地图模型来避免以往对电力客户负荷分析时出现的时间序列维度灾难，研究结果表明该种方法显著提升了细分效果。Kwac[46]对于智能电表应用后的电力客户进行细分,基于用电量数据进行细分后对电力企业推进清洁能源工作提供良好的候选客户。周冰钰等[47]采用 K-means 与自组织神经网络对客户互动用电行为进行聚类分析,在完成聚类之后证明了该种方式在客户互动用电行为上具备准确的识别能力和聚类优势。胡长青等[48]运用熵值法和 PCA 结合 K-means 算法进行细分,结果表明了该种方法在电力客户细分时精度较高。

目前国际上已经有很多电力公司应用客户细分提升客户满意度的成功案例,法国的电力公司采用了针对大客户改变基础设施的方法来提升客户满意度。比利时的电力公司则将客户根据消费情况进行细分并对细分市场提供不同的套餐。美国 ScGas 公司构建了可视化的管理平台,公司侧与客户侧都可以实时查询各种用电相关信息。对于目前国内电力市场而言,福建省电力公司构建了大客户服务系统,为大客户提供个性化的服务;江苏省对电力客户从行业上进行细分,为客户提供差异化服务;浙江省电力公司进行了营业厅改造,从政企客户、工商业客户与台区客户的角度为客户提供精细化服务。

从学术上的研究和实际的应用中可以看出电力客户细分作为提升客户服务满意度的有效措施依然是电力行业的热门议题,随着新能源技术的推广,可以预料到未来电力客户细分研究将会出现新一轮的增长。

1.2.4　电力短期负荷预测的相关研究

智能电网(Smart Grid)这一概念是由于美国一次造成重大经济损失的特大停电事故的发生而产生的,在这次事故之后电网的可靠性、安全性成为全世界范围内整个行业所关注的重点问题,与此同时,智能电网也成为电网企业与学者研究的热点问题,各国纷纷组织相应的技术论坛、开展研究项目并制定发展计划。我国首个智能电网发展计划是在 2009 年由国家电网公司所发布的[49],该计划整体包含三个发展阶段,分别是规划试点阶段、全面建设阶段和广泛引领提升阶段。根据《中共中央关于制定国民经济和社会发展第十四个五年规划和二〇三五年远景目标的建议》等指导文件,我国"十四五"期间将会大力发展战略性新兴行业、统筹推进基础设施建设,在未来五年的时间里,新能源将成为地方经济发展的一大着力点。

智能电网条件下,电力市场机制发挥作用使得参与电网互动的主体发生变化,电力客户在原来传统的工商业、居民等类别的基础上增加负荷零售商与负荷聚合商[50],这种情况下的负荷预测由原来单一的客户使用的负荷预测转变为多种分布式能源并网且用电与放电行为同时存在、电力客户参与者种类众多的电网负荷预测,电网系统级负荷预测结果不仅能够指导电网规划调度,制定相关调度计划与预防方案,还能够指导负荷零售商和负荷聚合商进行生产经营,降低经营成本,因此,本著作所指短期负荷预测即对系统级短期负荷进行预测。

由于我国智能电网的建设相对起步较晚,现阶段针对该条件下系统级短期负荷预测的研究相对较少,智能电网条件下需要考虑的新型影响因素与负荷特征是国内外学者研究的热点[51]。梅震认为在智能电网负荷预测研究中考虑电力市场条件下的运行环境,并通过对市场参与者的决策进行数学化表达以提前实现对发用电需求的了解,是未来研究的一个重要挑战,以及实现概率性的负荷预测更符合工程需求[52]。韦琪在智能电网大环境下的短期负荷预测,提出了考虑实时电价的短期负荷预测解决方案,通过聚类与遗传算法优化 BP 神经网络模型对短期负荷进行预测,提高了预测的精准度,缩短了训练时间[53]。需求响应是电力市场条件下电网企业为实现电力平稳运行,以"削峰填谷"为目的所进行的断电补贴行为,张智晟为提高考虑需求响应的短期负荷预测精度,通过对需求响应参与方响应行为及需求响应所涉及的电力因素和环境因素进行综合考虑并进行数字化表达,在此基础上利用径向基函数神经网络构建了短期负荷预测模型,为电力市场条件下需求响应实施时的负荷预测方法提供了理论依据[54]。

综合考虑智能电网环境下众多清洁能源并网的发电负荷预测是学者进行研究的另一个方向。文喆针对传统支持向量机算法存在计算的数据信息无法实时更新的问题,构建了可以实现自动调整参数的实时模型,该模型能够综合体现智能电网中风力发电和光伏发电的负荷的数据特征,并且能以较高精度实现这两类负荷的超短期联合预测[55]。

另外,智能电网条件下负荷数据体现出大数据特征,通过对应的大数据处理方法实现对负荷的准确预测是又一关注度较高的研究方向。郭攀攀围绕智能电网大数据特点提出了在线序列极限学习机(OS-ELM)短期负荷预测模型,集合大数据处理技术与聚类方法提取负荷数据特征,并通过仿真实验验证了所提模型能够提升负荷预测精度[56]。鲁云为了提升智能电网短期负荷预测精度,提出一种改进的基于客户聚类的径向基函数神经网络预测(RBF-PCA-WFCM)算法,仿真结果表明,该算法与传统的以 K-means 确定基函数中心的 RBF 神经网络预测算法相比,具有更高的预测精度[57]。

综合来看,目前学者们对于智能电网条件下的短期负荷预测研究较少,大多是对于普通条件下的短期负荷预测技术的研究,基本集中在对原有预测模型的算法优化上,对于基于神经网络的组合模型研究较少。通过梳理目前有关神经网络预测模型研究的文献,可以发现存在以下两点问题:

一是在进行神经网络训练时,众多学者仅从数学角度出发将负荷数据作为单纯的数字进行对待,只是简单地将历史负荷数据进行数据划分,或者将历史负荷数据进行分解形成多个单一向量从而构成模型的输入序列,并没有考虑负荷本身所具有的特征,脱离了负荷预测的实际。

二是将负荷影响因素考虑在神经网络训练内的文献大都只对负荷的影响因素进行了理论层面的分析,缺乏定量分析的支撑,并且将分析所得的因素全部作为神经网络训练所用数据,没有从数据本身特征出发考虑该因素是否真实地对负荷变化产生了影响,这就容易造成一些不必要的神经网络学习与训练过程,一方面会影响学习的速度造成花费时间较长,另一方面会使得预测精度较低。

因此,针对以上存在的问题,本著作从研究智能电网短期负荷特性入手,并将定量分析方法用于负荷影响因素的提取,构建多神经网络组成的组合预测模型,以精确的影响因素作为模型的输入序列提高各神经网络的预测精度,通过遗传算法(GA)寻找组合模型最优权重,提高组合预测模型的预测精度。

1. 基于单一神经网络的短期负荷预测研究

短期负荷预测研究的关键在于模型的构建,但由于电力负荷具有不稳定性,影响预测准确度的因素复杂,传统的负荷预测方法对数据规律的分析存在不精确的情况,预测结果难以满足智能电网协调安排的要求,人工智能算法模拟人脑处理信息、分析信息的计算特点,将其运用于短期电力负荷预测中是目前国内外学者研究的热点[58]。

从神经网络基本原理出发进行算法改进从而优化神经网络模型,是提高短期负荷预测精度的一种思路。张振等[59]分析了BP神经网络的线性激活算法和S激活函数,针对其在自适应过程中的缺陷优化反向传播算法,提高学习效率和模型收敛速度。邹红波和伏春林等[60]采用Akima插值法对局域均值分解(LMD)算法进行优化,解决传统LMD通过滑动平均值处理容易使得模型的自学习为追求平滑而导致预测误差出现较大偏差的问题。神经网络深度学习模型适用于处理电力大数据和复杂非线性问题,张建寰、吉莹和陈立东[61]对LSTM、GRU和SAE这三种主流的人工智能算法在短期负荷预测精度上的表现进行了对比,实验结果证明采用LSTM神经网络构建的短期负荷预测模型在预测性能上更优越。Yahya和Hadi[62]等对负荷数据根据日期类型进行了处理,剔除了节假日对负荷预测的影响,使用Lavenberg-Marquardt算法和贝叶斯正则化算法对循环神经网络(RNN)模型进行了训练优化和参数调整,研究结果表明RNN对未来短期电力负荷拟合的效果较好。

通过对神经网络基本算法进行优化改进,可以提高模型对非线性问题处理的能力，但在数据的时序相关性上考虑得不够充分。目前有学者针对负荷时序问题做了相关研究，李若晨等[63]分析了负荷周期性等相关特征，利用 RNN 在时间序列问题处理上的优点和受限玻尔兹曼机的监督学习能力对短期负荷进行了预测。李鹏等[64]在电价对负荷的影响分析基础之上，构建了长短期记忆 RNN 模型应用于短期电力负荷预测中，这种网路在处理关键信息记忆和负荷序列相关关系的问题上具备优势。许言路等[65]将历史负荷与影响因素间的影响关系视为时间序列问题进行处理，提出运用信息融合卷积神经网络对日负荷进行预测，通过因果逻辑来对负荷数据在时间顺序上的特征进行分析，研究不同时间跨度下数据的相互关联性，构建响应网络模型实现短期负荷精细化预测。

2. 基于混合神经网络的短期负荷预测研究

人工神经网络在复杂非线性关系数据的预测问题上拟合效果较好，对数据具有高效运算处理和自学习自适应能力使得其适用于短期负荷预测，但单一神经网络模型也存在着对负荷特性把握不准或多因素关联分析不够全面容易陷入局部最优解的问题[66,67]。在此基础上，相关学者提出组合预测方法，组合模型在电力负荷预测的对比分析和应用实例表明，目前采用的电力负荷预测模型中众多单一的模型不能完全准确预测电力负荷的变化，电力负荷的组合预测模型成为近年来的研究热点，并得到了广泛的应用。大量研究表明利用组合模型进行预测有更高的精度，结果更为可靠。陆继翔、张琪培和杨志宏等[68]提出了基于 CNN 和 LSTM 神经网络构建的组合神经网络模型，CNN 对电价数据、负荷数据和日期类型等相关信息的特征变量进行提取，LSTM 神经网络根据输入的特征变量进行负荷预测，实验结果验证这种利用混合神经网络构建模型的方法能够使负荷预测更精细化。Xia Hua 等[69]针对单一神经网络模型负荷预测精度不高的问题，提出一种基于反向传播人工神经网络（BP-ANN）的短期负荷预测方法，对负荷数据的相关性进行了更为全面的分析，仿真结果表明这两种神经网络组合可以有效提升负荷预测的精度。Peng 和 Gao 等[70]将天气、日期类型等影响因素纳入模型的考量中，基于自适应神经网络的模糊推理系统模型构建组合模型对负荷进行预测，仿真分析表明相比于单一神经网络模型或模糊系统模型，这种组合模型的预测性能更强。Wan[71]提出了一种用于短期负荷预测的新型深度神经网络架构，聚合 LSTM 和 CNN 神经网络提取历史负荷数据中的特征进行建模分析，该方法的通用性比较好，可以应用于其他时间序列预测任务。陈国涛和滕欢[72]针对大体量电力数据和各单一神经网络在短期负荷预测中的优劣势，提出了基于混合神经网络构建负荷预测模型的方法，分别建立了 BP-LSTM 和 BP-GRU 两种组合模型进行短期电力负荷的预测，并和传统单一神经网络在预测性能上进行对比分析，验证了组合模型能够有效提高负荷预测准确度。

因此，采用组合预测以修正单一预测方法在短期负荷预测上的不足，组合预测方法是基于研究目标和所处条件、环境选择多种方法进行融合改进从而构建更精确的负荷预测模型[73,74]。组合预测方法能够结合多种单一预测方法的性能优势，可以对历史数据蕴含的规律和关联性进行深度挖掘分析，通过优势互补来提高预测的精度和通用性[75,76]。目前，组合模型主要有两种形式，一种是将优化算法与预测模型相结合以提高负荷预测的精度，Kavousi-Fard 和 Samet 等提出了一种由支持向量回归（SVR）和改进的萤火虫算法（MFA）组成的混合预测算法。SVR 模型利用非线性映射特征来处理非线性回归问题，MFA 精确有效地获取 SVR 参数。实验结果表明，与 ARMA 模型、ANN、SVR-GA、SVR-HBMO、SVR-PSO 和 SVR-FA 进行比较，该算法的性能更优[77]；Bahrami 等提出了一种基于小波变换和灰色模型相结合的短期负荷预测模型，并采用粒子群算法对模型进行了改进。在该模型中，以平均温度、平均相对湿度、平均风速和前几天负荷数据等气象数据作为模型输入。为了验证该方法的有效性，将该方法应用于纽约等地负荷预测。仿真结果表明，与已有方法相比，该方法具有良好的性能[78]。Chen 等提出了一种基于经验模态分解（EMD）和极值学习机器（ELM）的电负荷短期预测方法。结果表明，与其他三种方法（RBF-ELM、UKF-ELM 和 MIX-ELM）以及其他现有方法相比，EMD-ELM 的预测结果较好，验证了组合模型的预测结果优于单个模型的预测结果[79]。

Tian 研究结果表明，所提出的组合方法在电力负荷预测中具有较好的稳定性。所开发的非线性组合预测系统预测效果优于单一模型和 ARIMA 基准模型。此外，与线性组合模型相比，所提出的组合预测系统具有较好的预测能力[80]。Zeng 等提出了一种混合学习方法，将极限学习机（ELM）与一种新的切换延迟 PSO（SDPSO）算法相结合，提出 SDPSO-ELM 算法并进行了短期负荷预测实验，实验结论表明提出的算法与原始径向基函数神经网络（RBFNN）算法相比，具有较好的预测效果[81]。

另一种组合形式是利用多种预测模型进行负荷预测，在此基础上根据各模型预测结果赋予相应的权重以得到组合模型预测结果，刁家伟针对负荷数据内在特性，提出了线性、非线性相结合的 ARIMA-BP 神经网络预测组合模型，实验结果表明较单一的 ARIMA 模型，组合模型具有更高的精确度[82]；金櫟选择支持向量机和长短期记忆神经网络预测模型分别对负荷实现短期预测，在此基础上结合 BP 神经网络的全局寻优能力进行组合模型的优化，最后通过实例表明所建立的组合预测模型效果较好[83]。王白玲将传统各种负荷预测方法（电力弹性系数法、产值单耗法、时间序列回归方法、平滑指数法、灰色预测模型等）相结合建立组合模型，并分析了权重系数确定方法，但是没有通过实验验证模型有效性[84]。

综合来看，目前在对组合预测模型的研究中机器学习算法的利用较为常见，学者们通过将新型算法、数据处理手段和人工神经网络相结合建立优化预测模型以达到提高预测精度的目的。不同的数据特征所适用的预测模型也有所不同，根据所研究问题的目标与要求来进行预测模型和优化算法的科学选择具有重要价值，可通过逐级实现单一模型的精度提高以及组合模型的权重优化，来提高最终组合预测模型的预测结果的准确程度。

3. 基于神经网络的智能电网短期负荷预测相关研究

得益于人工神经网络强大的学习和泛化能力，相关的负荷预测方法已成为有关研究的热点。人工神经网络主要是利用计算机技术和各类算法通过对人脑接收、处理并输出信息的过程进行数字化处理，对内部特征不明确和无具体规律可循的数据信息实现自动识别并进行相对应的调整，然后进行知识推理、自主学习、信息记忆等一系列计算。它通常选取过去某段时间内的负荷作为训练样本集，然后再构建网络结构，利用训练算法对网络结构进行训练，直到其满足精度要求后为止，最后再选择该神经网络作为负荷预测模型。

BP 神经网络是目前使用最广泛的神经网络。但是，随着研究工作的深入，人们发现它存在不能解决非线性问题、学习速度慢、容易陷入局部极小值、网络层数和神经元个数的选择没有相应的理论指导等缺点。在短期电力负荷预测方面，众多学者将它与其他神经网络进行比较发现其他神经网络的预测效果皆优于 BP 神经网络，另有学者通过对神经网络的比较研究发现了在预测精度、稳定性以及收敛速度等方面具有良好表现的神经网络。

陈亚和李萍针对 BP 神经网络收敛速度慢以及 Elman 神经网络易陷入局部极值的缺点，分别建立了通过算法优化的 BP 神经网络和 Elman 神经网络短期负荷预测模型。仿真结果表明，改进后的 Elman 神经网络模型能以较快速度产生满足于预测误差的解并且能够保证预测误差在较小的范围之内，相比 BP 神经网络模型具有更高的使用价值[85]。陈丽娜等考虑了数量日益攀升的储能客户对负荷预测产生的影响，提出了计及储能调度因素的 Elman-NN 短期负荷预测模型，预测实例证明计及储能调度因素的 Elman-NN 短期负荷预测模型预测性能及稳定性较好且预测精度优于传统的短期负荷预测模型[86]。于道林等建立了计及需求响应的神经网络短期负荷预测模型，并结合实地数据进行实验，表明计及需求响应的 Elman-NN 模型对需求响应项目具有较好的实用性，Elman-NN 模型比 BP-NN 模型表现出更好的预测性能和稳定性[87]。

吴永峰等重点介绍了 RBF 神经网络预测并分析 RBF 神经网络短期负荷预测方法的具体应用，对比 BP 神经网络模型预测结果，进一步说明了 RBF 神经网络在短期电力负荷预测中具有收敛速度快与精确度高的优点[88]。另有赵东雷等通过研究对比同样发现 RBF 神经网络训练和学习收敛速度快，且训练结果较稳定，在预测精度和泛化能力方面均优于 BP 神经网络[89]。Xia 等利用径向基函数神经网络（RBFNN）建立了模型。模型实验结果表明，相比 BP 神经网络和广义回归神经网络，基于 RBFNN 的预测模型具有较高的精度和稳定性[90]。Cecati 等研究了几种训练径向基神经网络（RBFNN）的最新方法：支持向量回归 SVR、极限学习机（ELM）、衰减 RBF 神经网络（DRNN）、改进的二阶算法（ISO）和误差修正算法（ErrCor），通过实验进行比较研究发现 ELM 算法产生了合理的结果，并且明显比其他算法耗时更短[91]。Ryu 提出了基于深度神经网络（DNN）的负荷预测模型，并将其应用于需求侧经验负荷数据库，为了验证 DNN 的性能，将预测结果与浅层神经网络（SNN）、双季节 Holt-Winters（DSHW）模型和自回归整合移动平均值（ARIMA）进行比较，结果表明与其他预测模型相比 DNN 准确度和稳定度更好[92]。

1.2.5　电力中长期负荷预测的相关研究

中长期用电量预测是大数据环境下电网建设的重要内容之一，对电网系统规划与资源合理配置具有重要意义[93]。在中长期负荷预测方面，研究发展趋势是挖掘多时间尺度、多维数据中的信息，从而在负荷预测中考虑更多因素。目前针对用电量的预测方法可分为自回归模型、统计学方法（多元回归、主成分等）、高阶数学模型（灰色系统、系统动力学等）和智能模型（BP、RBF 神经网络，支持向量机等）[94]。Zheng 等分析了小规模电力系统的历史负荷数据，针对非线性、非平稳性、非季节性的数据，提出了一种基于长短期记忆的 RNN 模型，能够利用电力负荷时间序列的长相关性提高预测精度[95]。罗澍忻等基于年度经济、月度负荷、日度气象 3 个时间尺度数据，提出基于神经网络的 3 层结构的中长期负荷预测模型[96]。谢品杰等基于面板门限效应模型的研究发现，优化产业结构即提高第三产业相对第二产业的比重，在弱电价扭曲的情况下对于电力强度影响不显著；当电价扭曲较强时，产业结构的优化则有助于降低电力强度，电价对降低智能电力强度的作用则随着电价扭曲程度的提高而上升[97]。Laouafi 等使用适应性神经—模糊推理系统和自回归综合移动平均方法进行电力负荷预测，预测误差均在 3% 左右[98]。Citroen 使用自回归综合移动平均模型进行长期电力需求预测[99]。Liang 提出了由极限学习机、径向基函数神经网络、最小二乘支持向量机组成的组合算法的思想，并用灰狼优化算法确定各算法的权重,得到了低误差的预测结果,并且还具有较好的扩展性[100]。

灰色系统理论最早是中国学者邓聚龙教授于1982年3月提出的,在国际上引起了学者们的充分重视[101]。灰色系统理论最重要的一个核心内容就是灰色预测模型:灰色预测模型采用多种生成方式对数列进行变换,然后对生成后的序列进行分析建模;与生成变换前的数列相比,生成后的数列有更明显的变化规律,通过寻找生成数列的规律,达到预测的目的[102]。从特征上来看,中长期电力负荷是一个典型的灰色系统,再加上可以提供训练的数据样本相对较少,因而有不少学者在电力负荷预测时采用灰色预测模型[103]。刘秋华和徐杨结合经济新常态下连云港市电力需求特点,研究分析影响连云港市电力需求的因素,并使用改进后的灰色预测模型预测连云港市未来三年的电力需求情况,为连云港市电力发展提出相应对策[104]。雷绍兰等考虑经济发展、人口与居民生活水平、气温气候等因素,建立多变量灰色负荷预测模型[105]。Coskun 等提出了灰色直接预测模型预测了土耳其的电力负荷需求,该模型通过对训练样本的采样间隔来预测对应年限的电力负荷[106]。Zeng 等对训练数据集进行滑动平均处理,提高了 GM(1,1) 模型的预测精度[107]。王允平等在预测中融入了灰色关联度分析法,将含有多变量的灰色模型 MGM(1,n) 用于负荷预测,使得预测结果的精度得到了提升[108]。Chen 等先对误差序列采用 GM(1,1) 来求解,然后使用马尔科夫链的方法来预测误差的正负,从而来提高预测精度[109]。周德强和张成等在灰色 Verhulst 模型的基础上加入了等维灰数递补预测法等技术,使得改进的模型更加适于中长期电力负荷预测[110,111]。Xu 等利用粒子群算法对灰色预测 GM(1,1) 进行优化,有效适应了中国电力需求序列的时变特征,提升了预测精度[112]。

1.2.6 能效评价的相关研究

1. 能效相关研究现状

能效即能源效率,是一个重大的全球问题,在实现可持续发展方面起着至关重要的作用。虽然清洁能源的使用正在逐渐增加,但全球约80%的能源消耗仍是化石燃料,如石油和天然气,约50%的发电依赖于煤炭资源。因此,公众、研究人员和政府都更加关注这个问题。评价不同地区和部门的能源效率具有重要意义,不仅有助于识别能源效率的差异,而且为提高效率提供定量依据。

能效的定义在不断发展,国际能源署在2010年将能源投入与产出的多少来定义能效,将其定义为"如果它为相同的能源投入提供更多的服务,或者为更少的能源投入提供更多的服务,那么它就会更有效"。欧盟则在2006年认为能效是性能、服务、商品或能源的输出与能源的输入之间的比率。ABB公司认为能效是"在有用的工作中消耗的能量而不是无用的热量浪费的机器或设备的总能量输入的百分比"，即是指在能源利用中，发挥作用与实际消耗的能源量之比。从消费角度看，能效是指为终端客户提供的服务与所消耗的总能源量之比。而能效服务不是面向某一项能源形式、某一个环节的维护和优化，也不仅是通过简单产品来实现互联互通，它通过综合用能数据可视化，对数字化体系进行系统化分析，优化各项用能指标，对多种能源形式及管理流程形成全景分析、综合分析、专业分析，真正解决行业痛点，优化能效和运营。

能效概念提出的背景是1965年美国大停电事故，帕特森首先提出了能效的概念，考虑到这意味着在同一产量下使用更少的资源，并给出了能效测量的四个指标。根据这一定义，衡量能效的指标可以分为经济能效和物理能效。第一个能效评估中心是1976年成立的美国工业能效评估中心，它以缩减能源支出开支和提高经济效益为工作重点，通过构建先进的信息采集系统，可以归纳整理客户的各类信息，然后结合实际，得出有价值的数据来促进评估，进而得出科学的节能方案[113]。Rosen提出评估电气设备的能效情况，分析其热力损失[114]。Ang[115]基于自底向上的方法提出了综合能效指数，并以此为指标对地区及国家的能效趋势进行监测。Maheswaran[116]提供了高效节能电机、高效节能变压器等电力节能技术发展成果，并阐明电力行业节能的潜力。Stenqvist与Nilsson[117]对瑞典能源密集型行业中的企业进行了能效评估。与行业层面相比，企业层面的能效相对较低。

2. 电力能效评估研究现状

电力能效管理这一概念最早由美国提出，是智能电网发展的重要内容。通过对电力能耗数据进行采集分析，帮助客户制定节电方案，降低客户用电成本、提高电能质量、提高用电效率，让电力客户得到更好的用电服务[118]。电力能效管理系统由电力能效管理采集终端、通信系统、电力能效管理平台构成。利用采集终端获得电力能效相关数据，通过多种传输方式将数据上传给管理平台，管理平台对数据进行分析处理，实现对电力能效的管理，从而满足企业用电高效性、环保性的要求。智能电网、物联网等新兴技术推动着电力能效管理系统的发展研究[119]。

电力能效管理的目的是采取相应的技术对企业电力能效进行优化，从而降低企业电力损耗，提高电力能效水平。由于企业电力系统复杂，影响电力能效因素众多，所以在进行电力能效优化之前要对企业电力能效进行评估，了解企业用电特点及存在的薄弱环节，明确需要优化的目标。在电力能效管理平台研究方面，欧美国家对电力能效管理平台研究起步较早，已经有了出色的电力能效管理平台。欧美国家通过使用电力能效管理平台来改变电网负荷曲线，减少了电网调峰压力，提高了设备的利用率。美国能源部发起并出版了《国际节能效果测量和验证规程》，简称 IPMVP，此后，国际能效评估组织（EVO）对电力能效评估有所创新和研究，不断致力于电力能效评估指标体系的构建、完善工作，也不断更新电力能效评估标准，并对电力能效进行量化和管理，对其成本和收益进行评估，给电力客户提供了很大的帮助。2009 年美国劳伦斯伯克利实验室推出了 Open ADR 通信协议，促成了电力能效管理系统在相关国家和地区的试点应用。法国施耐德电气研发的 EcoStruxture TM，采用数据挖掘技术对采集到的电力能效有关数据进行处理分析，从而为客户定制高效经济的节电方案，最多可节省 30% 的生产成本，效果显著。日本、澳大利亚、加拿大、瑞典和挪威等国也都相继建立了本国的电力能效评估指标体系[120]。

一些学者对能效评估进行了研究，并取得了丰硕成果。Amir[121]等考虑天气、季节变化和生活方式对家庭能源消耗的影响，提出了对建筑物的能效进行排名并计算其排名的置信区间的方法。Yoshiyuki 等[122]介绍了城市和电网规模的住宅能源终端模拟模型，该模型侧重于从节能减排的角度对住宅客户进行能效评估。Mahbod 等[123]使用库存模型分析瑞士照明的能效潜力。分析结果表明，LED 照明具有很大的节能潜力。

相比国外，国内研究工作的开展相对较晚，研究内容普遍落后于国外。有两个原因导致了目前国内电力需求侧能效评估工作较慢，信息收集是首要原因，评估机构信息来源太少导致不能保证准确性，因此很难评估。其次是由于起步较晚，管理和技术上相对落后，机制上不协调，缺乏系统工程观念[124]。国内学者刘敦楠、陈雪青等对电能质量方面对电力客户的影响进行了简要分析，但未提及客户电力成本[125]。李丹、余岳峰建立了中小型企业的典型用电设备效率计算和节能效果分析的评估模型，但其仅从典型用电设备节能进行了建模，则考虑的企业能效影响因素不够充分[126]。吴剑飞和姚建刚等建立的电力客户企业综合能效评估指标体系从电能质量、经济、生产、环保等方面对企业进行指标描述，但其指标过于精简，无法客观全面地反映客户企业的电力能效水平[127]。

罗耀明等[128]建立了从经济能效、电能信息、生产信息和电能污染四个方面来评估企业能效等级的指标体系，将能效评估过程分解为两个层次，其分别为基于 G1 群组判断的一级指标评估和基于熵权法的二级指标评估建立电力客户综合能效评估模型，但指标过于精简，反映能效情况不够全面，且没有考虑企业生产规模等因素。王彬、何光宇、陈颖等从安全性、优质性以及高效性需求考虑进行指标选取，所得指标包括客户安全事故次数、客户安全事故总伤亡人数、客户安全事故总财产损失、供电可靠性、电能质量、电力服务、月/年平均电价以及客户投资回报比等。该体系虽然从宏观上考虑了电力客户利益相关者的需求，但是没有细化指标集，且对工业客户、商业客户和居民客户区分度不足，没有给出详尽的、有针对性的指标[129]。高新华和严正以主成分聚类分析法为理论基础，对智能电网评估指标体系中的多元评价指标进行标准化、降维和去相关性处理，消除原指标间的二次加权，为各评价指标赋予主成分权重，同时利用主成分因子载荷矩阵聚类分析，结合指标大类的实际意义与评估方向，提出分类指标体系设计思路，梳理原指标体系评测变量的内在脉络，最终利用综合主成分评价函数定量考察特定智能电网发展建设水平并作横向比较，为智能电网发展提供有益参照[130]。彭旭东和邱泽晶等对能效监测系统有关技术进行了综述，介绍了系统在电力等行业的应用情况[131]。孙勇和方彦军结合节能与能效评估技术，建立了多级能效监测平台[132]。祝恩国、董俐君等从能效评价、需求响应及安全监测入手构建客户设备评估体系，采用区间熵权法进行赋权[133]。曲朝阳和王冲等为居民客户建立了家庭能效指标体系，评估指标主要包括家庭客户信息、家用电器信息、家庭用电信息、节能设备信息以及环境因素影响，综合了用户家庭用电习惯和家用电器使用特征时间段，增强了客户对用电情况的了解，有助于挖掘客户家庭的节能潜力，但居民用电量与电磁之间的关系给出的并不是很清晰[134]。徐梦佳等[135]基于智能电网的特点，从自动化、信息化、互动化的角度，将评估目标分为家电智能化、客户与电力公司互动性、耗能信息可视化三个方面，并详细描述了各指标含义。然后提出了基于层次分析法（AHP）理论及图论知识的权重模型和基于模糊数学理论的模糊综合评价模型。

Liu等根据客户能源数据挖掘能效影响因素，建立综合考虑设备和客户的多级能效评价体系，采用物质元素扩展模型构建能效指标的层次结构，形成客户的电能效率等级[136]。闫华光、陈宋宋、钟鸣等介绍了电力需求侧能效管理与需求响应系统的物理架构、功能结构，并详细分析了系统的关键技术。马立新等[137]建立的指标体系考虑了企业客户分布式电源的使用情况。此外，还有国内学者考虑了技术、经济、管理及可靠性等因素（田贺平、杜松怀等，2015；郑世明、李壮茂等，2017），运用了层次分析法和AHP模糊评价法建立了企业能效评估模型。田贺平、杜松怀等综合技术、经济与管理能效指标，基于驱动力—压力—状态—响应（DPSR）模型提出了有效的工业客户用电能效评价指标体系，包括4个一级指标和22个次要指标，但并未考虑工业用电带来的环境污染问题对能效评估的影响[138]。郑世明、李壮茂等在适应分布式电源和储能装置广泛应用的基础上，构建了以经济性、电能信息、客户用电情况、分布式发电及储能情况为一级指标，包含16项二级指标的电力客户能效评估指标体系。结合该体系建立了评估模型，提出递阶综合评估方法。该方法通过改进序关系分析法求解一级指标权重，采用修正直觉模糊熵权法计算二级指标权重，最后运用基于直觉模糊集的优劣解距离法（TOPSIS）对电力客户能效进行综合评价[139]。张健钊建立了基于层次分析结构的工业大客户综合用电能效评估体系[140]。Zhang等分析了包括住宅用电价格、人均GDP、人口、冷度日和降雨量对中国居民用电量的影响[141]。Wang等[142]提出了基于宏观评估体系的方法，并将基于Delphi的层次分析法与灰色关联度分析法相结合分析了天津地区工业、交通、住宅建筑的能耗水平，为该地区的能效政策制定和能效目标提供参考依据。Li和Su等[143,144]研究了除家用电器外影响家庭能效的因素，如居民年龄、房屋所有权、节能回弹效应等。

随着互联网信息技术的发展，大数据与智能化在电力系统中的应用越来越广泛，专家学者也开始从家电智能化、客户与电网互动、信息可视化三个方面建立智能用电水平指标体系。叶玲、彭皓月等[145]针对高压电力客户，以客户历史运行数据为基础，运用轮廓系数法对表征客户运营情况的抄表周期、缴费方式等5项指标进行聚类分析，将客户分为三类；然后，采用条件推断决策树法对聚类结果进行验证，以可靠筛选出潜在节能需求客户。王永真和张靖等[146]从能源利用、环境友好、经济社会以及综合智慧四个维度总结归纳并构建了综合智慧能源绩效评价指标体系。南瑞集团自主研发了智能用电能效管理系统，并在企业中成功应用，提高了企业的电力能效水平，为企业带来了经济效益，为国内电力能效管理系统的研究提供了参考。

综上所述，我国企业虽不断有电力公司推出能效管理系统提供能效服务，但存在智能化低、可靠性差，能效管理采集终端功能单一，采集数据不全面，数据处理速度慢，缺乏灵活性、稳定性，与电力能效管理的要求相差较远，达不到企业电力能效管理的要求。

1.2.7 研究评述

从前面的分析可以看出，国内外学者关于电力服务创新中客户细分、负荷预测、能效评价的研究取得了大量的成果，这些对电力行业低碳转型产生了很好的指导作用。然而，不可否认的是，这些研究还存在一些不足的地方，这些不足主要表现在以下四个方面。

第一，从当前有关电力客户细分研究中可以看出，煤改电作为电力企业用电侧节能减排的有效方式成为目前的研究热点，而当前针对客户细分的研究已经逐渐完善，提出了多种融合其他领域方法的客户细分方法。但是对于电力客户细分研究而言，目前的研究大多停留在煤改电等改造开展之前，客户类型大多数仍然停留在实施煤改电之前的传统客户分类，同目前的煤改电改造后客户关系管理存在适配度不高等情况。

第二，目前学者们对于智能电网条件下的短期负荷预测研究较少，大多是对于普通条件下的短期负荷预测技术的研究，基本集中在对原有预测模型的算法优化上，对于基于神经网络的组合模型研究较少。通过梳理目前有关神经网络预测模型研究的文献可以发现存在以下两点问题，一是在进行神经网络训练时，众多学者仅从数学角度出发将负荷数据作为单纯的数字进行对待，只是简单地将历史负荷数据进行数据划分，或者将历史负荷数据进行分解形成多个单一向量从而构成模型的输入序列，并没有考虑负荷本身所具有的特征，脱离了负荷预测的实际；二是将负荷影响因素考虑在神经网络训练内的文献大都只对负荷的影响因素进行了理论层面的分析，缺乏定量分析的支撑，并且将分析所得的因素全部作为神经网络训练所用数据，没有从数据本身特征出发考虑该因素是否真实地对负荷变化产生了影响，这就容易造成一些不必要的神经网络学习与训练过程，一方面会影响学习的速度造成花费时间较长，另一方面会使得预测精度较低。

第三，通过梳理中长期电力负荷预测研究现状可以看到，学者选用的预测方法较多，灰色预测模型是选用最多的方法，但以往文献除了存在与上文短期负荷预测文献一样的问题之外，另一个问题是学者基本上只考虑了分析加入影响因素后构建的模型进行实例验证后的有效性，未考虑加入影响因素前后的模型精度误差是否均能满足要求，未验证影响因素的可靠性和必要性。

第四，在我国电力行业发展进程中，由于电力市场化程度不足，电力企业更关注于电能销售与配供电的管理工作，但是却忽略了客户的实际需要与服务满意度。在电力客户满意度评价方面，虽然国内开展较晚，但随着研究的进行，相关研究逐渐丰富。目前研究存在两点不足，一是指标选取的流程不够规范，需采取文献分析、专家访谈、问卷调查等定性与定量方法相结合的形式，保证指标选取流程的规范性，提高评价指标体系构建的科学性；二是在评价方法的选择上，针对用电客户满意度开展的研究多选用模糊综合评价，层次分析法等单一方法，使用综合评价的方法较少，需要提高评价结果的精确性，针对不同的评价背景，需要选用适用的评价方法，力求研究分析全面且准确。

综上所述，第一，本著作将按照变量之间的因果关系把客户满意度测评模型分为三个部分：影响客户满意度的因素、客户满意度、客户满意度所导致的结果。在此基础上，根据国情和行业特征的不同，也对客户满意度的测评模型做出了修改,各国模型中的变量和变量之间的关系又略有不同,不仅变化趋势越来越复杂,模型中所包括的测量变量也越来越多。值得一提的是,各国最早研究客户满意度测评理论时,一般选用的是具有代表性和针对性的大型企业。国内的客户满意度测评工作处于刚刚起步阶段,大多在借鉴国外客户满意度模型的基础上结合自身的特点有所修正。在分析行业特征的基础上,对变量的展开更加详尽和具体。

第二,本著作从研究智能电网短期负荷特性入手,并将定量分析方法用于负荷影响因素的提取,构建多神经网络组成的组合预测模型,以精确的影响因素作为模型的输入序列提高各神经网络的预测精度,通过遗传算法寻找组合模型最优权重,提高组合预测模型的预测精度。

第三,本著作结合当地环境地理位置分析提取影响电力负荷预测的关键影响因素,选取灰色预测模型构建中长期电力负荷预测模型,并使用实例验证模型精度的有效性和可靠性,准确把握电力负荷变化规律和发展趋势,为电力客户提供稳定的电力能源,又为国网供电公司进行电力规划提供有力的理论支撑。

第四,本著作依托国网 A 省电力有限公司,结合国家"四个革命、一个合作"能源安全新战略及"碳达峰、碳中和"目标,能源消费侧电气化和节能提效推进情况和能效公共服务建设情况,对客户用电行为的个性特征及客户用电能效服务业务满意度情况进行调研,分析并提出提升能效服务质量方案及对策建议。

1.3 研究方法、内容及技术路线

1.3.1 研究方法

1. 数据挖掘

(1) 数据挖掘定义。数据挖掘(Data Mining,DM)是指从大量数据集中通过机器学习、统计学与数据库系统等方法进行信息发掘的过程。DM 在许多情境下也被称为知识发现(Knowledge Discovery,KD),是指从数据库中提取出隐性的、潜在的信息。DM 在 20 世纪 60 年代诞生初期被认为是一种不良的分析数据方法,Michael Lovell 于 1983 年在其发表的文章中对这种方式进行了批判,同时也是第一次使用 DM 这种说法。1989 年 Gregory 在一次研讨会上第一次使用了数据库知识发现(KDD)的说法,这种说法也变得越来越常用,同时在商业与新闻领域 DM 也渐渐变得流行起来且具备了正面的含义。

（2）数据挖掘过程。目前学术界对于数据挖掘过程没有统一的定义，由于不同情境下的待解决问题，因此常常会导致数据挖掘过程的不同，常见的有五阶段和六阶段划分，五阶段划分主要是：数据选择、数据预处理、数据转换、数据挖掘和结果评估，六阶段则是添加了问题理解与模型应用阶段。这两种划分方式主要区别在于其细化方式的不同以及解决方式的不同，但总体上来说数据挖掘过程可以总结成三大阶段：数据预处理、数据挖掘与结果验证。

1）数据预处理。由于收集来的数据往往存在尺度不一、噪声和数据缺失等问题明显，因此常常在展开分析之前首先进行预处理。数据预处理的目的就是对数据进行清洗，对离散值进行处理并在必要时进行标准化，对于部分特殊的数据挖掘工作，还需要对数据进行检验以确保数据可以进行相关分析。

2）数据挖掘。数据挖掘的主要目的可以分为六大类：

①异常情况检测：对数据集中符合某些特点的异常数据进行提取，例如制造业对于生产数据进行挖掘定位生产线上存在异常的地方。

②关联规则探索：相关性分析就是典型的关联规则探索，主要是对变量之间的关系进行探索，例如超市中不同商品的排列组合就可以采用关联规则探索进行优化。

③聚类：探索数据集中的相似性并根据这种相似性进行划分，形成新的分类依据，例如电力企业对电力客户进行聚类来探索客户可以被划分为几种细分客户。

④分类：根据已知的分类依据进行划分。

⑤回归：尝试通过一种函数模型表示数据的变化趋势以及数据集内部的关系，如统计部门采用回归的方法对 GDP 的增长情况进行预测。

⑥汇总：指将一系列的数据集进行集中表示，形成更紧凑的数据集，以便进行总体分析，例如企业年度报表的编制。

3）结果验证。通过数据挖掘出的数据中存在模式后，一般需要对该模式进行验证，通常会采用小规模的数据集进行训练以确保该模式能够反映出整体数据集的模式，如果在验证期间发现挖掘出的模式并不能精确地反映出数据集的特征，则有必要重新进行数据预处理和数据挖掘；若验证期间发现模式符合预期的结果，则对其进行解释使其转换为知识。

（3）基于数据挖掘的客户细分方法。

1）联合分析。联合分析是一种基于调查的统计技术，常被用于市场研究来探索产品与服务的不同属性。联合分析的目的是确定对于产品或服务的所有属性，哪种属性的组合能够对客户产生最大的影响。在目前的应用中常常采用线性回归、最大似然估计、多项式 Logit 以及贝叶斯估计量等方法。

2）因子分析。因子分析是一种用来探索相关变量之间的差异的统计方法，将探索出来的因子构建为包含误差的线性组合。因子分析的原理是根据变量之间的相似性减少变量数量，使用差异性较大的变量来代表数据集。目前常用的方法有探索性因素分析法与主成分分析法。

3）聚类分析。聚类分析是将一组对象进行分组，使同一组中的对象存在某种程度的相似。聚类分析也是统计学中常用的技术，也是数据挖掘的主要任务之一。聚类分析的方法非常多样，且常与计算机技术结合，伴随着技术的不断革新，聚类分析的方法还将继续扩充。常用的有层次分析、K-means、DBSCAN 等多种方法。

4）人工神经网络。人工神经网络是一种受到动物神经系统启发而衍生出来的算法模型，其基本构成是神经元，这些相互联系的神经元的作用是处理和传递信息，每个神经元通过接收信号并对其进行处理后输出信号，人工神经网络的关键就在于每个神经元的函数与权重。人工神经网络客户细分的主要方法有自组织映射神经网络、后映射神经网络等多种方法。

2. 负荷预测方法

（1）单一模型预测方法。目前，基于单模型的预测方法可主要分为传统负荷预测方法和现代预测方法，传统较为常用的预测方法主要有趋势外推法、回归模型预测法和时间序列法。近年来，一些基于新兴学科理论的预测方法逐渐得到了成功应用。主要有以下几个方面：

1）专家系统预测法。专家系统预测法是对数据库里存放的过去几年甚至几十年的数据进行分析，汇集有经验的负荷预测人员的知识，提取有关规则进行负荷预测。专家系统预测法是对人类的不可量化的经验进行转化的一种较好的方法。但专家系统分析本身就是一个耗时的过程，并且某些复杂的因素如天气等因素即使知道其对负荷的影响，但要准确定量地确定它们对负荷地区的影响也是十分困难的。专家系统预测法适用于中、长期负荷预测。

专家系统预测法的优点是计算量少、资料齐全、考虑的因素比较全面，有利于得出较为正确的结论，预测人员根据获得的知识可以填充知识库，以便提高预测精度。缺点是不具有自我学习能力，受数据库里存放的知识限制对突发性事件和不断变化的条件适应性差。

2）人工神经网络预测法。人工神经网络，也简称为神经网络或连接模型，是一种模拟动物神经网络行为特征，进行分布式并行信息处理的算法数学模型，这种预测方法是具有自学习和自适应能力的一种信息处理方式。该方法具有很强的非线性映射能力、鲁棒性、记忆能力，以及强大的自学习能力，较适用于具有平稳随机过程特征的短期负荷预测，而长期负荷预测可能会因政治、经济等大的转折导致其模型的数学基础被破坏。

人工神经网络预测法的优点是具有自主学习、信息记忆、优化计算和知识推理的特点，可以充分考虑影响负荷变化规律的因素，预测精度高；缺点是学习时间过长会影响学习目的，历史数据要求高，无法利用现有的系统信息确定初始值，易陷于局部极小的状态网络，收敛速度慢，对突发事件的适应性差。

3）模糊负荷预测法。模糊负荷预测法是一个分析数据的数学理论，研究不完整数据、不精确知识的表达、学习、归纳并基于模糊集合论，模拟人的模糊逻辑的思维功能，采用模糊控制的方法实现预测。在实际应用方面，单纯的模糊方法对于短期负荷预测来讲，其精度难以满足要求。并且模糊数学理论要求拥有数量较多的历史数据，在实际应用中存在困难，预测结果仅能以预测区间及概率的形式描述。结合以上，一般将模糊理论同其他算法相结合，在算法上进行互补，来满足我们更精确地进行负荷预测的期望。例如，基于模糊理论的模糊神经网络预测方法结合了模糊理论和神经网络的优点，补偿各自算法的不足之处，有效地定义了模糊理论中的语言变量和规则库，并充分利用了神经网络的自学习能力。

模糊负荷预测法的优点是精度高、收敛快，属于改进型算法；缺点是模型精度不高，训练时间过长。

事实上，随着近些年来对负荷预测精度的要求越来越高，人们越来越多地考虑气候、经济情况、政治、地理环境、负荷种类、负荷分布情况、未来土地的开发使用情况、突发情况等因素对负荷预测的影响程度。精度要求越高，越不易建立数学模型，那么这就导致无法再像以前的方法一样利用历史数据寻找数学模型，绝大多数情况下就没有清晰的数学模型或根本无法建立数学模型。我们引入模糊理论来解决无法用数学模型分析的部分，即引入模糊控制器。但模糊预测没有学习能力，因此不能很好地适应不断变化的负荷，且单独使用时精度很差，因此为充分利用模糊预测的优点，尽量用其他方法弥补它的缺点，通常把模糊预测与其他预测方法相结合使用。

4）小波分析预测法。电力负荷具有特殊的周期性，负荷以各种周期的方式发生波动，大周期同小周期连环嵌套。小波变换是一种时-频领域分析方法，能将各种交织在一起的不同频率组成的混合信号，分解成不同频带上的块信号，对负荷信号进行小波变换，可以将负荷信号进行多层分解而不会影响负荷信号的变化趋势，对低频信号的分析和对各层信号的重构处理，可以简单明了地表现出各种周期负荷信号的变化趋势并进行预测。因此，常常将小波分析方法用于电力系统短期负荷预测。

小波分析预测法的优点是能对不同的频率成分采用逐渐精细的采样步长，预测精度较高，从而可以聚集到信号的任意细节，尤其是对奇异信号很敏感，能很好地处理微弱或突变的信号，其目标是将一个信号的信息转化成小波系数，从而能够方便地加以多层分解处理，对细节信号和近似信号的分析或将细节信号和近似信号重建原始信号。缺点是天气、温度和湿度等诸多因素对负荷预测的结果有着很大的影响，常常会被突发事件影响到结果，且预测结果与小波基的选择有很大关系。

5）支持向量机（Support Vector Machine，SVM）预测法。SVM是一种基于统计学习理论的新型机器学习方法。该方法可以解决高维数的非线性实际问题，根据结构风险最小化准则实现实际风险最小化，能够较好地解决小样本、局部最小等实际问题，且模型具有适应性强、全局最优、泛化性能好等优点，在短期负荷预测的应用中表现出了较高的优越性。近年来，学者们对SVM进行了相关改进，使其更好地应用到负荷预测中。

（2）其他预测方法。混沌时间序列、数据挖掘等方法是近年来新兴的负荷预测方法。复杂的电力负荷曲线会具有明显的混沌现象，混沌时间序列预测方法的基本理论是系统状态变量所需要的全部动力学信息包含在系统中任一变量的时间序列中，把单变量的时间序列嵌入到重构相空间中，使所得到的状态轨迹保留了原空间状态轨迹的主要特征。预测方法是建立在统计学理论上的一种预测方法，其本质是一个二次规划问题并求唯一的全局最优解的算法。数据挖掘，在人工智能领域又称为数据库中知识发现，是指从大量数据中挖掘出隐含未知的、对决策有价值的信息，并进行分析的预测方法。

（3）组合模型预测方法。在实际应用中，由于负荷数据的复杂性和随机性，单一的一侧模型不易于获得准确和可靠的效果，因此根据各种算法的优点和不足，将两种或几种算法有机组合来达到提高预测精度的目的。例如，时间序列法和神经网络综合模型、基于神经网络和模糊推理综合模型、混沌理论和神经网络综合模型、小波分析与神经网络组合模型等，多种方法的优点是克服了单一算法的不足之处，进行优势互补来达到提高预测精度的目的。

近年来，组合预测已成为电力负荷预测领域中的一个重要研究方向，研究主要集中在两个方面：一是组合方法的确定，即确定组合模型的方法构成；二是组合方法的权重分配，包括变权分配和固定权重分配。

根据权重系数是否随时间变化而变化，组合预测又可以分为定权系数组合预测模型（即认为权重系数是一个定值），以及变权系数组合预测模型（即认为权重系数是一个随时间变化的函数）。定权系数组合预测方法目前已趋于成熟，出现了经典的算法，比如最小方差法、递归等权法、拉格朗日乘子法和一些优化方法。但是由于预测问题的条件发生变化，以及时间的推移，各单项预测模型受不同因素影响的程度将发生变化，预测结果的可信度也将发生变化，定权系数组合预测模型不能较好地适应这些变化，从而影响预测精度。变权系数的研究起步较晚，目前仍处于探索阶段，但是变权重具有较好的时间敏感性，能有效解决定权系数方法所不能解决的问题，从而提高组合模型的拟合精度和预测精度。

组合预测方法提倡对于同一个预测目标尽可能不要只从单一角度着眼进行预测，而是从多个不同的方面系统地进行，这样就可以得到同一个预测目标的多个有一定差异的预测结果。组合预测理论认为这些结果各自所载有信息的价值是不同的，所以应该尽力使它们各自所载有的有价值的信息被提取出来，用加权的方式把它们组合成一个综合的预测结果。组合预测的优点如下：

1）通过各种方法的组合，可以获得取长补短的效果。每种方法都有其自身的优点和缺点，没有一种方法是万能的，它们适用于不同的场合。因此，将适用于不同场合的方法组合在一起进行预测，能够弥补单一方法的不足，同时兼具各个方法的优点。

2）通过各种方法的组合，可以利用更多的信息。目前没有任何一种预测方法能够保证在任何情况下都能获得满意的预测结果，因此在进行具体预测时往往需采用几种单项预测方法进行预测。不同方法预测能提供的可用信息以及预测精度有所不同，把多个方法合理组合起来进行预测，可以综合利用各种方法所提供的信息，对各种预测效果进行总体性综合考虑，相较单一预测模型具有更好的预测性能，降低了单一模型预测出现极端预测误差的概率和风险。

3）组合并不是简单地进行堆砌，而是将被预测对象的各种内在联系通过各个方法展现出来，并进行科学的权重分配，从而使得预测效果大于组合中任意一个方法的预测效果。

4）通过组合可以得到一些良好的性质。组合中各单项本不具有某些性质，但通过组合可以得到充分显现。

3. 能效评价方法

（1）数理统计法：采用因子分析、主成分分析等方法确定客户能效服务质量影响因素，完成质量评价指标体系构建，采用标杆研究法、专家座谈法完善客户用电能效服务方案。

（2）专家访谈法：相关专家在配网工程建设、能效管理及供电服务政策等方面拥有大量的专业理论知识和丰富的实践经验，同时对项目实施、政策及管理有着个人独到且深刻的理解，且"煤改电"项目在A省本地的发展、实施和成效也有着不同的观点、看法，可以设计指标体系及在层次分析法判断权重时通过个人经验帮助推进。本著作在准则层设计、评价指标筛选、权重确定、模糊分析法判断以及评价结果分析中皆运用了专家访谈方法。

1.3.2 研究内容

1. 构建及验证了电力客户细分模型

（1）模型构建。选择电力公司煤改电居民客户数据为研究样本，首先确定电力客户细分目标，依据目标提出原则，然后运用专家访谈与文献分析相结合的方法提取出煤改电居民客户细分的17个变量，主要分为自然与经济变量、客户用电相关变量、煤改电与客户意愿相关变量，并对各变量进行说明。最后采用K-means算法结合肘部法则与轮廓系数的细分方法构建了居民客户细分模型。

（2）模型验证。运用Python与SPSS工具进行了煤改电居民客户细分模型的实例应用研究。以A省电力公司的客户用电量数据与问卷调查收集的客户数据为实例样本，首先开展数据清洗与整理、离群值处理、标准化处理、One-Hot编码，接着进行了K-means算法的客户细分聚类，进而给出客户细分结果，根据细分结果对各细分客户进行了定义与分析。

2. 构建及验证了智能电网短期负荷预测模型

（1）模型构建。首先，基于对智能电网负荷规律的把握，采取文献研究与灰色关联度分析法提取出了包括需求响应等11种智能电网短期负荷预测的影响因素。其次分析了人工神经网络在短期负荷预测模型构建中的适用性，分别选取了BP神经网络和LSTM循环神经网络构建负荷预测模单一模型；采用遗传算法计算单一模型权重，构建BP-LSTM混合神经网络预测模型，以实现各项单一模型优势互补，从而提高负荷预测精度。

（2）模型验证。选择了电力数据采集系统导出的A省X市用电负荷数据和气象监测系统生成的天气数据为实例样本，选取了电力负荷预测效果评价指标，完成了数据预处理；采用构建的三类智能电网短期负荷预测模型分别进行了负荷预测。通过对比三类模型预测效果评价指标值和实际负荷与预测负荷曲线的拟合近似度，证明采取遗传算法计算单项模型权重系数，以此为基础构建的组合模型对电力负荷预测得更为准确；验证了混合神经网络模型相比于单一神经网络模型,可以有效弥补单项预测模型的缺陷,从而提高负荷预测精度。

3. 构建及验证了智能电网中长期负荷预测模型

(1)模型构建。构建了单因素条件下中长期电力负荷需求预测模型,研究仅在历史电力负荷的影响作用下以天度和年度为时间间隔的电力负荷需求的未来变化趋势。说明了灰色模型在中长期电力负荷需求预测模型构建中的适用性。选取灰色模型 GM(1,1) 构建了单因素条件下的中长期电力负荷需求预测模型。构建了多因素条件下中长期电力负荷需求预测模型,研究在相关影响因素作用下以天度和年度为时间间隔的电力负荷需求的未来变化趋势。选取 GM(1,n) 构建了多因素条件下中长期电力负荷需求预测模型。

(2)模型验证。选取了 A 省 Y 市历史用电负荷数据、气象数据、财政数据为样本数据,使用数据挖掘技术对样本数据进行预处理,通过对比分析单因素和多因素条件下的电力负荷需求预测效果,得出了多因素条件下的电力负荷预测效果均好于单因素条件下的预测效果,验证了灰色关联度分析法能够有效提取出电力负荷需求预测的关键影响因素,说明了相比于单因素条件下构建的电力负荷需求预测模型,多因素条件下构建的电力负荷需求预测模型的精度更高。

4. 构建及验证了电力客户用能效果评价模型

(1)模型构建。首先,识别供电服务客户满意度评价指标体系,确定了包含基础管理满意度、业务服务满意度、计量收费满意度、服务感知满意度四个维度共 33 项具有代表性的指标设计评价体系。其次,选择熵权法对供电服务客户满意度评价指标体系进行了指标赋权,采用 TOPSIS 方法和灰色关联度分析完成了评价模型构建,最后对四种客户满意度评价方法的优缺点和适应性进行对比分析和总结。

(2)模型验证。选择 A 省六个地市电力公司供电服务客户满意度为研究样本,从电力公司营销服务系统导出客户满意度调查数据展开实例应用研究。研究结果表明:六个地市电力客户满意度综合排名从高至低依次为 G 市、D 市、F 市、B 市、E 市、C 市。通过对国网 A 省电力公司营销服务中心专家进行电力客户满意度综合排名的访谈,访谈结果和构建的电力客户用能效果评价模型的评价结果完全一致,证明了模型的科学性与可靠性。

1.3.3 技术路线

本书的技术路线图如图 1-1 所示。

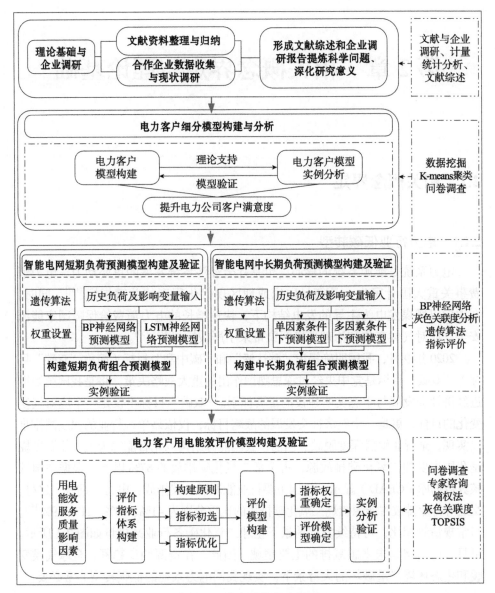

图 1-1 本书的技术路线图

第 2 章　相关概念界定与理论基础

2.1　相关概念界定

2.1.1　电力行业低碳转型

电力系统是能源系统的核心，也是社会经济系统发展的重要动力。电力消费事关重大国计民生，是衡量国家或地区现代化程度的关键指标[147]。同时，在中国以燃煤发电为主导的发电结构下，快速增长的电力消费给保障国家能源安全、应对气候变化和治理环境污染带来了严峻挑战[148-150]。

2020年9月，我国明确提出"碳达峰"和"碳中和"目标（简称"双碳"目标），"双碳"目标是党中央经过深思熟虑作出的重大战略决策，将是我国统筹推进经济社会发展与生态文明建设的重要抓手。"双碳"目标不仅是一个应对气候变化的目标，更是一个经济社会发展的战略目标，仅依靠单一行业的深度减排难以实现，全行业亟需深度脱碳。当前，我国能源结构以化石能源为主，能源燃烧是我国主要的二氧化碳排放源，占全部二氧化碳排放的87%以上。根据中国碳核算数据库（CEAD）显示，我国主要行业能源活动碳排放：电力、钢铁、建材、交通等行业排放占能源燃烧二氧化碳排放的比重分别为41%、18%、11%、9%[151]。与常规情景相比，可持续发展情景下全球二氧化碳各行业减排量如图2-1所示。可见，电力将是未来碳减排的主要领域。因此，在资源约束趋紧、全球气候变暖和生态环境严重破坏的大背景下，实现我国电力系统的低碳转型非常必要。

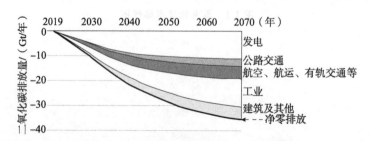

图 2-1　与常规情景相比，可持续发展情景下全球二氧化碳各行业减排量
（图片来源：国际能源署 2020 年全球能源展望报告）

电力系统的低碳转型需要以安全、廉价和可持续作为三大关键目标。然而燃料安全是我国电力系统安全中的薄弱环节。煤电在我国的发电结构中占据主导地位，2021年，煤电以47%的装机占比，贡献了超过60%的发电量[152]。在国家电网，煤电以48%的装机占比提供了62%的发电量，更是支撑了75%的高峰负荷需求[153]。2021年下半年部分地区出现的严重限电现象，很大程度就是因为煤炭价格过高、供给不足造成的[154]。无论是中央，还是行业内，都开始逐渐认识到了煤电作为保障新能源消纳和电网稳定的压舱石作用[153,156,157]。2022年3月22日在北京召开的煤炭清洁高效利用工作专题座谈会上明确了"切实发挥煤炭的兜底保障作用，确保国家能源电力安全保供"。即便是到了2060年，我国已经全面实现碳中和，火电等传统电源依然需要发挥一定作用。根据国家电网预测，未来传统的交流同步电源装机占比下降，但仍然占据相当比例[158,159]。预计2060年同步电源（水、火、核、生物质、光热）装机容量达到25.5亿kW，占比36%；发电量7.8万亿kW·h，占比49%。出力占总负荷的25%~79%；出力占比高于40%的累计时长达到全年的84%，高于50%的市场将达到53%[158,160-162]。而且，在发电结构、煤炭资源禀赋和化石能源不可再生特点的综合作用下，我国电力系统的燃料安全问题必须引起重视。因此，有必要进行电力系统的低碳转型，加大节能低碳技术的运用，替代原有不可再生化石燃料的消耗，从而保障电力的稳定可持续供应。

发电过程中产生的碳排放和污染物排放问题将推动电力系统的低碳转型。燃煤发电在我国的发电结构中居于主导地位，煤炭燃烧过程中伴随着大量的温室气体和污染物排放[164]。而且，电力系统是中国的碳排放大户，也是我国实现节能减排和治理环境污染的重要抓手[165]。我国自2007年起便成为了世界第一大碳排放国家，2020年我国能源消费产生的二氧化碳排放中，电力行业占能源行业二氧化碳排放总量的42.5%左右，电力行业的碳达峰、碳中和进度将直接影响整个碳达峰、碳中和目标实现的进程[166]。另外，电力部门的SO_2、NO_x和烟尘排放占全国的比例分别是15.4%、11.1%和3.5%[157,167]。因此，有必要进行电力系统的低碳转型，加大节能低碳技术的运用，以降低碳排放和污染物排放，从而保障电力系统发展的环境可持续性。

降低电力生产成本的需求将推动电力系统的低碳转型。电能从发电厂到达客户侧的过程中需要经历发电、输电、配电和售电四个环节，每个环节均会产生成本，且发电成本在总成本中的比重最大。电力消费成本的高低既会影响居民的生活质量和舒适度，也会影响我国作为制造业大国的工业竞争力。根据Pollitt等[168]的研究结果，我国的平均工业电价比美国高50%左右，而燃料价格差异只能解释两国电价差异的63%，高工业电价削弱了我国的工业竞争力。

因此，有必要进行电力系统的低碳转型，加大节能低碳技术的运用，降低发电成本，从而保障中国的工业竞争力和国计民生。

2.1.2 智能电网

智能电网在不同的国家有着不同的描述与定义，并表现出有所不同的发展形貌。在美国，其能源部经过研究，将智能电网描述为一种采用了数字化技术进行深入发展的，有着较强的可靠性与安全性，并且能够保持较高的运行效率的电力系统。智能电网内含有大规模发电、消费者以及其间所必需的输配电网络，将整个电力系统都纳入管控之中。并且智能电网始终致力于发展新型的发电与输配电技术，包括分布式发电与储能技术等。因此，其智能电网具有七大特征：自愈性、互动性、兼容性、高效、创新、优质和安全[169]。在欧盟，其智能电网特别工作组经过研究明确指出，智能电网为一种能够将所有的电力客户纳入其中，并针对其使用行为进行管理的智能系统，其既包含了电力生产者，还包含了消费者与产消合一者。并且其认为智能电网应当具备四个主要的优势特性：其一为灵活性，能够考虑各种客户使用需求的多样性；其二为易接入性，能够满足所有客户的快速接入并且保障接入的稳定畅通；其三为可靠性，能够确保电力系统的长期稳定与电力品质，尽可能地降低各类事故的发生引发的停电问题等；其四为经济性，能够进一步提升电力资产的管控水平，提升其有效使用率。

2015年，在国家发展改革委与国家能源局的《关于促进智能电网发展的指导意见》的指导下，国家电网公司提出了"坚强智能电网"概念。这一概念正式明确了要将新型的材料、能源、信息、设备、控制、储能以及传感器技术引入电力系统之中，进一步加强传统电力系统的建设，从而发展出满足于我国现代化发展所需的现代新型电力系统。作为新一代电力系统，智能电网应当具备较高的自动化与信息化水平，并且在互动与控制上有着较大的进步，能够满足于当前的电力供应的自动化、高效化以及经济化发展。智能电网的建设将能够推动我国能源的产消规模不断增长，也将有效地提升我国体制与技术的不断进步，是我国建设现代化能源互联网的必经之路。对于"坚强智能电网"的定义：其是一种基于坚强网架，即骨干网架为特高压电网且由各级电网丰富其结构，受到通信信息平台的支撑从而达到了信息化、自动化与互动化的发展要求。该种电网系统能够在六个主要的电力系统环节发挥作用，将电力的发输变配用调内所产生的各个等级的电压均纳入管理之中，从而实现了电力系统的业务、信息与电力的三位一体发展，是一种现代化的有着较高的经济性、环保性、开放性、坚强性与发展性的电力网络[170]。

其具体内涵如下所述：

（1）坚强可靠。作为智能电网的重要基石，以特高压输电线路作为基础的骨干网架能够效率最大化地为各地的客户输送电力，并且能够保持一个较高的工作稳定性，是当前国内工业与居民生产与生活所消费电力的关键保障。基于这一骨干网架能够有效地配置各地的电力资源，极大地降低了各地对于电力的浪费。并且这一结构的输电网络能在发生故障时自主排障，并且将故障智能及时地隔离，从而确保电力系统整体的运行稳定，显著增强了其坚强可靠的特性。

（2）经济高效。当前国内的电网结构决定了其运行成本始终处于一个较高的水平，因此，发展有着更高的电力输运效率与更低的维护成本的智能电网有着非常重大的意义。

（3）清洁环保。伴随着人类的科技水平的进步发展与生产力的不断提升，对于能源的需求量正在快速地增长，而传统化石能源不可持续且携带着大量的污染使得清洁能源的发展得到了人们的广泛重视并得到了充分应用，因此在建设智能电网的过程中必须要充分地重视新能源的占比，以实现清洁环保的目标。

（4）透明开放。在经济体制逐渐转型的过程中，智能电网的建设也应当充分地考虑到市场经济的积极作用，应当打造一个更具开发特性的透明市场，以进一步激发电力市场的活力。

（5）友好互动。要进一步地提升电网的稳定性与控制的灵活性，需要考虑使用间歇性能源，来加强对于电网负荷的调节作用，从而降低电力系统中的能量损耗，尤其是要充分地协调各个发电客户的生产能力，增强负荷调节能力。

2.1.3 客户细分

客户细分是指通过有效收集、归类和分析客户各方面的需求定义不同属性和行为特征的客户群，对客户价值、信用风险进行评估[171]。依据评估结果将客户划分为不同的类别并对其进行管理，同时针对不同的客户群体为客户提供个性化服务。

正确的客户细分能够有效地降低成本，同时获得更强、更有利可图的市场渗透。通过客户细分，企业可以更好地识别不同客户群体对企业的价值及其需求，以此指导企业的客户关系管理，达到吸引合适客户，保持客户，建立客户忠诚度的目的。

1. **电力客户细分原则**

良好的客户细分是企业生存与发展的重要资源，能否维系并提升客户价值，是检验企业是否成熟的重要标志，这项工作的意义是使企业能够以更低成本、更高效率寻找和保持客户。通过更深层次的、前瞻性的研究客户期望，开发、调整和改进产品和服务，满足其未来的需求。

一般来说，客户细分应遵循以下原则：

（1）每个客户只能归入一个类别，否则，客户可能因此陷入多种相互矛盾的产品信息而无所适从。

（2）不要有渠道差异。客户从不同渠道获得的产品信息都应该是相同的，每个直接接触客户的员工都能够随时知道产品推荐信息并传递给客户。

（3）给直接接触客户的员工提供有针对性的、可执行的对策。不要把仍需解释的信息提供给他们，应准确地告诉他们对客户来说哪种产品是最适合的。

（4）在客户细分之初，应给销售人员提供最佳名单，确保高成功率。不断抓住机会扩大消费者名单，并给出每个消费者的"购买可能性"评价，以帮助销售人员了解客户可能接受的程度。

（5）每一细分类别由一位高级经理负责盈亏平衡。这样做的目的是确保细分战略的最大收益。

（6）由高级管理人员负责推动客户细分。若公司仅仅在一个产品线推行细分，公司就有可能忽略部分客户的感受；若由总公司而不是某一部门负责，客户细分就有可能不太受预算的制约。

（7）自小处着手，再不断扩大。开始把客户粗略地分成几个大类，然后再逐渐进行更细致、更准确地划分。但是不要等到一切都尽善尽美了再去做，要先迈出第一步。

2. 电力客户细分方法

细分方法之间的根本差别在于细分维度，不同的细分维度需要不同的细分技术作为分析手段，并由此导致相应的细分依据甚至细分方法论上的差异，最终致使各种不同细分方法有着各自不同的市场适用性。以下就从三个方面来分析细分方法之间的差异。

（1）人口统计细分。最先进入人们视野的较为系统的人口统计细分是将地理作为一个重要的细分维度。市场壁垒的存在和信息技术的限制，一方面使得厂商仅能将市场布局到有限的地区，另一方面不同的地理位置的客户群表现出较大的差异。然而市场的全国化、全球化以及信息技术的迅猛发展逐渐削弱了客户与地理特征的关联性。尤为明显的是银行业，对网络银行来说，不同地理位置的客户在其偏好和购买模式上的区别微乎其微。

（2）生活方式细分。对生活方式维度的研究也是源于一种假设——对客户了解得越多，对他们就能采取越有效的营销手段。学术界首先以生活方式为背景来识别和细分客户。生活方式本身是一个系统的概念，具体表现为从社会生活机制中衍生并发展起来的各种方式。

（3）行为细分。一种基于预测的理论使得人们将注意力放在依据客户以往和现在的行为来预测将来的行为，出现了一种以行为模式数据为基础、以信息技术为支撑的细分方法。其功能的实现是通过分析数据库中已有客户的消费行为模式来将客户分类。

（4）利益细分。利益细分最先利用具有因果关系的因素而不是描述性的因素来识别市场，其区别于传统细分方法的优势就在于它透过客户表象的行为、态度和动机来挖掘背后的真正利益。利益是一个比较复杂的概念。在具体的市场中，它可能是客户偏好的一种产品特征、服务方式或其他任何与产品或服务相关的环节。利益细分不仅在维度内涵上具有弹性，细分技术也相当丰富，诸如拟合分析、因素分析、聚类分析、人工神经网络等，是实践中应用最广泛也是最有效的一种方法。

3. 电力客户细分基本内涵

（1）市场细分理论简介。美国市场学家温德尔·史密斯在20世纪50年代中期提出"市场细分"概念，又称客户细分。市场细分与市场分类有本质区别，市场细分不是以商品作为划分对象，而是以消费者作为划分对象。所谓市场细分理论，就是根据客户群体在需求动机和购买行为方面的差异性，把客户总体市场划分为若干客户群体，每个客户群体就形成一个细分市场，各细分市场由具有相同或者类似需求动机和购买行为客户群体组成。所谓客户细分，就是企业在掌握客户信息资料的基础上，依据客户需求特点、消费行为、消费习惯、信用状况等方面的差异，把某产品的需求客户整体划为若干个子客户群体的过程[172]。

（2）电力客户细分内涵。电力市场是由用电客户群体组成，而用电客户群体在需求特征和层次上存在着差异性，供电企业应将影响客户需求的各种因素作为基本依据，据此把电能产品客户整体需求市场划分为若干个具有相同或相似需求特点的电力客户群体，具有相同或相似需求特点的电力客户群体就构成细分市场，不同细分市场的电力客户群体对电力产品需求具有显著差异，而相同细分市场的电力客户群体则具有相似的电力产品需求[173]。供电企业可以根据所划分确定的电力客户细分市场，从售电价格、供电质量、售电服务以及需求侧管理等方面制定有差异化的客户营销服务策略，稳定现有市场份额，并扩展新的潜在市场需求[174]。

2.1.4 电力负荷

电力负荷是指接入配电网的所有电力设备产生的电量消耗总量[175]。地区统计的电力负荷有供电负荷、发电负荷和用电负荷，选择对智能电网的用电负荷进行分析预测。

电力负荷可以分为工业、商业、农业和居民用电这四类，工业负荷受到工作日和节假日不同日期类型的影响，一般在工作日的用电负荷高于节假日，并且根据生产设备运行节奏，工业负荷的白天用电量高于夜晚；商业负荷主要集中在城市商业经营用电，电力消耗低于工业负荷；农业负荷主要是农业生产活动产生的用电量，受气象因素影响较大，占总负荷的比重较小；居民用电负荷因经济水平和生活追求的提升，电力消费逐步增长。电力负荷具有周期性、连续性、波动性和随机性的特征[176]，周期性是因为负荷水平与人们生产生活习惯相关，呈现一定规律性；电力负荷随着时间变化会产生相应改变，负荷序列按照时间顺序进行排列所以具有连续性；受到多因素影响，负荷会出现波动和不平稳的状态；并且由于突发事件会使电力负荷产生异常，因而具有随机性。

2.1.5 负荷预测

电力负荷预测是指从已知的电力系统、经济社会、气象等情况出发，通过对历史数据的分析和研究，探索事物之间的内在联系和发展变化规律，对负荷需求发展做出预先估计和推测。电力负荷预测是对电力系统的规划、计划用电工作的基础部分，其重要性早已被人们所广为认识。国内外不少学者一直致力于对预测方法的探索，多年来提出了许多预测方法。

电力需求预测的种类，按预测的内容可分为用电量预测和用电负荷预测两大类。用电量预测是指某供电地区在一定时间内，电力生产或消费的总量，如全社会用电量指标。用电负荷预测是指某发电、供电地区或电网在某一瞬间所承担的工作负荷。本著作基于此对某地区的用电负荷进行预测研究。

电力负荷预测中经常按时间期限进行分类，通常分为长期、中期、短期和超短期需求预测[177]。长期预测一般指5年以上并以年为单位的预测，中期预测指3年左右并以年为单位的预测。它们的意义在于帮助决定新的发电机组的安装（包括装机容量、模式、地点和时间）与电网的规划、增容和改建，是电力规划部门的重要工作之一。短期预测则是指一年内以月、周、天为单位的负荷预测。其意义在于帮助确定燃料供应计划，经济合理地安排本网内各机组的起动和运转，降低旋转储备容量；在保证正常用电的情况下合理安排机组检修计划。超短期预测指未来0.5~1h的预测，意义在于可对电网进行计算机在线控制，实现发电容量的合理调度，满足给定的运行要求，同时使发电成本最小。本著作的短期电力负荷预测为以天为单位进行预测，中长期电力负荷预测以年为单位进行预测。

根据负荷预测表示的不同特性，常常又分为最高负荷、最低负荷、平均负荷、负荷峰谷差、高峰负荷平均、低谷负荷平均、全网负荷等类型的负荷预测，以满足供电、用电部门的管理工作需要。研究结果显示，电力需求预测的可靠性与置信区间对面临高需求、高经济增长的国家极为重要。同时，对增长中国家进行电力需求预测会有更多的困难与挑战，因为这些国家的经济结构变化可能对电力需求产生重大影响，而且增长的性质、社会条件、突发事件以及能源价格等也各有不同[178]。

2.1.6 能效评价

一般来说，能效评价的流程分为 4 步，第一步筛选指标并设计指标体系，第二步计算得出指标权重，第三步通过综合评价方法评价，第四步分析评价结果。本著作是对客户用能综合效果，选用合适的综合评价方法进行评价，并针对实例进行评价，以验证评价体系的全面与客观。

建立指标体系，首先是根据 SMART 准则筛选指标，指标一般而言是定性或定量指标，关于指标的筛选方法有聚类分析法、专家法、极小广义方差法、神经网络方法、灰色关联度分析法等。

评价指标权重是直接影响决策评价的重要因素，在整个评价过程中，指标权重代表着评价指标对于评价对象的综合权衡，是该指标针对研究对象在不同维度下重要程度的量化表示。设定的指标权重合理、准确、客观，是项目评价结果具备代表性及参考性的基本要求，常见权重判定方法有专家调查法、层次分析法等。

综合评价方法能够处理多指标、复杂方案的评价，建立系统性思想，依据评价对象，制定可定量定性分析的评价体系，结合模型得出可参考的结果，为决策提供支持依据。常用的综合评价方法有：层次分析法、熵权法、模糊分析法、灰色评价法、逼近理想解的排序方法、数据包络分析法等。

除以上方法外，目前常用混合评价方法来提高评价结果的准确性，如层次分析法与 TOPSIS 法相结合、层次分析法与熵权法相结合、层次分析法与模糊分析法相结合、熵权法 – 灰色关联度分析法、基于熵权法 – 灰色关联度分析法 –TOPSIS 方法等。

2.2 相关理论基础

2.2.1 电力服务理论

1. 供电服务理论

供电服务是指供电企业遵循一定的标准和规范，以特定的方式和手段，满足客户现实或者潜在用电需求的活动。通常包括向客户提供质量合格的电能、用电业务办理、抄表及电费收缴、供电故障处理等内容。由于本著作研究对象主要是低压居民客户，在研究过程中主要围绕供电部门向居民客户提供供电服务时涉及的用电报装、装表接电、电能计量、电费缴纳、故障报修、95598 客服热线、监管投诉和增值服务八个服务环节，以下将逐一展开进行阐述。

（1）用电报装：主要包含高压报装和低压报装，高压报装是指为供电电压为 10kV/20kV 及以上的企业客户办理新装，低压报装是指为供电电压为 220V/380V 的低压居民客户办理报装。由于本著作研究对象主要是低压居民客户，所以重点就低压报装展开阐述，低压报装主要流程包含客户向供电部门提出用电报装申请、供电部门对申请材料进行审核、供用电双方确定供电方案、供用电双方签订供用电合同和供电部门上门装表送电等。

（2）装表接电：用电客户的用电报装审批通过后，供电部门依据双方签订供用电合同，为用电客户安装电表，并将用电客户的受电装置接入供电网。

（3）电能计量：是电力系统中电力生产、销售以及电网安全运行的重要环节，通过电能计量装置对客户消耗的电能进行准确的测量。电能计量的技术水平和管理水平不仅影响电能量结算的准确性和公正性，而且事关电力工业的发展，涉及国家、电力企业和广大电力客户的合法权益。

（4）电费缴纳：是指家庭或组织单位根据用电所耗费的电能或所享受的增值服务，按照规定向供电部门缴纳的相关费用，主要通过供电部门线下营业厅或网上营业厅、支付宝和微信等途径缴纳。

（5）故障报修：是指供电部门通过客户服务电话、网站、掌上 APP 等渠道受理的电力客户由于故障停电、电能质量或存在安全隐患须紧急处理的电力设施故障诉求业务。供电部门提供 24h 电力故障报修服务，负责电力故障报修工作相关制度的制定、组织实施、资料管理、客户回访和监督等，并配备必要的人、通信和交通工具。

（6）95598 客服热线：是全国供电服务热线，按照供电服务范围划分，24h 受理用电客户的咨询查询、故障报修、用电报装、投诉、举报、意见、建议等业务（主要负责提供当地供电服务和电力政策的解释）。

（7）监管投诉：用电客户在供电部门提供供电服务过程中，认为电力监管机构、电力企业、电力调度交易机构侵害其合法权益而发起的投诉，或反映违反国家有关电力监管法律、法规、规章或其他规范性文件的行为而发起的举报。一般可通过国家能源局 12398 能源监管投诉举报热线或所在地 95598 供电服务热线等渠道开展投诉或举报。

（8）增值服务：是指在为用电客户提供标准化普遍服务的基础上，根据客户差异化、个性化、精细化等服务需要，以提高客户满意度与价值增长为目标,为客户提供精准有效的供电服务内容。主要包括综合能源供应、能效服务、电能替代、电动汽车服务、市场化售电、智能电网增值服务、客户设备代维等增值业务。

2. 公共产品理论

美国学者保罗·安东尼·萨缪尔森在其论文《公共支出的纯理论》中,基于经济学将公共产品定义为"每一个人对其消费并不减少任何他人对这种产品的消费量的产品",是指"那种不论个人是否愿意购买,都能使整个社会每一成员获益的产品。"萨缪尔森在所处的政府大规模干预经济的社会背景下,提出"公共产品是具有消费的非排他性和非竞争性等特征的产品",认为公共产品具有非排他性和非竞争性的本质属性。排他性是指以组织一个人使用一种物品时,该物品具有的物品属性;竞争性是指一个人使用一种物品而减少了别人使用时,该物品具有的物品属性。通俗来说,纯公共产品的供给应当由政府来提供,准公共产品的供给应该由政府和市场共同承担。公共产品、私人产品、准公共产品三者的关系,见表2-1。

表2-1 社会产品的分类

性质	竞争性	非竞争性
排他性	私人产品	准公共产品
非排他性	准公共产品	公共产品

结合众多学者对公共产品、准公共产品的理解和阐释,认为公共产品本质上具有非排他性、非竞争性及外部性,具有非排斥原则和非敌对原则;认为准公共产品介于纯公共产品和私人产品之间,是指具有有限的非竞争性或局部排他性本质属性的公共产品。

在一定的供电能力可承受范围下,每个用电者并不会影响他人的用电,但一旦超过供电能力的临界范围,非竞争性就会消失,用电拥挤就会产生;当出现供电紧张时,供电压力就会升高,进行分片区、有序错峰供电;此外,不同地域、不同时段的公众消费用电服务获得的供电效能是不均等的。由此分析,供电服务具有有限的非竞争性、局部排他性、消费数量的非均等性的物品属性,因此供电服务是准公共产品。

3. 服务营销理论

服务营销是企业充分了解市场需求下,为满足消费者需求在销售过程中实行的一系列活动。服务营销具有不可感知和无形等特点。服务生产和消费同时进行,决定服务和销售是不可分离的。顾客没有使用产品时不清楚产品质量,很难判断产品质量效果,通常通过服务形式了解产品,而产品服务是无形的、不可感知的。

4. 优质服务理论

优质服务包含着不凡的理念和博大的潜效益规则。服务的意思是：为集体（或别人的）利益以及为某种事业而工作。"优"即美好的，"质"即主体，"服"即承担、担负并隐含信任，"务"即事情。组合起来就是：事情承担整合后（主体）是美好的。优质服务的重点是增强职工了解、建全完备规则，促使行业作风的根本提高，把优质服务简单理解为改善服务态度那是相对肤浅的。优质服务的关键性已经被很多人所了解。优质服务是供电公司的生命线，是企业进步、存在之本。如今企业的类似产品品质日益相似，优质服务已经是企业竞争市场的关键方式。信誉无价已成为一个企业是否成熟、是否成功的关键标识，以上就是"优质服务是企业生命线"的思想。

2.2.2 客户关系管理理论

随着经济的不断发展，市场经济的不断完善，传统行业的发展已经度过了初创期与成长期，并逐渐进入成熟期阶段，企业发展战略也已经从业务扩张转型为从竞争者手中争夺市场，在市场的成熟期阶段，客户将拥有更多的选择权力，同时客户的基本需求已得到满足，便产生了更高层次的服务需求。电力行业作为垄断行业，近年来在新电改环境下面临着"破垄断"的挑战，新进入的竞争者给予客户更多的选择权力，优化客户关系与提升客户满意度成为企业发展的关键。本著作将以客户关系管理理论作为基础对居民客户进行研究，因此需要理清客户关系管理理论的基本内容。

1. 客户关系管理内涵

客户关系管理（Customer Relationship Management，CRM）的概念诞生于20世纪70年代初期，但一直没有系统化的阐述，最早由ERP中的接触管理演变为客户关怀再经过多种概念的提出，最终于1999年由Gartner Group首次系统化地提出CRM的概念：CRM是指未提高企业收益与客户满意度而设计的商业战略。Scott[179]将CRM定义为一系列的工作进程和政策支持来保持客户关系并为客户提供服务。Chen[180]提出CRM是一系列用来管理现有客户、潜在客户与公司员工的工作流程与政策支持，主要通过市场、销售与沟通渠道进行管理。Greenberg[181]提出CRM是通过集成且单一的视角采用分析工具对客户进行分析，且采用单一渠道对客户进行管理并提升相关流程的有效性和效率。1999年底，国内学者也开始了一系列针对CRM的研究，孙忠[182]对CRM的形成发展从企业营销的角度进行梳理，并指出CRM已成为现代企业生存发展的必要条件。张国安[183]指出CRM是企业文化的自然扩展与自我完善，并对CRM在企业文化中起到的作用进行了讨论。朱吉[184]对CRM与传统的市场营销管理理论进行对比，指出了两者在立足点、对象与信息管理等多方面的区别。CRM的内涵目前没有统一的定论，但总体而言有以下三层含义：

（1）CRM是企业管理适应新的发展形势的指导思想。

（2）CRM的核心在于对客户提供差异化的服务。

（3）CRM的目标是提高客户满意度并最终转化为客户忠诚。

目前CRM的发展日臻完善，但由于CRM的实现无法离开技术的支持，近年来技术的突飞猛进也为CRM的实现提供了大量科学可行的技术支持。

2. 电力客户关系管理发展

随着CRM的不断发展与细化，各个行业的CRM也逐渐发展起来，电力企业由于客户规模庞大且需求庞杂，电力客户关系管理也随之发展起来。刘雪飞[185]提出应用CRM对电力营销工作进行优化，改善客户关系，通过构建电力营销CRM系统来为电力客户关系管理提供相关建议。韩冬[186]以CRM为基础，阐述了供电企业在建立新型客户关系管理系统（Customer Relationship Management System，CRMS）是应当遵守的原则，并针对系统构建问题进行解答，为电力企业CRMS的构建提供具备实际指导意义的建议。向明[187]通过对电力企业的CRM实用性与意义进行研究，提出了电力企业开展CRM的具体操作建议。随着计算机技术的发展，电力客户关系管理的研究也开始同计算机技术进行结合来探寻新的管理方法。张晓红[188]对数据挖掘技术在电力行业CRM中的应用进行了可行性分析，指出数据挖掘技术对于电力企业CRM的重大意义。余文辉[189]采用电力大数据对电力行业的客户立体画像进行研究，从市场策略、开发、交易、营销、CRM与风险管理六方面构建客户立体图像影响的理论模型，为电力客户关系管理提供了新的解决思路。郭薇[190]也对新电改背景下的电力企业客户关系管理进行研究，指出CRM对于新形势下的电力企业营销工作依然具备很强的参考意义。

目前随着煤改电的发展，电力行业也将面临新的机遇与挑战，CRM也将继续指导着未来电力企业电力营销活动。

3. 客户细分技术

客户细分技术是CRM中常用的分析技术，客户细分技术实际上是市场细分的核心内容，起源于16世纪，经过了几百年的发展，随着温德尔·史密斯在1956年第一次明确提出市场细分的概念，之后市场细分日益演变为目前市场营销中不可或缺的部分，客户细分技术也随着全球经济的不断发展逐渐成熟。目前学术界对于客户细分还未形成统一的定义，但目前学术界较为普遍的定义是：客户细分即根据客户的异质性，将客户群划分为具有相同特点的细分市场以便企业对客户提供差异化服务的营销战略。

现有的客户细分标准主要分为五大类：

(1) 地理因素细分。地理因素细分是指将客户根据其所在的地理特点进行细分，典型的地理因素包括所在地区、人口密度、城市、气候等。地理因素细分常常用于客户数量庞大且所提供的服务与气候情况存在显著的相关性时，例如电采暖、夏季降温设备、除湿设备等产品或服务，通过地理因素细分能够迅速制定出不同地区客户的营销策略。

(2) 人口统计细分。人口统计细分是指根据客户的特征信息进行细分的一种方式，首先要对客户信息进行收集，之后通过数据挖掘寻找具备共同特征的客户群。这种细分方式是建立在具备相似特征的客户会表现出类似的购买行为、购买动机与兴趣等。常用的细分指标包括年龄、性别、工作状态、收入程度、感情状况、家庭人数、教育程度等。人口统计细分也是常用的一种细分方法，目前已经发展出多种细分标签。

(3) 心理因素细分。心理因素细分在目前的学术界也常常被称为生活方式细分，主要是通过客户的日常活动、爱好以及评价来进行细分，这种细分方式在目前的大数据环境下十分常见，但由于客户的日常活动、爱好等因素测量不便。伴随着社交媒体的发展，统计技术的突飞猛进，心理因素细分也成为热门细分技术。但出于客户对于隐私问题的担忧，市场上对于这种细分方法的不满情绪也日益浓厚。

(4) 购买行为细分。购买行为细分是根据客户对于产品的购买行为与使用行为进行细分，购买行为细分是目前企业内部常用的细分方式，不少学者认为购买行为细分的效果远好于人口统计细分与地理因素细分，产生这样的观点的原因主要是购买行为是客户已经产生的行为，且直接与产品相关，从购买行为进行研究也是最直观且最有效的细分方式，因此目前在市场营销领域也产生了购买行为细分替代人口行为细分的观点。购买行为细分的指标主要包括购买频率、寻求利益行为、客户状态、使用频率、忠诚度状态、买房准备情况、服务态度以及付款信息等。购买行为细分一直作为研究热点，目前已经发展出常用的 RFM 模型、客户价值细分等子理论。

(5) 其他细分方法。随着社会不断发展，客户需求的不断演变，除了上述四种细分方式外，还发展出了许多其他类型的细分方式以适用于特定市场的客户细分，包括世代细分、文化细分、政治倾向细分、上网行为细分等。伴随着人民生活的日益丰富，细分方式也将更加多元化。

4. 客户满意与客户忠诚

客户满意是从 20 世纪 60 年代开始逐渐发展演变之后最终形成的概念，在市场营销中最早提出的是客户的期待值，例如 Miller 提出的四种客户期待，包括理想的、期待的、最小可容忍的与最渴望的。Day 揭示了客户期待中关于划分、产品本质、获利能力和客户期待的社交价值，这也为企业提供了产品同客户期待进行对比的量化指标。之后 Oliver[191]、Churchill[192] 与 Bearden[193] 在 20 世纪 80 年代初期纷纷提出了有关客户满意的测度。经过多年的发展与演变，客户满意的概念不断扩充与完善，目前学术界普遍采用 Farris[194] 在 2010 年提出的概念：是指客户或特定群体的客户在与企业进行沟通，购买产品或想用服务时所接受到的服务超出客户预期时称为客户满意。

客户忠诚表示客户与服务或公司有关的预期行为，包括客户继续使用某项产品和服务的可能性，客户转向使用竞争者商品的可能性，客户提供正面口碑与为公司提供建议的可能性。Hirschman[195] 指出，如果客户采用竞争者服务确实存在且转换门槛很低，则公司会发现客户开始停止购买公司的产品或服务且可能接收到客户的不满。客户停止使用与客户的不满会直接影响企业的长期收入。Andreassen[196] 指出这种对于长期收益的影响，是指数性变化的。当市场上缺乏竞争者或者转换门槛较高时，客户可能会很忠诚。客户忠诚大概率很高，因为客户满意得到了实现，对于客户而言也产生了继续使用的意愿。历史证明，大多数市场由于竞争者的缺乏以及转换门槛较高，企业更倾向于将客户满意度视为保持现有客户的唯一可行策略。Anderson[197] 发现客户满意和客户忠诚之间存在正相关关系。

对于电力行业，作为长期处于垄断地位的电力企业而言，面临"破垄断"与煤改电等能源转型工作的挑战，保持并提高现有的客户满意并转化为客户忠诚成为目前面临的最大挑战。

2.2.3 需求响应相关理论

1. 需求响应概念

需求响应的概念最早是由美国在 21 世纪进行电力体制改革时提出来的，随后制定需求侧客户主动响应策略，目的是对电力市场进行调控。需求响应是指运用经济手段或政策措施对客户用电行为进行引导，客户会基于自身利益的考量主动响应从而调节智能电网的负荷水平[198]。需求响应引起的变动电量属于可调节负荷资源，通过与供电侧负荷资源进行整合，供电公司可以更好地对电力资源实行优化配置，保障电网运行的稳定性与安全性[199-201]。传统电力调控方案中，无法将客户侧负荷资源纳入考虑范围，认为需求侧的电量消耗是无法调节和预测的，而随着各智能电网的全面建设，对客户参与负荷能够更精确地衡量，也便于根据客户在电力消费上的反应调整相应策略，做好需求侧管理工作。

伴随电能替代进程加快，需求侧用电量剧增，在用电高峰期会出现供电不足情况，通过引入需求响应，可以对需求侧负荷资源进行调节，挖掘客户侧的节能潜力，使电网达到削峰填谷的效果，一定程度上解决了电力供需瞬时平衡的问题。可见，需求响应对智能电网短期负荷水平是有影响的，研究客户需求响应规律是短期电力负荷预测的前提。

2. 需求响应分类

根据引导手段可以将需求响应方式分为两种，基于电价的需求响应和基于激励的需求响应。

（1）基于电价的需求响应。基于电价的需求响应方式，指的是通过改变电费收费标准来引导电力客户主动调节用电消费，客户会从经济性角度出发根据调整前后的电价差改变生产生活用电习惯，引起负荷转移[202]。目前主流的电价形式包括分时电价、实时电价[203]、尖峰电价[204]和阶梯电价，对需求响应机理的分析主要依据价格弹性原理、消费者心理学和统计学原理这三种。对于需求响应的分析主要考虑的是基于电价的需求响应。

（2）基于激励的需求响应。基于激励的需求响应方式，是指制定激励性政策对客户响应电力资源调节需要而主动改善用电计划的行为进行奖励，引导客户在电网供电出现压力时参与负荷资源调节以缓解供电紧张问题[205,206]。基于激励的需求响应的主要模式有直接负荷控制、紧急需求响应、可中断负荷、需求侧竞价辅助服务计划等。目前对于基于激励的需求响应产生的负荷转移、削减量进行量化分析的研究较少，这种激励措施属于政策性影响，比较难以通过数学模型进行数值衡量。

2.2.4 电力负荷预测相关理论

1. 电力负荷预测特点

电力负荷预测是根据历史负荷数据序列、匹配气象环境、经济水平、行业政策等影响因素数据，研究负荷变化特性和规律，对其相关关系建立预测模型从而推算未来用电负荷量[207-209]。准确的电力负荷预测可以为电力资源协调提供基础的数据依据，从而对电力系统进行科学合理的规划和调度[210,211]，保障电网供电安全。电力负荷预测具有以下几个特点[212]：

（1）不准确性[213]。电力负荷预测依据历史趋势对未来状况进行估计，受到多种因素的影响，而这些因素不可预测和把控，会存在突发变化，其和电力负荷之间的关联性计算存在不准确的情况，产生预测误差，所以电力负荷预测具有不准确性。

（2）条件性。电力负荷预测是在特定环境下进行的，存在一定前提条件，包括时间范围、智能范围、经济发展、市场政策、气候状态等，这些都是负荷预测需要提前考虑的。因此，在电力负荷预测时需要根据实际情况对这些环境条件作一定假设，以保证预测结果的科学性。

（3）时间性。电力负荷数据属于时间序列数据，数据采集记录是依照时间顺序进行的，所以负荷预测中要考虑负荷的连续时点变化特性，选择合适的时间范围展开工作。

（4）多方案性。电力负荷预测的方案要根据所处的情境和具体情况进行分析，面对不同负荷类型及前提条件的不同，应该制定相应适合的预测方案，构建合适的电力负荷预测模型，以增强负荷预测的合理性，提高预测精度。

（5）地区差异性。不同地区之间的气候环境、经济状况和人口数量等因素会存在差别，也就导致了电力负荷在不同地区间具备差异性，在进行电力负荷预测时，需要充分考虑到这一点，对预测模型构建所选用的研究样本所处地区要进行完备的条件分析，以针对性地选用相关方法进行精细化负荷预测。

2. 电力负荷预测分类

从时间角度，可以根据预测时长将电力负荷预测分为长期负荷预测、中期负荷预测、短期负荷预测和超短期负荷预测四类[214,215]。

（1）**长期负荷预测**[216]。即年度预测，预测周期时间比较长，一般是对未来几年的电力负荷进行预测，主要受到地区经济水平、产业结构、技术发展等因素的影响。电力输变电线路建设、编制年度发供电计划等适合进行长期负荷预测。

（2）**中期负荷预测**[217]。即月度预测，预测周期为几天到几个月，中期负荷预测需要对季节变化因素和电价政策等影响因子进行充分考虑，其预测结果可以为电力季度运营计划提供指导。

（3）**短期负荷预测**[218]。即日度预测，预测周期较短，通常是几天至一周，短期负荷预测对日期类型、需求响应、气象条件等影响因子的敏感程度更高，其结果可以为电网调度和系统故障检修提供决策支持，对调节客户侧负荷资源加强需求侧管理也有重要意义。短期负荷预测是研究的主体。

（4）**超短期负荷预测**[219]。即时分预测，用于对未来几小时的用电量进行预测，其主要影响因素是最近时序的历史负荷，适用于解决电网实时调度问题。

3. 短期负荷预测相关理论

（1）短期负荷预测要求。

1）所选用资料的合理性。短期负荷预测的目标是要取得准确、合理的预测结果，短期负荷预测的核心是以预测对象的历史数据为基础，建立相应的数学模型来表达短期负荷预测发展变化的规律。因此，要取得高精度的短期负荷预测结果，需要搜集和掌握大量全面的历史资料，并且还需对所收集的历史资料进行深入的分析和整理，这也是进行短期负荷预测的基础。

2）可用的历史数据。若通过不同渠道得到的数据互相冲突，这就需要对取得的历史数据进行有效的分析和取舍，舍去不合理的，保留可用的历史数据。不合理数据的存在原因主要有：人为因素产生的错误以及不同的统计口径产生的误差，这两种不合理数据较容易修正。然而由于过去的突发事件或者是因为某些特殊原因给统计数据带来严重的影响，其得到的统计数据通常称之为"异常数据"，它的存在会给正常历史负荷序列带来很大的随机干扰，从而影响到预测结果的准确性，如果这些"异常数据"太大，将会误导所用预测模型的预测结果，因而必须清除"异常数据"的存在给短期负荷预测带来的不良影响[220]。

3）统计分析的全面性。对大量所需的历史资料，要进行客观和全面的统计分析。预测人员应从客观情况出发，实事求是，深入研究和分析历史发展的内在规律性，为预测工作做好充分准备。

4）预测手段的先进性。其中有两层含义：一方面，是选用的预测工具的先进性，由于数据量较大，因而利用计算机进行统计分析和短期负荷预测工作，这就使得预测工作者可以摆脱繁杂的计算工作；另一方面，是短期负荷预测理论的先进性，可以不断发展和采用当今最新的预测方法，借鉴其他预测领域所取得的成功经验，使短期负荷预测精度达到理想水平。

5）预测方法的适应性。由于短期负荷预测是在一定假设性条件下开展的，这就使其含有诸多不确定因素，利用单一的短期负荷预测方法进行预测，很难得到较为理想的预测结果。所选用的预测方法需要与预测量发展变化规律多样性相适应，这对预测系统建立完备的预测模型库提出新的要求，这就称为建立短期负荷预测软件系统的基础[221]。不同的预测模型，要对参数进行合理的选择，并以预测效果为依据，不断进行自适应调整，最终达到理想的预测效果。在不同短期负荷预测模型得到的相异规律的条件下，进行可靠的综合分析、优化组合，最终取得接近于该预测项的历史规律、可靠性好及预测准确率高的综合模型。

（2）短期负荷预测过程

短期负荷预测在不同的地区环境、时间范围条件下的预测要求存在区别，但基本的预测过程和步骤具有相似性，主要分为以下几个步骤。

1）明确预测目标。负荷预测根据电网级别、地理位置和时间段的不同，其研究方法和内容都会有不同侧重[222]，因而在进行短期负荷预测时需要先明确研究的问题及预测的目标，以保证负荷预测的顺利进行。

2）收集历史数据。历史气象数据、负荷数据和日期类型数据是短期负荷预测的基础，原始数据的完备性和准确性影响负荷预测结果的准确性，在数据收集的过程中，需要对负荷预测的影响因素进行初步了解，利用多方渠道全面搜集数据信息，避免数据遗漏影响预测模型训练效果，确保数据的连贯性和可靠性[223]。

3）整理数据资料。对于获取的第一手数据资料，首先通过相关数据分析工具进行初步的整理和筛选，从整体上诊断数据的有效性和准确性，对数据做好分类并剔除冗杂数据，对可用性高的数据进行保留。

4）构建预测模型。预测模型的建立是短期负荷预测各项环节中的重点，为构建合适的负荷预测模型，需要结合前面第 1 步预测目标所面临的实际状况和第 2、3 步得到的历史数据信息特征，进行负荷特性分析以及关键影响因素的甄别，再选用智能化预测方法建立预测模型[224]。在模型的训练优化中，需要利用样本数据对初始设置的参数和权重值进行调整以修正模型，得到预测效果最佳的模型。

5）数据预处理。对于获取的原始数据，可能存在缺失值、异常值等坏数据，对于部分数据可能需要进行二次计算才能输入预测模型中进行应用，并且收集的数据类型存在不一致的情况，需要统一转化为模型能够识别的数值型数据，这些都是数据预处理需要做的前期工作。接下来还要对数据进行时间精度上的统一，对于采集密度不同的因素数据要同负荷数据进行匹配调整，以保证输入序列和输出序列是一致的[225]。最后，对于数据单位不同的，需要消除量纲进行数据标准化处理，这样对不同序列数据进行相关性分析才显得有意义，也才能达到模型训练及预测对数据的规则要求。

6）实施负荷预测。在进行短期负荷预测时，针对构建好的预测模型要先设定相关参数，模型才能够进行计算分析；然后将样本数据集放入预测模型中，再对得出的结果进行反归一化处理，可得到未来负荷的预测值。

7）预测误差分析。对于得到的负荷预测结果，需要对其与真实负荷值的拟合程度进行判断，通过预测负荷值与真实负荷之间的差距也就是预测误差大小，可以对预测效果进行评判。预测误差也就是模型预测精度的评价指标，若模型预测误差满足期望，则建立的短期负荷预测模型具有实用价值。

2.2.5 能效服务理论

专家学者开始关注急剧增长的电力需求及电力系统的可靠性，此时针对电力行业的能效管理技术在欧美发达国家率先提出，即电力需求侧管理（Power Demand Side Management，DSM）。DSM通过运用一系列鼓励举措，达到让用电单位以及用电个人以更加优越的用电方式，实现使用电终端效率得以提升的最终目标[226]。

随着智能电网的建立，技术的进步不仅可以帮助消费者智能使用电器，进行电能计量和控制，促使其核心业务从"推动电力"消费者，而不是简单地进行能源供应，最终帮助消费者更好地管理他们的电力需求。在欧洲，带有政府监管性的DSM以能源效率服务计划的形式重新出现[227,228]。能源服务指令（ESD）（2006/32/EC）包括能源公司在能源咨询、沟通、反馈和计费方面满足某些要求的义务。此外，ESD还强调了转向能源服务而不是增加能源销售的重要性[229,230]。在能源效率领域，大多数能源企业更多的是产品导向型企业，而不是服务导向型企业。近几十年来，在能源效率领域，主导的商业逻辑已经逐渐从面向产品转向更面向服务的逻辑。

能源公司难以转变为服务提供商的原因源于其与客户的关系和沟通方式[231,232]。因此，除了必要的电力调度集中操作外，它还应该包括DSM、通过新的商业和监管模式实现的行为策略和智能电网。21世纪的能源领域的公用事业应该为"智能集成商"，即促进分布式发电、能源管理服务和技术以及能源消费者的增长和互动的核心参与者。一家于2007年在美国弗吉尼亚州成立的公司，通过结合软件解决方案和行为知识，帮助公用事业公司进行消费者参与以减少能源消费，取得了显著的成功[233]。Fell（2017）将能源服务定义为"使用能源实现的旨在获得或促进达到预期终端服务或状态的功能"，强调能源、能源消费实践、终端服务或和提供能源自身之间的区别[234]。目前国内研究主要集中在综合能效服务，申庆斌和武志宏[235]认为基于用电大数据对客户能效服务做了说明，认为从事节能服务，主要通过采集用电设备能耗信息，分析用电设备的能耗，提供面向客户的远程能效诊断、能效测量、节能分析与智能评估，实现面向节能的智能化双向互动客户管理与服务体系，提升能源服务的智能化、交互性水平，以达到需求侧能效管理的目标。

2.2.6 客户服务质量评价理论

1. 服务质量的概念

服务质量是指企业产品衍生出来的服务能够满足需求和潜在需求的特征和特征的总和，主要表现在服务能够满足服务对象需求的程度。它是企业为满足目标客户提供的最低服务水平，也是企业维持这一预定服务水平的一致性程度。

期望服务质量是指客户在接收服务前,对企业或产品所提供服务的期望水平或满意度,感知服务质量是指客户在接收服务后,对企业或产品所提供服务的自我实际感知。如果客户对服务的实际感知水平与期望水平保持一致或高于期望水平,客户就会得到较高的满意度,并认为企业的服务质量较高,否则就会获得较差的满意度,认为企业的服务质量较低。从这个角度来看,服务质量就是客户对服务质量的期望和对服务质量的感知的比较。

对现阶段的客户服务质量情况进行评价,是针对性提供优质客户服务,促进企业长远发展的重要手段和措施。

2. 客户满意度理论

客户满意度就是一个人在购买一件商品或者享受某一项服务时,通过切身的体会获得的感觉与自己心理预期的感受做出比较,产生的高兴或者失望的情绪。如果切身体会获得的感觉超出预期的感受,顾客表现出高度满意的状态,甚至非常愉悦;如果切身体会获得的感觉低于预期的感受,顾客表现出不满意的状态;如果切身体会获得的感觉等于预期的感受,顾客表现出满意的状态;对于不同的客户,他们可能对相同的商品或者相同的服务产生的感受不一样,有时差别还比较大,因此产生的满意程度也不尽相同,需要根据客户的需求,提供优质的产品和服务,达到客户满意的状态,形成对企业运营状况的定量化分析与研究。

客户满意度理论最早是在 1986 年由 J.D.Power 公司提出。当时,该公司在进行汽车行业客户满意度调查。1989 年瑞典把该体系引入,通过结合自身的实际加以改进得出客户满意度指数(CSI)的概念。之后,世界其他国家也根据理论结合自身的实际情况建立了符合本国的客户满意度理论。客户满意度理论的研究也在理论界逐步升温。客户满意度不仅能了解客户对企业产品的价格等信息的满意与否,更有意义的方面是了解它与客户期待、期望的相似程度,通过相应的分析间接的得到客户是否对该企业满意。在此之前,由于没有相应的理论作为依据,企业很难对客户的满意度进行衡量,直至该理论的诞生,企业对客户的满意度指标有了一定的标准,企业能够更准确地了解到企业与客户之间,企业所提供的服务与客户之间,企业所提供的产品与客户预期等一系列的不同指标,形成不同状态下的客户满意度,进而得出客户在这些方面产生的积极或者消极的情绪,了解客户对企业服务是否满意。

3. 客户满意度的评价方法

综合评价方法是以系统思想为指导,通过数学建模处理复杂方案的评分、排序等问题,随着研究的不断深入,当前学者常用的综合评价方法种类繁多,需要对常用的评价方法进行清晰的了解才能准确识别出合适的方法。目前,国内外学者在进行电力客户满意度评价时一般采用方法见表2-2。

表2-2 电力客户满意度评价方法及概念

方法	概念
模糊综合评价	基于模糊数学理论，并遵循模糊关系原则，将部分外延不明、意义模糊的定性指标进行定量化处理，最后根据划分好的隶属度等级得到相应评价结果等级的综合性评价方法
层次分析法	将一个复杂的多目标决策问题分解成为多个子目标进行决策，通过定性与定量的方式，由评价者凭借其主观经验对指标的重要性进行两两比较分析，根据分析结果进行评价
逼近理想解的排序方法（TOPSIS）	对初始数据矩阵实行无量纲化处理，设定最佳及最劣方案，然后对比评价对象和最佳或最劣方案间的距离，能够让多个对象实现定量排序的综合评价方法
灰色综合评价法	基于灰色关联度分析理论，根据评价目标以决定理想方案，然后运算备选方案和参考方案的关联度，再依照关联度结果对备选方案依次排位的综合评价手段

第 3 章　电力客户细分模型构建

为研究电力居民客户特点并对其进行细分，本章首先提出电力居民客户细分模型的构建思路，提出基于煤改电客户意愿与煤改电客户价值的客户细分模型构建目标，并确立构建原则，进而通过文献分析与专家访谈提取基于客户意愿与客户价值的细分变量并对变量进行解释，最后采用 K-means 算法结合肘部法则与轮廓系数构建了煤改电居民客户细分模型。

3.1　电力客户细分模型构建思路

随着电力体制改革的不断推进，市场竞争的日益激化，企业越来越难以采用单一的营销管理策略来满足各类客户的需求。市场化的发展下，客户需求的不断提高，从原本的基础性需求渐渐发展出更多样化的需求，这也对电力企业提出了更高的营销管理要求。在这样的背景下，电力企业对电力客户提供差异化的服务对于提升客户满意度与客户忠诚具有重要意义。客户细分作为一个发展日臻成熟的营销思想，可以有效地将客户群体划分为多个具有共同特征的细分客户，实现针对具备不同特征的客户群指定具有差异化的营销管理策略的目标。本著作针对客户细分模型的构建确定了如下所示的构建思路：

（1）确定煤改电居民客户细分目标；
（2）明确客户细分模型的构建原则；
（3）提取客户细分模型细分变量；
（4）确定细分模型的算法实现方式。
同时确定了模型应用方式，如下所示：
（1）确定细分变量，并根据细分变量要求进行数据收集；
（2）数据预处理，包括数据清洗、类型转换、数据标准化等；
（3）应用模型算法进行聚类，得到细分结果；
（4）对细分结果进行解释说明，以及图形表格展现；
（5）根据细分结果提出营销管理对策建议。

3.2 电力客户细分模型构建的目标和原则

3.2.1 模型构建目标

经过多年的发展,电力公司已经发展出多个维度的客户细分标准,包括按市场[236],用电量[237],电价类别与可靠性要求[238]等进行的电力客户细分,具体划分标准见表3-1。从现有的划分标准可以看出,目前电力公司所进行的客户细分管理是针对整个电力客户市场的划分,但随着"新电改"的不断推进,电力市场的开放度进一步提高,新进入者对原本的电力公司提出了更严峻的挑战,而清洁能源的推进与煤改电的展开也使得居民客户的用电行为发生变化,为了适应煤改电居民客户用电行为的变化以及提供更加精细化与差异化的电力服务,本著作提出针对细分市场的二次细分,以提供更加详细的细分客户群为进一步提升服务水平提供理论基础。

表3-1 现有的电力客户划分标准

编号	划分依据	划分结果
1	销售场所、渠道	直供客户、趸售客户、城市客户与农村客户
2	客户用电量大小	大型客户、中型客户与小型客户
3	电价类别	工业用电、农业用电、商业用电与居民生活用电
4	可靠性要求	一类客户、二类客户与三类客户
5	负荷等级	超高压客户、高压客户、低压客户

本著作所研究的居民客户细分目标主要包括两方面内容:

(1)对居民客户进行基于煤改电客户意愿的细分,根据客户用电行为以及其在煤改电实施后的用电相关信息进行客户细分,再依据细分结果为煤改电的展开优化策略。

(2)对已完成煤改电改造且已经正常使用电采暖设备的客户进行基于客户价值的细分,根据细分结果为具备不同客户价值的煤改电居民客户提出提升客户满意度的对策与建议。

3.2.2 模型构建原则

1. 科学性

科学性是指客户细分模型的构建必须要有严谨的理论基础,细分过程有科学的方法支撑,细分维度有科学的划分依据,同时细分结果也要符合相关领域的理论要求与标准[239]。严谨的科学性是保证细分模型具有科学价值的基本保障之一。

2. 现实性

现实性是指客户细分模型的构建与应用要能够充分体现现实情况[240]，从现实存在的问题出发，细分过程要紧紧把握现实要求，通过定性分析与定量分析结合的方法，在保证科学性的同时人为地将现实情况纳入模型构建过程，最终构建的模型也应当具备现实应用价值，细分结果也要符合现实情况。

3. 可获取性

可获取性是指在客户细分模型的构建与应用中，所有的变量都是可以获取的，避免不可获取的变量或获取途径不稳定的变量的存在，以保证模型具有重复应用的价值[241]。

4. 可推广性

可推广性是指构建出的客户细分模型要具备适应不同应用场景的能力，降低由于自然因素和人为因素的变化所产生的误差，在模型构建中要考虑到不同应用场景，设置体现应用场景情况的相关变量，提升模型的应用价值[242]。

3.3 客户细分变量提取

由于本著作构建的细分模型包含基于煤改电客户意愿与基于煤改电客户价值的两部分细分，因此客户细分变量提取同样分为基于客户意愿的提取和基于客户价值的提取。

3.3.1 客户细分变量提取原则

细分的提取主要遵循以下5点原则：

（1）科学性。科学性是指细分变量的选择要建立在严谨且科学的调查研究之上，并且需要符合现实情况，能够反映出客户特质或行为特点[243]。细分变量的定义要明确且精准，并要注意运算口径的统一。

（2）可度量性。可度量性是指细分变量范围，规模以及需求等因素都可被度量的。

（3）全面性。全面性是指细分变量的选择要能够覆盖到客户细分的各个因素，确保不会遗漏客户的关键信息[244]，以便在关键细分变量筛选的过程中能够不遗失客户的重要信息。

（4）典型性。典型性是指在细分变量确定考虑全面性的同时，需要定位出对客户细分影响较大的因素作为典型细分变量加以考虑[245]，体现科学性的同时也能大大减少次要工作量。

（5）独立性。独立性是指每个细分变量间要相互独立，以免出现不同细分变量间产生一定的关系导致结果不符合科学性原则[246]。

3.3.2 基于煤改电客户意愿的细分变量提取

在前文的研究中可以看到，以往的煤改电相关研究中，学者们的研究对象主要集中在煤改电可行性、实施方法、煤改电的优化以及相关政策上，而煤改电目前仍在推进中，有关煤改电实施与客户用电行为变化的研究相对较少，因此本著作首先着手从以往类似的研究中提取出了自然与经济变量以及客户用电行为相关变量两类的细分变量。之后，通过咨询多位电力营销领域专家，展开多次专家座谈，针对煤改电中能够反映客户特性的因素进行多次讨论，最终确定了9个煤改电与客户意愿的相关细分变量。

1. 自然与经济变量

自然与经济变量主要是指客户所在地的自然地理环境与经济状况，主要包括了煤改电标签客户的居住地情况与经济情况，主要包括"冬季平均气温""夏季平均气温""地理环境""居住环境""客户年收入"与所在地"生产总值"。

在以往的研究中，常常有学者将"所在地区"以及"所在地理位置"列为细分变量[247]，由于"所在地区""所在地理位置"等变量同"冬季平均气温"和"夏季平均气温"具有极高的相关度，对于电力客户细分而言，煤改电改造的主要内容是客户的采暖设备，这也直接导致客户冬季采暖习惯的差异，同时由于部分电采暖设备是同时具备制冷功能，因此也有可能导致夏季降温措施的不同。在这样的背景下，本著作选择客户所处地区的气温情况作为细分变量来标记不同类型的客户，而"所在地区"与"所在地理位置"并不能直接反映出来温度差异，所以放弃了"所在地区"与"所在地理位置"这两个细分变量，选用"地理环境"作为细分变量。同时由于"冬季平均气温"与"夏季平均气温"存在较高的相关性，所以二者均作为细分变量进行分析。"居住环境"则是用来体现客户用电环境的差异，包括城中村、县城、乡村与城镇小区等。"客户年收入"与所在地"生产总值"则是用来体现客户经济条件以及所处的城镇总体的经济水平差异。

2. 客户用电相关变量

客户用电相关变量主要是指客户所处的需要取暖的居住环境情况，包括"使用习惯""电价类型""采暖面积""人口数量"和"保温层情况"[248]。

"使用习惯"主要是指在不同温度、天气、时段都会存在的用户各自的用电习惯。

"电价类型"主要是指不同的电价类型,由于在煤改电中,政府与行业通过研究提出了多种新型的电价方式,而不同的客户也选择了不同的电价类型,因此选择"电价类型"作为细分变量来考虑不同电价类型对于电力客户的影响,以及探究各种电价种类的客户特性。

"采暖面积"主要是用来体现不同电力客户在采暖面积上的差异。

"人口数量"的选择主要是因为在以往的研究中,不同的家庭人数会显著影响客户的用电行为,因此本著作选择该变量作为细分变量之一对客户整体进行划分。

"保温层情况"的选择对于电力客户而言并不是直接体现出影响,但是保温层的配备情况却会直接影响客户家庭的保暖情况。不同情况的客户可能对煤改电的推进有不同的看法,但由于在数据收集阶段 99.1% 的客户家庭中都安装了保温层,因此取消该项细分变量的分析。

3. 煤改电与客户意愿相关变量

煤改电与客户意愿相关变量主要是指煤改电中产生的各种影响以及客户的改造意愿相关变量,也是本著作的重点研究内容。主要包括"改造时间""原资源用量""原资源价格""电器类型""电器品牌""电器价格""设备功率""补贴政策普及情况"和"补贴情况"。

"改造时间"的选择是因为改造时间的早晚给了客户不同的时间去接受与适应电力采暖的方式,因此该细分变量的选择主要是为了研究实施煤改电改造的时间的差异在客户整体中呈现如何的分布,以及改造时间在客户细分中扮演什么样的角色。

"原资源用量""原资源价格"均指的是煤改电改造之前,即改造前客户资源用量、改造前客户资源价格。

"电器类型""电器品牌""电器价格"和"设备功率"的选择主要是考虑到客户对于不同电器类型的使用意愿的不同,以及不同电器类型的功率差异对于客户群而言都是存在着较大的差异,这样的差异也进一步导致了客户群内个体的差异。

"补贴情况"和"补贴政策普及情况"是指在煤改电改造中,电力客户是否接受到政府机构,电力公司方面的资金补贴或电费补贴以及补贴政策普及情况。

针对基于煤改电客户意愿细分变量提取,本著作提出了 20 个变量,具体变量名称如图 3-1 所示,这些变量将客户在煤改电相关因素上体现的差异基本上都已经覆盖,而以上的所有变量值都可以通过现场调查,调查问卷或从相关数据库中抽取得到。

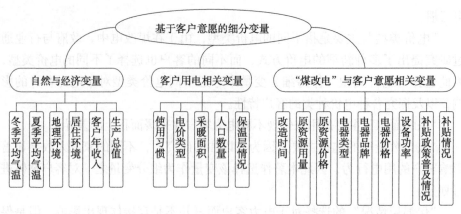

图 3-1　基于煤改电居民客户意愿细分变量集

3.3.3　基于煤改电客户价值的细分变量提取

在前文中可以看出，基于煤改电客户价值的细分变量较多，且不同的学者针对不同的数据维度与数据规模提出了不同的细分变量，采用较多的包括"年用电量""年度最大负荷""月度用电量""分时用电量""年最大峰谷差"以及"日用电量"等多种细分变量，由于本著作主要研究煤改电之后的居民客户的用电行为差异，并且主要从用电量数据进行探索，重点放在采暖季用电量的变化，由于设置客户细分变量并不能充分体现用电量曲线中的特性，因此本著作选择用月份作为细分变量，期望可以构建出细分客户的用电量曲线，之后从"月平均用电量""采暖季平均用电量""高温季平均用电量""采暖季最高月用电量""高温季最高月用电量""年度最低月用电量""高温季平均月用电量增长值""采暖季平均月用电量增长值""年用电量增长率""高温季年度增长率"与"采暖季年度增长率"等指标进行细分结果的分析。其中用电量值可以直接从营销系统中抽取。

3.4　客户细分模型构建

3.4.1　肘部法则与轮廓系数方法确定电力客户细分初始簇数

由于 K-means 算法存在 K 值的选取不确定的问题，本著作采用了肘部法则（Elbow Method）与轮廓系数（Silhouette Coefficient）法来确定初始 K 值，来优化原始的 K-means 算法，提高其精确度。

1. **肘部法则**

肘部法则（Elbow Method）是用来决定数据集聚类簇数的一种启发式算法，最早可以追溯到 1953 年由 Robert L. Thorndike 提出的相关思想。肘部法则是将可解释变异（即总误差平方和）绘制为簇数的函数，从绘制出的函数图中选择畸变程度最大的聚类数作为簇数进行下一步的计算。由于绘制出来的函数图像类似人类的胳膊，而畸变程度最大的点又类似于人类胳膊上的手肘部，因此称为肘部法则。

肘部法则的原理是通过计算一定范围内的 K 值，这个范围是人为设定的，通过在范围内的迭代，计算不同 K 值条件下总误差平方和的变化，并将计算结果与 K 值分别作为纵坐标与横坐标，绘制出手肘图，寻找出导致总误差平方和畸变程度最大的 K 值。这其中总误差平方和（SSE）是表示对簇内误差平方和（SSEi）的求和结果。这种计算方式容易导致聚类效果较好的簇所对应的 SSEi 同聚类效果较差的 SSEi 中和，最终得到相同的 SSE；畸变程度则是指在由 K 值于 SSE 绘制出的函数图像中，K 值对应的折线的斜率变化最为激烈的点，在以往的研究中，往往畸变程度最大的点就是最适宜的 K 值选项，而在肘部法则的应用中，越大的 K 值一般都会对应越小的误差平方和，且逐渐趋近于 X 轴。

本著作采用的手肘图如图 3-2 所示，随着 K 值的迭代，所细分的簇数不断增长，每个簇内部的聚合程度也会不断提升，同时 SSE 也会逐渐减小。当 K 值的选择同现实情况较接近时，伴随着簇内的聚合程度的显著提高，SSE 即会出现较大幅度的降低，而当 K 值的选择大于现实情况时，簇内的聚合程度尽管会降低，但优化程度并不会高于最符合现实情况的 K 值对应的 SSE，SSE 的下降程度也相对较低，在这种情况下，手肘图中往往会出现函数曲线斜率出现突然的大幅变动，且随着 K 值的增长不断趋近于横坐标。因此，肘部法则提供了相对科学的初始 K 值选取方法。

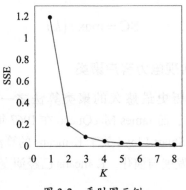

图 3-2　手肘图示例

2. 轮廓系数法

轮廓系数法是通过对簇内紧密程度与簇间分离程度进行评价来确定簇数的一种方式[249]，它提供了一种可视化的结果来对聚类效果进行评价，这种思想由 Peter J. Rousseeuw 在 1987 年发表的《轮廓法：一种聚类分析的表示与验证的图形辅助工具》一文中首先提出。轮廓系数的计算方式如下。

（1）计算一点 i 同该点所在的簇内其他所有点之间的平均距离 $a(i)$。

$$a(i) = \frac{1}{|C_i|-1} \sum_{j \in C_i, i \neq j} d(i,j) \quad (i=1,2,\cdots,n) \tag{3-1}$$

式中，C_i 是指除了 i 点以外的簇内其他数据点，$d(i,j)$ 是指 i 点与其他点之间的欧氏距离。

（2）计算一点 i 同该点所在的不包含该点且距离该点所在簇距离最近的簇内所有点之间的平均距离 $b(i)$。

$$b(i) = \min_{k \neq i} \frac{1}{|C_k|} \sum_{j \in C_k} d(i,j) \quad (i=1,2,\cdots,n) \tag{3-2}$$

（3）计算点 i 的轮廓系数 $s(i)$。

$$\begin{cases} s(i) = \dfrac{b(i)-a(i)}{\max\{a(i),b(i)\}} & |C_i| > 1 \\ \quad\quad 0 & |C_i| = 1 \end{cases} \tag{3-3}$$

从式（3-3）中可以看出 $s(i)$ 的取值范围在 [-1,1] 之内，其绝对值越大则说明簇内的聚合程度与簇间的分离程度越好，即分类的效果越好。

（4）计算簇内所有点的轮廓系数，求平均值则得到本次聚类的总轮廓系数，这种由 Kaufman 等提出的总轮廓系数现在被用来计算整个数据集的聚类效果记为 SC。

$$SC = \max_k \overline{s}(k) \tag{3-4}$$

3.4.2 K-means 算法实现电力客户聚类

K-means 算法作为历史最悠久的聚类算法之一，其思想最早由 Hugo Steinhaus 在 1957 年提出，而 James MacQueen 在 1967 年第一次提出了 K-means 这样的表示方式，虽然 Stuart Lloyd 关于 K-means 的算法实现于 1982 年发表于期刊上。经历了多年的发展与演化，K-means 已经演变成最成熟且应用最为广泛的算法之一[250-252]。

1. **K-means 算法原理**

K-means 的目的是将一系列 n 维个体进行划分，尽量使具备同样或者类似特征的个体划分为同一个簇，其基本原理是首先根据输入的参数 K 确定 K 个随机的簇中心，之后计算所有的点与各个簇中心的距离，该距离一般是是指欧氏距离，即欧几里得距离，指两个二维坐标之间的直线距离，在三维空间中即定两个三维坐标之间的实际距离，扩大到 n 维空间中，欧氏距离即两点之间的实际距离，具体的计算随着维度的不同发生变化[253]。对于 n 维空间而言，欧氏距离的计算如式（3-5）所示：

$$d(x,y)=\sqrt{(x_1-y_1)^2+(x_2-y_2)^2+\cdots+(x_n-y_n)^2}=\sqrt{\sum_{i=1}^{n}(x_i-y_i)^2} \quad （3-5）$$

计算出各个点与 K 个簇中心的欧氏距离后，对点距各中心的距离进行比较，将该点划分给距离最近的中心，完成一轮计算后，对形成的簇进行计算，求出新的簇中心，之后再次进行迭代，直到准则函数误差平方和实现局部最小化，见式（3-6），则停止计算。

$$J(C)=\sum_{K=1}^{K}\sum_{x_1\in C_k}\|x_1-\mu_k\|^2 \quad （3-6）$$

在某些条件下，终止条件也可能是没有点在迭代中被分给不同的簇或者没有簇中心发生变化。其中误差平方和则是基于欧氏距离求出的簇内各个点到簇中心的欧氏距离之和，用来反映各个簇的相似度，同时通过选择误差平方和差异较大的簇来确保其相似度相对较低，最终形成 K 类的聚类结果[254]。

2. **K-means 算法步骤**

K-means 算法步骤如下所示。

（1）确定待聚类分析的数据集 D，选取初始簇中心 μ_i 其中 $i=1, 2, 3, \cdots, k$。

（2）针对每个点 x，计算 x 与每个 μ_i 的欧氏距离，选取 $\min[d_i(x,y)]$，$i=1, 2, \cdots, n$，并将点 x 划分值该簇 G。

（3）计算每个簇的误差平方和，同时计算新的聚类中心。

（4）若满足终止条件，则停止计算；反之，返回（2）继续进行迭代。

3. **K-means 算法的优缺点**

K-means 算法的原理相比其他聚类算法而言简单易懂，并且实现途径较多，收敛速度相比其他聚类算法而言也是比较快速；其聚类效果比较好，同时聚类后的结果可解释度也比较强，对于实际应用而言具备很强的指导意义；K-means 算法仅仅需要对 K 值进行调整，这点上相对于其他的聚类算法而言简单很多,没有复杂的参数调整,效果优异,使用简便都成为众多学者选择 K-means 算法的原因。尽管如此,它的缺点也是很显著的,首先,K 值并没有严格的选取标准,若选取了不恰当的 K 值,会严重影响聚类结果的科学性与合理性,因此 K 值的选取一直是 K-means 算法需要克服的重要问题之一;K-means 算法是一种局部最优的算法,对于较为复杂或者隐含条件较多的数据集,它存在不能完全深入的挖掘数据信息进行合理聚类的可能性;对于噪声点和离群点十分敏感,若对数据集的预处理不到位,则极有可能因为异常值导致聚类结果偏离现实情况。

3.4.3 改进 K-means 算法实现客户细分模型的构建

由于 K-means 算法存在 K 值无法精确指定的问题,聚类数目无法科学的指定,往往会导致聚类效果不好,与现实情况相背离的情况。在本著作中,采用了肘部法则与轮廓系数确定 K 值,肘部法则用来找到簇内集中程度最高时对应的 K 值,轮廓系数用来确定簇内集中程度较高同时簇间分离程度较高时对应的 K 值,将两种方法相结合,首先通过肘部法则与轮廓系数确定合理的 K 值,为 K-means 算法提供比较科学的初始 K 值,来避免 K 值选择不当出现的聚类效果不好的问题[255-257]。

综上所述,本著作所构建的电力公司煤改电居民客户细分模型将采用肘部法则、轮廓系数与 K-means 算法相结合的算法进行聚类分析。

3.5 本章小结

客户细分模型的构建通常会因为应用场景的不同有所差异,本章在前两章的基础上结合煤改电居民客户细分的现实需求,分别从构建思路,细分目标,细分原则,变量提取以及算法实现 5 个角度构建了煤改电居民客户细分模型。首先明确模型构建思路,提出基于煤改电客户意愿与客户价值进行研究的细分目标,确定科学性、现实性、可获取性与可推广四点模型构建原则,根据细分目标与原则提取了 20 个基于客户意愿的细分变量,同时确定了用电时间作为基于客户价值的细分变量。最后,为了规避 K-means 算法 K 值需要预先确定的限制,提出了 K-means 结合肘部法则与轮廓系数的改进算法最终完成细分模型的构建。本章所构建的煤改电居民客户细分模型为第 4 章的实例分析提供了依据。

第 4 章　电力客户细分模型的验证

本著作在第 3 章构建了基于客户意愿与客户价值的煤改电居民客户细分模型，本章选取了国网 A 省电力公司煤改电居民客户作为实例样本进行客户细分实例分析。通过数据收集，数据预处理，应用结合肘部法则与轮廓系数的 K-means 改进算法，以 Python 编程语言与 SPSS 统计分析软件为工具，分别从客户意愿与客户价值的维度对 A 省电力公司煤改电居民客户进行了客户细分。

4.1　客户数据收集

本著作的数据采集方式主要分为国网 A 省电力公司调研获取的数据与问卷收集两种方式。通过营销系统导出收集煤改电客户用电量数据，通过问卷调查的方式收集煤改电与客户意愿相关信息。

4.1.1　营销系统数据收集

本著作为了实现基于煤改电客户价值的客户细分，并且考虑到用电量数据量大且要求精确度较高，本著作从国网 A 省电力公司数据库中抽取了 2018 年煤改电标签客户以及 2019 年煤改电标签客户共 46.1 万户的居民客户从 2017 年 11 月至 2019 年 11 月共 25 个月的用电量数据，居民客户基本信息，以及包括"改造时间""电器类型""设备功率"等相关数据。居民客户用电量原始数据如图 4-1 所示。

户号	电价码	电价名称	201711	201712	201801	201802	201803	201804	201805	201806
2.002E+09	2002128950	20201001	城镇户表							
2.002E+09	2002130399	20201001	城镇户表	88	105	315	286	153	115	78	69
2.002E+09	2002130642	20201001	城镇户表	43	100	115	121	93	30	5	4
2.002E+09	2002130641	20201001	城镇户表	13	82	430	570	134	93	55	89
2.003E+09	2003025420	20201001	城镇户表	191	276	416	317	91	27		183
2.003E+09	2003026294	20201001	城镇户表	189	187	238	260	238	233	202	166
2.003E+09	2003026682	20201001	城镇户表				18		1		22
2.003E+09	2003064643	20201001	城镇户表	226	349	410	435	240	183	301	331
2.003E+09	2003082180	20201001	城镇户表	220	116	89	111		280	83	96
2.004E+09	2004008562	20201034	销售量扣减	208	273	453	580	427	233	185	192
2.004E+09	2004020912	20201001	城镇户表	124	113	118	133	58	105	108	114
2.004E+09	2004028168	20201024	一般合表	263	302	318	611	378	307	297	329
2.004E+09	2004028173	20201024	一般合表	8	17	64	142	84	22	25	34
2.004E+09	2004028176	20201024	一般合表	319	223	276	371	198	212	274	301
2.005E+09	2005000232	20101019	城镇户表	16	55	78	57	28	30	11	41
2.005E+09	2005000291	20101019	乡村居民	70	85	93	99	83	81	67	72
2.005E+09	2005000329	20101019	乡村居民	33	44	265	598	197	48	40	58
2.005E+09	2005001449	20101019	城中村居民	335	396	674	927	369	275	202	146
2.005E+09	2005004730	20101019	城中村居民				114	130	155	119	92
2.005E+09	2005004785	20101019	城中村居民	466	447	653	845	466	21		
2.005E+09	2005005381	20101019	城中村居民	753	874	1638	1579	925	796	844	872
2.007E+09	2007001194	20201001	一般工业	3965	4381	8083	8858	6933	6112	3677	4278
2.007E+09	2007001194	20201001	一般工业	3965	4381	8083	8858	6933	6112	3677	4278
2.007E+09	2007002034	50101002	一般合表	1507	1659	1949	2250	2122	1435	1359	1375
2.007E+09	2007002034	50101002	一般工业	1507	1659	1949	2250	2122	1435	1359	1375
2.007E+09	2007002176	20101001	城镇户表	627	794	1079	1060	690	909	727	744
2.008E+09	2008000077	20101013	乡村居民	105	89	181	166	210	80	53	45
2.008E+09	2008000287	20101013	乡村居民	132	92	27	21	22	27	14	35
2.008E+09	2008000376	20101013	乡村居民	8	15	29	35	18	11	13	17

图 4-1　居民客户用电量原始数据

4.1.2 问卷调查数据收集

1. 调查目的

为了完善和优化煤改电的展开，对居民客户进行基于煤改电客户意愿的客户细分，本次调查的目的为收集细分模型中确定的细分变量数据，这些数据在营销系统中并不存在，因此需要通过采用调研的方式进行收集。包括客户年收入，居住环境等自然与经济因素数据，使用习惯，采暖面积，人口数量等客户用电相关因素数据以及包括改造时间，资源用量，电器类型，设备功率以及补贴情况在内的煤改电与客户意愿相关变量数据。

2. 调查对象

本次调研的调查对象是 A 省电力公司下已完成煤改电相关改造的煤改电标签客户。调查范围主要集中在 A 省 6 个市区的城镇及农村居民。

3. 调查方法

本著作采用的调查方式是抽样调研。抽样范围为 A 省煤改电标签客户，抽样方式为随机抽样，通过与国网 A 省电力公司合作进行了随机抽样。问卷的发放途径为"国家电网"公众号、"问卷星"以及线下电力公司营销人员入户指导客户填写。

4. 问题设计

为充分收集细分变量相关数据，本次问卷的问题设置主要根据细分模型中细分变量的要求，同时结合了客户填写问卷习惯，设置了以下三部分内容：

第一部分为对客户基本信息的收集。包括了细分变量中自然与经济变量与部分客户用电相关因素，主要有客户所处的地理环境、家庭年收入、常住人口数以及采用电价方式等问题。

第二部分为对客户采暖方式及用能特点的调查。包括了细分变量中客户用电相关变量与部分煤改电与客户意愿相关变量，主要有改造前冬季采暖形式、采暖面积、保温情况、采暖季费用和电采暖设备使用情况等相关问题。

第三部分为 A 省采暖补贴落实情况和客户满意度的调研。这部分的问题设置都是基于煤改电与客户意愿相关变量的要求，同时由于本问卷是同国网 A 省电力公司共同发放，为了在收集数据的同时对客户的情况进行充分了解，本著作在问卷中还添加了对于煤改电办理的流程满意度，改造后的使用效果，满意度情况、电采暖相关补贴政策享受情况、客户期望的电费补贴方式、客户对申请办理煤改电的便利度评价、对煤改电效果不满意原因以及煤改电开展建议等问题。

5. 问卷运行

在问卷运行过程中，第一轮是进行预调研工作，并发放于专家收集修改意见，根据反馈情况完善问卷。第二轮主要进行了小范围试调研，对调研结果进行分析，定位问卷存在的问题，从答卷角度继续对问卷进行修改。第三轮正式调研采取电话指导客户填写问卷和线上发放问卷两种渠道并行的方式收集问卷。

预调研工作从 2019 年 12 月展开，通过文献研究与专家座谈法结合细分模型要求对问卷进行了设计，通过与 A 省电力营销领域专家进行多次座谈，专家针对问卷中存在的问题进行了分析并提出修改意见，同时也在项目组内部和周边村镇地区进行了小范围的试运行，针对试运行过程中存在的居民对问卷中相关概念不清楚、题目类型设置不合理以及相关问题增设的问题结合专家的修改意见进行了第一轮的修正。

小范围的试调研从 2020 年 1 月 8 日开展到 2020 年 2 月 21 日，期间共收集了 251 份问卷，对答卷进行分析后发现了答卷与预期结果存在偏差，客户对于家庭用电的了解情况远低于预期，同时在这期间，电力公司也提出了希望问卷能够收集到客户对于煤改电的满意度情况，因此针对问题设置以及问题的表述方法进行了第二轮的修正，并添加了有关客户满意度，客户意见等相关问题。

在完成了问卷的最终修订之后，本著作在 2020 年 3 月 15 日至 2020 年 5 月 1 日期间，同电力公司共同进行了问卷正式发放，发放途径主要以"问卷星"平台为基础，一方面由电力公司营销人员通过电话访谈指导客户进行问卷填写，另一方面通过公众号将问卷下放到各个台区，由台区管理人员指导客户填写问卷。最终回收到 742 份问卷。

6. 结果收集

本次问卷调查通过两轮的问卷发放，共收到 993 份问卷，其中有效问卷为 741 份，有效率为 73.7%，无效问卷的问题主要集中在数据缺失，答案填写方式错误等问题。

7. 问卷处理

由于本问卷是非量表问卷，因此无需做信效度检验，同时本问卷由电力公司营销专业人员协助发放，真实程度较高，因此问卷数据具备一定的科学性，本著作即直接提取问卷数据进入数据预处理阶段。

通过国网 A 省电力公司数据库抽取以及问卷调查，本著作最终完成了数据收集工作。

4.2 客户数据预处理

由于在数据收集阶段收集到的数据通常存在规模庞大，类型混乱，不完全且模糊的，同时包含各种噪声数据，而对于数据挖掘而言，其目的是挖掘大量数据中的潜在信息，并探索不同信息之间的关联，而如果数据集不够整洁，条理性不强，则会大大降低数据挖掘效果，因此要对数据集首先进行预处理。

数据预处理的常用方法包括数据清洗，数据变换，数据规约等，本著作所采用的预处理方式包括数据清洗与整理，离群值处理，标准化处理与 One-Hot 编码。

4.2.1 数据清洗与整理

1. 缺失值处理

在进行有关用电量的数据收集时，由于部分客户存在电表不走以及用电户长时间不在用电场所居住等原因，导致营销系统中存在零度户，本著作对于 24 个月用电量全部为 0 的客户进行剔除，针对从国网 A 省电力公司数据库获取的数据共剔除 18345 户客户。而对于调查问卷手机的数据，由于个别客户填写方式有误，问卷设计不够健全等问题导致的部分问卷并不能覆盖细分变量全部数据，对于无法获取有效数据的问卷进行剔除，共剔除 261 份答卷。在收集到的用电量数据中存在个别电量缺失的数据，由于电表损坏的情况同样会进行电量估算，但考虑到个别月份为 0 同样有短时间内客户不在用电场所等原因，在营销系统中会以缺失值形式表示，因此将所有缺失值都记作 0，为方便计算，本著作对于个别月份缺失的客户用电量数据进行 0 填补。

2. 字符变量转换

为方便数据分析，因此需要将字符变量在转化为数值型变量，在转换过程中主要考虑到以下几点原则：

（1）能够反映出原本数据之间的差距，转换为数据不改变原本字符变量之间的关系。

（2）数值变量独立，避免出现同一类别变量中重复变量，影响数据分析结果。

（3）考虑字符变量中多个指标叠加在数值变量中的体现，避免指标叠加出现的指标重复问题。

字符变量转换部分内容表见表 4-1，字符变量对应表。

表 4-1　字符变量对应表

类别	指标	数值	类别	指标	数值
BOOL	是	1	地理环境	平原	1
	否	0		山区	0

4.2.2　离群值处理

离群值（Outlier）是指在数据集中存在的同其他数据存在相对较大的差异的值，离群值产生的原生是个体某些极端情况的表现，或运行情况中出现的异常数值。离群值的存在会对方差和标准差产生比较大的影响。而 K-means 算法对于离群值十分敏感，因此需要对离群值进行处理。

箱型图（Box-Plot）是统计学中用来显示原始数据分布情况的一种常用图形，常常被用来处理离群值，计算偏态和尾重以及显示数据的形状，由于箱型图的直观性，在处理原始数据时可以快速定位离群点并显示分布情况。箱型图如图 4-2 所示，主要由 6 个部分组成：上界、上四分位、均值、中位数、下四分位和下界，同时部分存在离散值的数据绘制出来的箱型图还包括了离群点。在以上 6 部分中位数与均值即数据集的中位数与均值，而上四分位序列中最大数与中位数的中间值，此处为最大数而不是最大值，

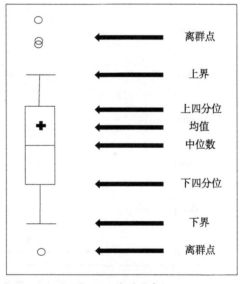

图 4-2　箱型图介绍

同理下四分位为中位数与最小数的中间值；上界为上四分位数与 1.5 倍上下四分位之间距离的和，而下界则为下四分位同 1.5 倍上下四分位之间距离的差，而超过上下界的值即为离群点。

本著作采用 Python 实现箱图绘制和离群值的剔除，实现过程代码如下：

```
list1=[]
for i in range(len(columns)):
    outlier = database1.boxplot(return_type = 'dict')
    x = outlier['fliers'][i].get_xdata()
    y = outlier['fliers'][i].get_ydata()
```

```
            y1 = list(y)
            for j in y1:
                    index1=database1[database1[columns[i]]==j][columns[i]].
                    index[0]
                    if index1 not in list1:
                            list1.append(index1)
    cols=[k for k in list1]
    database1=database1.drop(cols)
```

运行结果如图4-3所示。本著作采用箱型图最终剔除营销系统导出用电量数据13984条，问卷收集数据剔除144条。

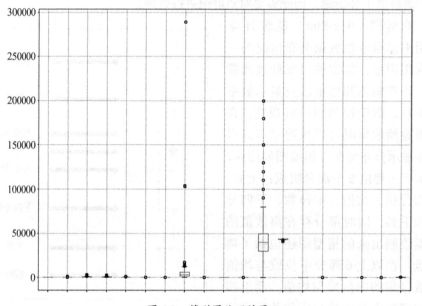

图4-3 箱型图处理结果

4.2.3 标准化处理

本著作所收集的数据指标较多，不同的指标具备不同的量纲，若直接将数据用于分析，则会因为量纲不同，较大的数据则会因为其数值较大对研究结果起到较大的作用，而数值较小的数据则会因为其与较大数值数据间的差异导致其对研究结果影响作用被削弱。数据标准化过程如图4-4所示。

Z-score标准化（Zero-Mena Normalization）又被称为零均值化，它的原理是针对每个数据点减去它所在变量类别的均值。Z-score标准化公式如下所示：

$$x' = \frac{x-u}{\sigma} \tag{4-1}$$

式中，x 为原始数据；u 是样本均值；σ 是样本标准差。

地理位置	年收入	采暖面积	人口数量	电价类型		地理位置	年收入	采暖面积	人口数量	电价类型
1510	10.0	84	6	100		-1.096751	0.973017	0.224903	1.308464	-0.770114
1510	4.0	91	4	10		-1.096751	-0.278184	0.328906	-0.187561	-0.957469
1560	3.0	30	6	10		-1.060474	-0.486717	-0.577404	1.308464	-0.957469
1410	2.0	160	7	10		-1.169305	-0.695250	1.354075	2.056476	-0.957469
1410	5.0	150	2	10		-1.169305	-0.069650	1.205500	-1.683586	-0.957469
⋮	⋮	⋮	⋮	⋮		⋮	⋮	⋮	⋮	⋮
4010	4.0	40	4	10		0.717090	-0.278184	-0.428828	-0.187561	-0.957469
4010	4.5	60	6	10		0.717090	-0.173917	-0.131678	1.308464	-0.957469
4010	3.0	30	3	10		0.717090	-0.486717	-0.577404	-0.935574	-0.957469
4010	4.0	30	5	10		0.717090	-0.278184	-0.280253	0.560451	-0.957469
4610	3.8	36	4	100		1.152412	-0.319890	-0.488258	-0.187561	-0.770114

图 4-4　数据标准化过程

4.2.4　One-Hot 编码

由于本著作的数据集中变量类型不统一，针对混合型变量的数据集，若直接将分类型变量连续化，例如转换为 1、2、3、4，则有可能会出现偏离实际的分析结果，特征之间距离的是用来聚类的关键函数，目前常用的距离为欧氏距离，One-Hot 编码可以使欧氏距离的计算更为精确。因此，为了提高对分类型变量的研究精度，充分挖掘分类型变量的价值，本著作针对离散的分类型变量采用了 One-Hot 编码。

One-Hot 编码是指独热编码，也被称为一位有效编码，即将原本的分量变量转换为多个寄存器的多个状态进行表示，原本由一个变量表示的状态值，现在由多个 0—1 变量进行表示，这样的转换既保留了数据集原有的数据特征，又避免了因直接数值化导致的结果偏差。以本著作的使用习惯为例，本著作中的客户用电使用习惯包括全天候使用、8:00—20:00 使用和 20:00—8:00 使用三种，将原本的使用习惯单个变量转换为 3 个 0—1 变量，用电习惯 One-Hot 编码见表 4-2。

表 4-2　用电习惯 One-Hot 编码

使用习惯	使用习惯 -1	使用习惯 -2	使用习惯 -3
全天候使用	1	0	0
8:00—20:00	0	1	0
20:00—8:00	0	0	1

全天候使用对应的独热编码为 [1, 0, 0]，8:00—20:00 对应的编码为 [0, 1, 0]，20:00—8:00 对应的编码为 [0, 0, 1]。本著作对使用习惯与居住环境进行了独热编码，经过这样的转换，离散分类型数据的表示也就更加科学。

4.2.5 二进制编码

对于分类类别较多的分类离散变量，若采用独热编码，则会导致维度的急剧增长，对于电器类型与电器品牌这样分类较多的指标，采用独热编码就会产生超过 30 维的新数据，过高的维度与过于离散的数据对于聚类研究而言会严重聚类效果，稀释数据间联系。

Binary Coding，即二进制编码，二进制编码即对原变量首先进行排序，之后对各项类别的序号转换为二进制编码，这种编码方式可以有效避免聚类过程中由于序号的大小影响其欧氏距离的计算，同时二进制编码相比于独热编码，其维度增长有限，可有效避免维度"爆炸"情况的发生。

本著作将电价种类、电器种类、生产厂家、常住人口与补贴情况进行了二进制编码转换，主要步骤如下。

（1）由于这几类变量没有大小以及程度上的差异，因此对各种分类进行顺序编号。

（2）根据编号利用 Python 进行了二进制转换。

以电价类型为例，转换过程见表 4-3。

表 4-3 电价类型二进制编码

变量	类别	序号	二进制编码	最终编码
电价类型	不清楚	0	0000-00-00	00
	电采暖电价	1	0000-00-01	01
	峰谷电价	2	0000-00-10	10
	阶梯电价	3	0000-00-11	11

经过上述步骤的数据预处理，已经将原本收集的数据整理成为适合数据挖掘的标准化数据，最终，基于用电量进行分析的数据集大小为 428972×25 维的数据集，而针对问卷收集的数据最终构成 539×44 维的数据集，至此完成数据预处理。

4.3 客户细分聚类

4.3.1 实现工具

本模型的实现工具主要为 Python3.8.1，与 IBM SPSS Statistics 25。采用 Python 编程语言进行了肘部法则、轮廓系数与 K-means 的聚类工作，采用 SPSS 进行辅助计算。

4.3.2 K 值的确定

1. 肘部法则

首先根据肘部法则采用 Python 对煤改电客户意愿的数据集进行计算得到结果如图 4-5a 所示，从手肘图中可以看出，当聚类数为 2 的时候，畸变程度最大，因此可以考虑选择 2 为初始 K 值。

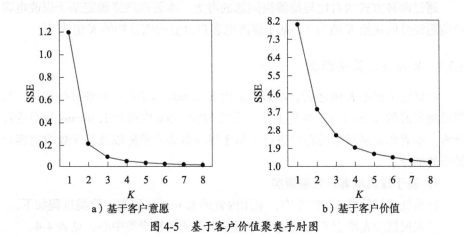

a）基于客户意愿　　　　　　　b）基于客户价值

图 4-5　基于客户价值聚类手肘图

针对煤改电客户价值的数据集进行计算后得到结果如图 4-5b 所示，从手肘图中可以看出，当聚类数为 2 与 3 的时候，畸变程度最大，因此可以考虑选择 2 或者 3 为初始 K 值。

2. 轮廓系数法

针对煤改电客户意愿的数据集进行计算得到结果如图 4-6a 所示，从轮廓系数图中可以看出，当聚类数为 2 的时候，簇间距离以及簇内聚集程度最大，因此选择 2 为初始 K 值。

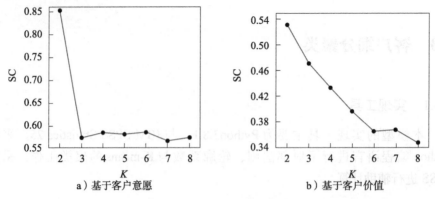

图 4-6 客户细分轮廓系数图

针对煤改电客户价值的数据集进行计算得到结果如图 4-6b 所示，从轮廓系数图中可以看出，当聚类数为 2 的时候，簇间距离以及簇内聚集程度最大，但 3 的时候轮廓系数依然不小，考虑到客户数量的庞大，两类的划分对于现实问题的解决意义不是很大，因此选择 3 为初始 K 值。

通过两种方式的对比与待解决问题的考虑，本著作最终确定基于煤改电客户意愿细分的初始 K 值为 2，基于煤改电客户价值的细分初始 K 值为 3。

4.3.3 K-means 算法聚类

在确定了初始 K 值之后，本著作采用 K-means 算法对已处理好的数据，根据已确定好的 K 值进行了聚类工作，采用 SPSS 25.0 内嵌的 K-means 聚类进行分析，本著作分别对居民客户进行了基于煤改电客户意愿以及基于煤改电客户价值的细分。

1. 基于煤改电客户意愿聚类

将预处理好的输入 SPSS 中，采用内置的 K-means 聚类，聚类过程如下。

首先根据预先给定 $K=2$ 确定客户意愿细分的初始聚类中心，见表 4-4。

表 4-4 基于煤改电客户意愿细分的初始聚类中心

变量类型	聚类		变量类型	聚类	
	1	2		1	2
电价种类-1	0	1	电器种类-1	0	0
电价种类-2	1	1	电器种类-2	0	0
采暖面积	100	50	电器种类-3	0	1
原资源用量	800	0	电器种类-4	1	1
原资源价格	800	0	电器种类-5	0	1

(续)

变量类型	聚类		变量类型	聚类	
	1	2		1	2
电器种类-6	1	0	居住环境-2	0	0
设备功率	6.5	0.8	居住环境-3	0	1
生产厂家-1	0	0	居住环境-4	0	0
生产厂家-2	0	0	家庭年收入	200000	4000
生产厂家-3	0	1	改造时间	43745	43040
生产厂家-4	0	1	使用习惯-1	0	0
生产厂家-5	0	0	使用习惯-2	1	1
生产厂家-6	0	1	使用习惯-3	0	0
电器价格	10700	700	补贴政策普及-0	0	1
常住人口-1	0	0	补贴政策普及-1	1	0
常住人口-2	0	1	补贴情况-1	0	1
常住人口-3	1	0	补贴情况-2	0	0
常住人口-4	1	0	补贴情况-3	1	0
地理环境-0	0	1	夏季气温	28	27
地理环境-1	1	0	冬季气温	7	8
居住环境-1	1	0	生产总值	84.96	191.38

计算欧氏距离，对每个点进行划分并迭代计算，历史记录见表4-5。

表4-5 基于煤改电客户意愿细分迭代历史记录

迭代	聚类中心中的变动		
	1	2	
1	8129.372	33716.025	当前迭代为2。初始中心之间的最小距离为196259.499
2	0.000	0.000	

经过两轮迭代之后，聚类中心趋于稳定，基于煤改电客户意愿细分的最终聚类中心见表4-6。

表4-6 基于煤改电客户意愿细分的最终聚类中心

变量类型	聚类		变量类型	聚类	
	1	2		1	2
电价种类-1	1	1	原资源价格	560.39	397.83
电价种类-2	1	1	电器种类-1	0	0
采暖面积	80	63	电器种类-2	0	0
原资源用量	632	382	电器种类-3	0	0

（续）

变量类型	聚类 1	聚类 2	变量类型	聚类 1	聚类 2
电器种类-4	0	0	居住环境-1	0	0
电器种类-5	0	0	居住环境-2	0	0
电器种类-6	1	1	居住环境-3	1	1
设备功率	3.801	3.620	居住环境-4	0	0
生产厂家-1	0	0	家庭年收入	195349	37595
生产厂家-2	0	0	改造时间	43538	43576
生产厂家-3	0	0	使用习惯-1	1	0
生产厂家-4	0	0	使用习惯-2	0	1
生产厂家-5	0	0	使用习惯-3	0	0
生产厂家-6	0	0	补贴政策普及-0	0	0
电器价格	4044	3444	补贴政策普及-1	1	1
常住人口-1	0	0	补贴情况-1	0	0
常住人口-2	1	1	补贴情况-2	0	0
常住人口-3	0	0	补贴情况-3	1	1
常住人口-4	1	0	夏季气温	27	26
地理环境-0	0	0	冬季气温	6	6
地理环境-1	1	1	生产总值	222.90	268.89

基于煤改电客户意愿的细分结果如图4-7所示，聚类1的样本数目为43个，聚类2的样本数目为535个。

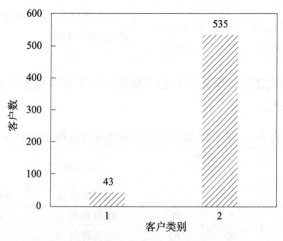

图4-7 基于煤改电客户意愿的细分结果

2. 基于煤改电客户价值的聚类

首先根据预先给定 $K=2$ 确定煤改电客户价值细分的初始聚类中心，见表4-7。

表4-7　基于煤改电客户价值细分的初始聚类中心

时间	聚类			时间	聚类		
	1	2	3		1	2	3
201711	669	1436	74	201812	1465	1501	0
201712	904	4821	84	201901	3568	232	0
201801	1491	3502	69	201902	2589	329	2
201802	1412	1731	13	201903	1382	106	5
201803	912	1053	16	201904	941	57	5
201804	700	694	44	201905	796	13	2073
201805	642	105	98	201906	920	6	0
201806	797	33	1005	201907	1006	8	0
201807	1271	331	3774	201908	1818	119	0
201808	2587	148	972	201909	1726	2	0
201809	2658	247	0	201910	1251	2	0
201810	1105	27	0	201911	1671	1305	0
201811	975	1434	0				

计算欧氏距离，对每个点进行划分并迭代计算，迭代记录见表4-8。

表4-8　基于煤改电客户价值的细分迭代记录

迭代	聚类中心中的变动		
	1	2	3
1	4214.748	4615.692	4374.431
2	972.349	1156.772	30.984
3	472.267	630.454	46.966
4	73.345	398.910	54.879
5	183.718	234.568	54.734
6	128.144	135.288	43.244
⋮	⋮	⋮	⋮
65	0.000	0.005	0.003
66	0.000	0.000	0.000

注：当前迭代为66。初始中心之间的最小距离为7947.337。

经过66轮迭代之后，聚类中心趋于稳定，最终得到聚类结果见表4-9。

表 4-9 基于煤改电客户价值的最终聚类结果

时间	聚类			时间	聚类		
	1	2	3		1	2	3
201711	249	139	50	201812	348	150	43
201712	304	146	47	201901	659	223	53
201801	436	172	49	201902	703	234	58
201802	541	196	51	201903	554	237	72
201803	423	198	64	201904	336	156	46
201804	284	144	45	201905	249	131	42
201805	232	124	40	201906	253	135	45
201806	234	127	42	201907	278	148	49
201807	305	158	47	201908	406	222	67
201808	508	281	73	201909	382	207	66
201809	593	325	82	201910	258	142	50
201810	251	135	44	201911	269	147	52
201811	249	132	44				

至此，本著作已经分别得到居民客户基于煤改电客户意愿与基于煤改电客户价值的 K-means 聚类结果，由于为了方便计算，对数据进行了预处理工作，因此目前得到的聚类中心只是数据的表示形式，还需要对其进行解释与简化以总结出客户细分结果。

基于煤改电客户意愿细分结果如图 4-8 所示，聚类 1 的样本数目为 33559 个，聚类 2 的样本数目为 156645 个，聚类 3 的样本数目为 238768 个。

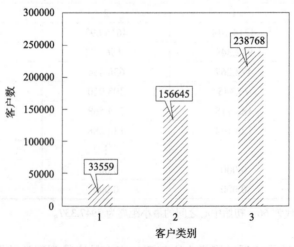

图 4-8 基于煤改电客户意愿细分结果

4.4 客户细分聚类结果解释

4.4.1 基于煤改电客户意愿的居民客户聚类结果解释

本著作首先对聚类结果进行整理与变量转换，对于例如电器种类、生产厂家以及补贴情况这类分类类别较多的变量，且这几类变量最接近聚类中心的指标相似程度很高，因此本著作在确定最接近聚类中心的指标之后，还确定了仅次于第一接近聚类中心的指标，以便挖掘两类客户在这几类变量上体现出的区别，为后续管理建议的编制提出参考意见。

基于煤改电客户意愿的居民客户细分最终聚类结果见表 4-10，可以看出居民客户从煤改电客户意愿的维度而言可以划分为两类客户，从聚类中心上看，第一类客户所在的自然与经济环境具有以下特点：冬季平均气温 6℃度，夏季平均气温 27℃，大多位于平原地区的乡村环境，客户年收入均值为 195348.84 元，所在地年生产总值平均值为 222.90 亿元。对于客户用电相关因素而言，该类客户采用的电价类型大多数为阶梯电价与电采暖电价，平均采暖面积为 80.4m²，平均用电人口为 5 人并且习惯在 8:00—20:00 使用电采暖设备；对于煤改电与客户意愿相关因素而言，该类客户在完成改造之前所采用的采暖方式的月平均资源消耗量与月平均消耗金额为 631.63kg（m³）与 560.40 元，其完成改造的平均时间为 2019 年 3 月 14 日，改造之后采用的电采暖设备大多数为电燃炉与电热毯，平均购买价格为 4043.77 元，该类客户所购买的采暖设备的品牌中"格力"与"LG"占了较大比例，平均设备功率为 3.8kW。另外，该类客户对于补贴政策基本上都了解过且偏向于接纳一次性购置补贴政策。

表 4-10 基于煤改电客户意愿的居民客户细分最终聚类结果

变量	聚类	
	1	2
电价种类	阶梯电价　电采暖电价	阶梯电价
采暖面积	80.40m²	63.16m²
原资源用量	631.63kg（m³）/月	381.54kg（m³）/月
原资源价格	560.40 元/月	397.83 元/月
电器种类	电燃炉　电热毯	电热毯　油汀

(续)

变量	聚类	
	1	2
设备功率	3.8kW	3.6kW
生产厂家	格力 LG	格力 奥克斯
电器价格	4043.77元	3443.61元
常住人口	5人	4人
地理环境	平原	平原
居住环境	乡村	乡村
家庭年收入	195348.84元/年	37595.33元/年
改造时间	2019/3/14	2019/4/20
使用习惯	8:00—20:00	20:00—8:00
补贴政策普及	是	是
补贴情况	一次性购置补贴	免费领取电采暖设备 一次性购置补贴
夏季气温	27℃	26℃
冬季气温	6℃	6℃
生产总值	222.90亿元/年	268.89亿元/年

第二类客户和第一类客户存在一定程度的差异，其所在的自然环境同第一类客户基本相同，冬季平均气温同样是6℃并且所在地理环境与居住环境相同，而夏季平均气温为26℃，比第一类客户降低1℃，而该类客户同第一类客户的经济环境相差较大，平均年收入为37595.33元，仅为第一类客户的19.2%，而该类客户所在地的年生产总值为268.89亿元，为第一类客户的120.63%；对于客户用电因素而言，该类客户采用的电价类型大多数为阶梯电价，平均采暖面积为63.16m^2，为第一类客户的78.56%，平均用电人口为4人比第一类客户低1人，用电习惯为20:00—8:00使用电采暖设备；对于煤改电与客户意愿相关因素而言，第二类客户在完成之前所采用的采暖方式的月平均资源消耗量与月平均消耗金额为381.54kg（m^3）与397.83元，相比第一类客户分别下降39.59%与29.01%，完成改造的平均时间晚于第一类客户，为2019年4月20日，改造之后的电采暖设备以电热毯和油汀为主，平均购买价格为3443.61元，比第一类客户下降14.84%，同时在第二类客户所购买的采暖设备品牌中，"格力"与"奥克斯"占比较高，平均设备功率为3.6kW，略低于第一类客户，而在第二类在补贴政策普及程度上同第一类客户相同，都对于补贴政策有所了

解，但第二类客户在采用的补贴政策上除了一次性购置补贴外，不少客户也享受过免费领取电采暖设备的政策补贴。

从聚类结果可以看出，第一类客户数量较少，在改造前的采暖方式资源消耗量与金额都相对较高，且其采暖面积较大，年收入水平明显高于第二类客户，同时在电器种类上除了普遍采用的电热毯之外，倾向于采用电燃炉这样能耗较高且价格相对较昂贵的采暖设备，从使用习惯上看，该类客户不仅仅注重夜间的采暖需求，同时对于白天的采暖需求也乐于满足。综上所述，可以总结出第一类客户总体上收入水平较高，采暖需求较高，并且对于满足自己采暖需求的意愿也较高，而其在电价类型上不仅采用了阶梯电价，还愿意采用比较新颖的电采暖电价，说明该类客户对于改造之后的采暖方式使用很积极，接纳新型采暖方式意愿很强烈，同时还会主动探索新型和接纳新型电采暖方式衍生的一系列新型运营管理方式，因此本著作将第一类客户定位为"积极客户"。

第二类客户规模庞大，其无论在改造前的采暖资源消耗量和金额上都显著低于"积极客户"，采暖面积较低，在电器种类上除了选择电热毯之外更偏向于较为廉价的，功率低且辐射面积较小的油汀。该类客户在使用习惯上主要是为了满足夜间休息睡眠时间的刚性采暖需求，同时更乐于享受免费电采暖设备发放这样的补贴政策。综上所述，该类客户整体上收入水平低，仅愿意满足刚性采暖需求，电价类型上也是基本的阶梯电价，由此可以看出这类客户在采暖活动上可支配的金额不多，对于煤改电的改造意愿也较低，整体上用电行为较为保守，因此本著作将第二类客户定位为"保守客户"。

4.4.2 基于煤改电客户价值的居民客户聚类结果解释

由于基于煤改电客户价值的客户细分变量是以月份标记的，聚类结果中的数值也就是每个月份的平均用电量，考虑到从表格的可视化程度较低，因此本著作根据聚类结果绘制出三类客户用电量曲线如图4-9所示。

第一类客户在客户数量上是三类客户中最少的，但年度用电量与月用电量都明显高于其他两类客户，在冬季采暖季平均月用电量459kW·h，高温季平均月用电量370kW·h，全年月平均用电量370kW·h，由曲线可以看出该客户在高温季和采暖季还出现了极为显著的用电量增长，说明该类客户的采暖方式以及降温方式都采用了电能设备，且使用频率较高，也证明了该类客户已经培养出了较好的用电习惯。由于该类客户用电量较高，用电意愿强烈，因此本著作将该类客户定位为"大型客户"。

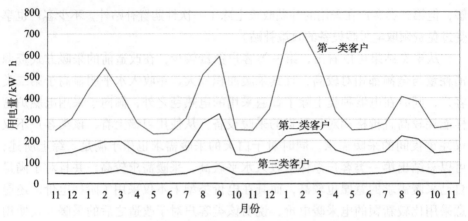

图 4-9 基于煤改电客户价值的细分结果（用电量曲线）

第二类客户在客户数量上高于"大型客户"但低于第三类客户，其年度用电量与月用电量低于"大型客户"但高于第三类客户，位于中间水平，该类客户在冬季采暖及平均月用电量 180kW·h，高温季平均用电量 200kW·h，年平均用电量 176kW·h，由曲线可以看出该类客户用电量在高温季与采暖季出现了一定程度的增长，但增长幅度不高，说明该类客户尽管已经采用了不同类型的电能设备，且已经培养出了部分用电习惯，但对于电器设备的依赖程度还是有待提高，且其冬季电采暖习惯还需要进一步培养，因此本著作将该类客户定位为"中型客户"。

第三类客户在客户数量上是三类客户中最高的，但其用电量水平却是三类客户中最低的，采暖季平均月用电量 53kW·h，高温季平均月用电量 60kW·h，全年月平均用电量 53kW·h，同时由曲线也可以看出该类客户在高温季和采暖季并未出现可观的用电量增长，说明该类客户用电规模较小，用电意愿也较低，尽管完成了煤改电改造但客户依然不适应或者并未接受该种方式，因此本著作将该类客户定位为"小型客户"。

4.5 客户细分模型应用结果

通过数据收集，数据处理，模型应用与结果说明，本著作最终得到了基于煤改电客户意愿与基于煤改电客户价值的客户细分结果。通过咨询电力行业相关营销管理专家，本部分将从企业角度对这些客户进行介绍与说明，并提出对于这些客户的影响因素，为对策与建议的合理提出提供理论基础。

4.5.1 基于煤改电客户意愿的居民客户细分结果

1. 积极客户

"积极客户"用电与煤改电改造意愿强烈,收入与消费水平较高,并且对于个人生活品质比较注重。同时"积极客户"对于价格的敏感度较低,通过结合细分结果以及电力公司相关专家的意见对"积极客户"用电行为的决定性影响因素按照影响程度进行排序分别是持续性保温效果、采暖设备、采暖技术、采暖环境、设备价格和用电价格。

2. 保守客户

"保守客户"用电较为节省,对煤改电的改造意愿不强烈,收入与消费水平较低,对于价格的敏感度较高。目前的需求仍然是满足采暖的刚性需求即可,同时"保守客户"对于电采暖的接纳程度依然较低。对"保守客户"而言,其用电行为的决定性影响因素按照影响程度排序分别是设备价格、用电价格、采暖设备、短时间制热效果与采暖环境。

4.5.2 基于煤改电客户价值的居民客户细分结果

1. 大型客户

"大型客户"用电量高,且有良好的用电习惯,可以看出大型客户的收入水平较高,对于价格敏感程度较低,但由于用电时间较长用电量较大,可以推测出该类客户对于供电稳定性与故障处理效率要求较高,同时也可以看出该类客户对于煤改电改造后的用电方式接纳程度较高。对于"大型客户"而言,其用电行为的决定性影响因素按照影响程度排序分别为供电稳定性、服务质量、电器设备、设备价格和用电价格。

2. 中型客户

"中型客户"无论是用电量水平还是用电习惯的培养都低于"大型客户"但又高于"小型客户",可以看出中客户的收入水平居中,对于价格的敏感程度一般,同时可以推测出该类客户对于无论是采暖设备还是降温设备都比较看重设备效率,该类客户对于煤改电的接纳程度一般,仍然存在不信任的情况,但同时却也培养出了相应的电能应用的习惯。对于"中型客户"而言,其用电行为的决定性影响因素按照影响程度排序分别为设备效率、服务质量、设备价格、用电价格、供电稳定性。

3. 小型客户

"小型客户"的用电量水平和用电习惯都处于三类客户中最低的水平,可以看出"小型客户"收入水平整体上处于三类客户中最低的水平,同时也包含了用电规模较小的客户，家庭人数较少，房屋面积较小，用电频率较低，且由于本著作的数据收集对象大多集中在乡村，县城与城中村地区，集中采暖的影响程度很低，因此这类客户对于价格敏感度很高，更倾向于传统的采暖降温设备，对于煤改电的接纳程度比较低。对于"小型客户"而言，其用电行为的决定性影响因素按照影响程度排序分别为用电价格、设备价格、设备效率、服务质量、供电稳定性。

4.6　本章小结

本章基于第 3 章构建的煤改电居民客户细分模型，通过国网 A 省电力公司数据库抽取与问卷调查的方式收集国网 A 省电力公司的煤改电标签客户用电量数据以及煤改电居民客户相关数据，进而通过数据清理，数据标准化与数据转换等方式进行数据预处理，应用第 3 章构建的煤改电居民客户细分模型对煤改电居民客户从两个维度进行细分，从煤改电客户意愿的维度将 A 省煤改电居民客户划分为"积极客户"与"保守客户"，从煤改电客户价值的维度将客户划分为"大型客户""中型客户"与"小型客户"三类客户，并分别介绍了各细分客户特点以及确定其影响因素。通过对 A 省煤改电居民客户进行细分，为提出不同客户的差异化服务对策与政策建议的提供了编制依据。

第5章　智能电网短期负荷预测模型构建

本章以需求响应理论、短期电力负荷预测理论为基础，构建智能电网短期负荷预测模型。首先结合历史负荷数据对短期负荷特性进行了分析，基于对电网负荷规律的把握进行了负荷预测影响因素的初步选取，包括需求响应因素的量化分析以及其他常规影响因素的研究，分析了灰色关联度分析法在影响因素甄别中的适用性，利用灰色关联度分析法计算出各项影响因子的关联度，在此基础上对初步筛选出的影响因素进行了关键性提取，确定了智能电网短期负荷预测的关键影响因素；其次，系统分析了人工神经网络的适用性，然后明确短期电力单一负荷预测模型的选取原则，选定BP神经网络和LSTM反馈神经网络构建智能电网单一负荷预测模型；最后，对组合预测理论和模型构建基本原理进行了分析，并采用遗传算法计算单一负荷预测模型的权重系数，通过线性加权求和方式构建BP-LSTM组合神经网络负荷预测模型。

5.1　短期负荷预测影响因素的提取

5.1.1　短期负荷特性分析

负荷特性是负荷在时间序列中呈现的规律特性，电力设备使用功率的总和就是负荷值，而准确可靠地预测负荷值是智能电网稳定运行的保障。电力负荷存在一定的周期性和波动性，分析电力负荷特性就是对这些特点进行研究。负荷特性分析是对历史负荷数据进行收集处理，并结合负荷电量、气象数据和日期类型等多种因素，分析其之间的相关性，研究引起负荷曲线变化的原因以及负荷曲线走势体现的特征。

电力负荷特性分析是在通过调研等途径获得大量历史数据的基础上，在研究负荷及负荷变化内在规律的同时，分析与确定影响负荷特性的主要外在因素。电力系统负荷特性分析的结果，可以更为清晰地描述地区用电情况，对智能制定电力资源协调方案有积极作用，有助于智能供发电保持瞬时动态平衡。负荷特性为负荷预测提供依据同时为下一步电力调度提供依据，在负荷预测研究工作中，对预测精度有着较为重要的影响，两者之间存在着紧密的联系。负荷特性分析是负荷预测的基础，影响最终预测结果的输出，通过负荷特性分析可以判断负荷变化规律，从而确定电力负荷影响因素。电力系统负荷除自身的规律性外，还与国家的政治、社会经济的发展、人民的生活、气象的变化等因素有关，因此有着自身的周期性和因素影响的随机性。因此，在进行负荷预测之前，针对负荷数据自身进行详细分析有着重要意义。

电力负荷特性分析的难度较大，主要表现在：一是目前缺乏系统的负荷及负荷特性分析方法；二是负荷特性指标是时点指标，不同地区、不同时间的负荷特性不能直接叠加，使得进行大范围智能负荷特性分析的难度明显增加；三是各行业典型负荷曲线、非电网统调负荷特性曲线的获取和加工处理较为困难；四是定量分析各种因素对负荷特性的影响较为困难。

因此负荷特性分析主要是以定性分析为主，有效地定量分析预测的方法不多[258]。在进行负荷特性分析的过程中，需要重点分析以下问题：一是地区负荷特性变化的主要特点；二是负荷特性指标的规范和体系的建立；三是影响负荷特性的主要因素及其影响程度分析；四是负荷特性变化的总体趋势。

在先进的通信与控制技术条件下，智能电网具有自愈、安全、兼容、互动、协调性、高效性等一系列显著特性。精确的负荷预测是电力系统规划、调度等工作的基础，尤其在大量的分布式能源接入配电网和电力系统规模越来越大、运行方式越来越复杂的情况下，负荷构成越来越复杂，对短期负荷预测的精度要求更高[259,260]。

1. 负荷特性分析方法

负荷特性分析方法是对负荷特性和相关因素间的关系进行定性分析，研究负荷水平发展趋势和因素间内在变化规律的科学工具。由于电力负荷可以从多维度进行划分，因此不同客户类型和地理智能的负荷特性存在显著区别；并且负荷特性指标对于时点负荷特性的描述属于统计学上的数字化表达，同时受限于时间跨度约束，所以对负荷整体特性描述的准确性有待提高。目前主流的负荷特性分析方法有以下两种[261]：

（1）数学模型分析法。数学模型分析法是研究影响要素和负荷变化之间的非线性关系，对其进行数值上的定量表示，通过计算出得出的相关性数值衡量影响要素对电网负荷的影响程度，分析负荷变化的发展规律。该方法虽然在电力负荷特性分析结果的精度上有更高追求，但对于负荷数据和相关要素数据信息的完备性也有更高要求。由于电力数据采集系统收集的负荷数据存在缺失和异常值，信息完备性不足，所以该方法不适用与本著作的数据环境。

（2）指标体系分析法。指标体系分析法给出了负荷特性各项指标的计算公式，通过对不同时间维度的负荷数据进行数学运算可以得到精确的指标值。基于各项指标值在不同气象环境、日期类型和时间序列下绘制的负荷曲线，可以对智能电网负荷信息进行更直观的描述和分析。这种方法从多方面揭示了负荷特性规律，且通用性更好，能够满足多维度分析负荷特性的要求，因此在负荷特性分析方法的选择上采用了指标体系分析法。

2. 负荷特性指标选取

电力负荷特性指标是负荷随时间变动情况的数字化表达，是为准确描述某智能或某段时间内的负荷所体现出来的特征，而采取的用一些特定的方法和指标进行数据分析的手段，可以为准确预测电力负荷发展的趋势提供便利。通常情况下，从负荷数据序列入手可以得到负荷变化的特征，从对短期负荷特性进行分析。负荷特性指标表现了智能电网负荷的特征，能够对历史负荷序列变化规律进行数字化描述，是短期负荷特性分析的重要工具[262]。负荷特征指标表征了用电负荷的特点，是负荷序列的关键节点，全面有效的负荷特性分析的实现依赖于正确选择并计算无误的负荷特性指标，因此分析智能电网短期负荷特性之前，有必要对智能电网短期负荷特性所涉及的指标进行选取。

基于以往负荷数据情况与电力规划调度分析的需要，目前已有一套较为成熟的负荷特性分析指标体系，其中涉及日最大（小）负荷、月最大（小）负荷、日平均负荷、负荷曲月平均日负荷等负荷特性指标共计 31 个[263-265]。结合常用负荷特性指标和地区用电荷特点，选择了描述性、比较性和曲线性三类指标中适用于智能电网负荷特性分析的指标[266]，描述类指标主要对一定时间内负荷的客观情况进行描述，比较类指标主要实现一定时间内负荷情况的对比，曲线类指标是负荷情况最简单而直接的体现方式，可以清晰地体现各个时间范围之内负荷的变动情况且更加容易发现负荷在不同时间段的变化规律与特点。具体负荷特性指标见表 5-1，将选取的负荷特性指标与目前所常用的影响因素进行结合分析，对比分析不同情况下的负荷变化情况可以清晰直观地看出智能电网短期负荷特性。

表 5-1 负荷特性指标

指标类型	指标名称	计算公式
描述类	日最大负荷	$L_{t,\max} = \max\{L_1, L_2, \cdots, L_n\}$
	日最小负荷	$L_{t,\min} = \min\{L_1, L_2, \cdots, L_n\}$
	日峰谷差	$L_{t,\max} - L_{t,\min}$
	日平均负荷	$L_{t,\text{ave}} = 1/n \sum_{i=1}^{n} L_i$

（续）

指标类型	指标名称	计算公式
比较类	日负荷率	$L_{t,\text{ave}} / L_{t,\text{max}}$
	日最小负荷率	$L_{t,\text{min}} / L_{t,\text{max}}$
	日峰谷差率	$(L_{t,\text{max}} - L_{t,\text{min}}) / L_{t,\text{max}}$
曲线类	日负荷曲线	—
	周负荷曲线	—

表 5-1 中，n 指的是记录的一天的负荷时点数。描述类指标中，日最大（小）负荷是指一天中记录的负荷值中的最大（小）的数值；日峰谷差是指日最大负荷值与最小负荷值之间的差值；日平均负荷是指一天中所有负荷数据记录的平均值。比较类指标中，日负荷率为日平均负荷与日最大负荷的比率；日最小负荷率为日最小负荷与日最大负荷的比率；日峰谷差率为日峰谷差与日最大负荷率的比率。

智能电网短期负荷特性及影响因素分析是进行短期负荷预测的依据与前提条件，准确的短期负荷特性分析和影响因素提取可以提高短期负荷预测准确程度。智能电网环境下，大量的智能设备和系统被用于历史负荷数据的记录和收集，并且收集数据的范围和广度以及数据精细程度的有所增加。这就造成历史负荷数据信息相比传统电网更加庞大且复杂，另一方面由于多种分布式绿色能源并网，智能电网负荷构成相比传统电网具有较高的多样性与复杂性，因此对智能电网负荷特性的分析更加必要且紧迫。一般情况下，对负荷特性的分析主要从历史负荷数据的分析入手，进而得到此类负荷普遍所表现出来的特征。对于历史负荷数据的分析可以从整体情况入手，将负荷特性指标与目前所常用的影响因素进行结合分析，常见的因素主要有日期类型、环境温度、降雨量、风速、湿度等。此外，短期负荷随时间的变化呈现出一定的随机波动，在进行负荷特性分析时，日负荷变化规律以及不同环境下的负荷变动情况是分析的重点。根据不同时间范围与气候环境绘制负荷曲线图，对比分析不同情况下的负荷变化情况可以清晰直观地看出智能电网短期负荷特性。

本书选择 A 省 X 市智能电网负荷为研究对象，统计了 X 市区 2019 年 11 月 30 日至 2020 年 11 月 30 日期间的整体电量负荷作为负荷特性分析的数据基础，数据来源于国网 A 省电力公司电力数据采集系统。系统导出的负荷数据记录间隔为 15min，每日 24h 共 96 个负荷采样时点，共计 35040 条智能负荷信息。X 市部分历史负荷原始数据见表 5-2。

第5章 智能电网短期负荷预测模型构建

表5-2 X市部分历史负荷原始数据

单位量纲：MW、MW·h

日期	0:15	0:30	0:45	1:00	1:15	1:30	1:45	2:00	2:15	2:30
2020/9/1	15771.95606	15556.875	15386.29102	15180.60449	14932.26172	15046.04981	14887.87695	14871.83496	14806.47754	14551.625
2020/9/2	15379.97754	15219.44727	14901.75098	14872.22656	14678.2041	14770.17188	14800.73731	14675.9043	14606.75195	14410.22168
2020/9/3	15722.73828	15614.25293	15482.72363	15334.80176	15236.52148	15187.78613	14984.60938	14968.07129	14790.62305	14792.69141
2020/9/4	16075.10938	15786.88184	15716.70801	15412.14258	15399.17578	15193.30176	15199.6416	15083.06055	15026.21973	14892.42773
2020/9/5	16143.65039	15850.78809	15679.56934	15359.34277	15231.10547	15293.8584	15168.16699	15064.12109	14847.23731	14966.71582
2020/9/6	15675.87793	15574.89746	15394.73242	15334.25	15280.71484	15230.52051	14947.25684	14924.5332	14805.22949	14684.30469
2020/9/7	16176.72754	16122.24023	15787.65332	15886.27539	15723.15137	15539.62891	15292.80762	15207.87988	15069.71973	15096.66211
2020/9/8	16540.39063	16222.37109	16089.13281	16053.82324	15822.17481	15768.31055	15656.09668	15689.75586	15528.33789	15363.28125
2020/9/9	16987.48828	16881.45313	16542.13086	16375.52734	16319.05762	16196.18555	16156.53418	15944.91113	15744.2207	15810.35547
2020/9/10	15640.85059	15291.97852	15241.03125	15182.39648	15149.02246	15051.15918	14976.95801	14945.05957	14804.97852	14811.58984
2020/9/11	15782.76856	15677.39453	15655.50293	15501.7041	15268.7832	15183.42188	15045.80078	15027.42383	15029.65918	14909.31543
2020/9/12	15840.2832	15551.70801	15497.69141	15254.33594	15286.43652	15220.56055	15129.20801	14927.39063	14920.94727	14950.91113
2020/9/13	15672.23926	15396.10547	15155.29102	15114.5166	15003.08301	15025.63477	14908.41992	14716.37598	14643.42188	14658.35254
2020/9/14	15597.57813	15445.9375	15365.38379	15203.93066	15055.75	15088.53613	14924.56055	14806.24121	14845.75586	14800.43848
2020/9/15	15634.72656	15385.83887	15325.5625	15237.41406	15082.08106	15037.85938	15012.01856	14981.42871	14884.64648	14858.45703
2020/9/16	15742.44043	15685.56348	15305.79883	15229.37891	15244.84961	15054.28516	14998.91895	14968.25195	14867.37988	14675.41895
2020/9/17	15520.54102	15402.23047	15248.77246	15169.08789	15179.48145	15167.74316	15112.94434	14997.9043	14906.75781	14878.71777
2020/9/18	15402.1377	15243.8457	15172.8252	15146.26856	15020.20801	14943.88379	14733.87109	14656.37793	14515.34863	14449.61035
2020/9/19	15488.27148	15435.40234	15222.68066	15056.72363	14879.74707	14845.50391	14793.88574	14701.09375	14631.52832	14646.73145
2020/9/20	15440.48438	15217.88867	15206.4668	15068.59766	14943.83594	14879.18555	14724.80762	14614.18262	14522.91895	14345.51074
2020/9/21	14543.07617	14694.3457	14579.18652	14498.1582	14346.59473	14334.43945	14151.50098	14118.61523	14140.91797	14051.75879
2020/9/22	15153.33691	14915.62988	14712.16699	14729.19238	14611.82617	14565.20313	14508.95215	14682.3418	14481.41797	14571.73438
2020/9/23	15106.20801	15002.47656	14921.88672	14652.70801	14719.19434	14557.96094	14601.4082	14515.69336	14501.2832	14314.07031
2020/9/24	15437.24121	15361.69434	15098.40918	15169.10059	14969.29883	14876.86523	14855.82813	14738.00977	14768.60938	14718.63379

将短期负荷特性指标与常见影响因素进行关联分析,包括节假日、工作日、双休日、温度、时点序列等多种因素,分析用电负荷随着因素变化而产生的曲线波动,可以对智能历史负荷数据蕴含的特性进行更为全面的研究。本小节从典型日、周期性和季节性3个维度对智能电网负荷特性进行分析,借助选取的日平均负荷、日峰谷差、日负荷率等指标研究负荷水平随时间移动所呈现的规律特征和变化趋势。

(1)典型日负荷特性。在分析负荷特性时,通常选取某典型日96时刻的负荷数据点来描绘日负荷曲线,观察曲线变化规律。如图5-1所示,为2020年10月15日—16日连续两天工作日的负荷绘制的曲线图。从图中可以发现,日负荷曲线形状呈现出平—峰—谷—峰的形态,第一段小高峰出现在8:00—11:00点之间,原因是工商业用电一般在早晨开工,设备启动耗电量比较大;第二段大高峰出现在18:00—21:00之间,21:00过后负荷值出现断崖式下降,主要是居民生活用电集中在这个时间段;智能用电低谷时段为00:00—5:00,负荷值从23:00开始不断下降,和城市用电习惯相符。

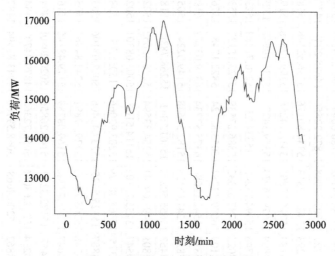

图 5-1 两个连续工作日负荷曲线

可以看到,连续两天工作日的负荷曲线走势比较一致,相同时点的负荷量数值也很相近,说明在同样日期类型下,智能电网的日负荷变化存在趋同的特征。从负荷量变化的原理上理解,当前负荷值是在上一时刻负荷值的基础上进行增减而产生的,所以同一天上一时刻负荷值和前一天同一时刻负荷值对当下时点负荷预测的重要依据。

（2）周期性负荷特性。研究负荷的周期性规律主要是分析一周负荷曲线走势，根据工作日和双休日两个类别分析其负荷差异和同类别日期的负荷相似度。X 市 2020 年 9 月 14 日—20 日这一周的负荷曲线情况如图 5-2 所示。可以观察到工作日的负荷水平相比双休日更高，并且周一到周五每一天的负荷曲线波动幅度相似，电量数值也比较接近；而双休日两天的负荷曲线变化也很相近，但峰平谷时段拐点和用电量不同于工作日负荷曲线，且周六的负荷水平会比周天更高。产生这种现象的原因是工作日城市生活中工商业生产设备处于工作状态会产生大量电力消耗，并且部分工厂周六也处于生产状态，所以一周下来周天的负荷用电量是最低的。

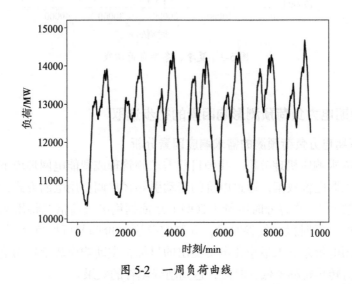

图 5-2　一周负荷曲线

（3）季节性负荷特性。负荷特性的季节性分析重点关注夏季和冬季的负荷曲线变化，图 5-3 分别绘制了夏季和冬季负荷曲线图。从图中可以看到，夏季和冬季日负荷曲线整体变化比较一致，高峰低谷出现时段有较多重叠，且夏季负荷曲线拐点出现较晚于冬季，但冬季总体负荷电量高于夏季。这是因为 X 市冬季寒冷，伴随电能替代政策的实施，电力供暖设备占比加大，冬季采暖用电量大幅增加，使得地区电网负荷水平上升。可见，负荷特性受到电力政策、经济水平、气象环境和用电习惯等多种因素的共同影响，也证明了智能电网短期负荷预测中对各项影响因素进行选取和甄别具有重要意义。

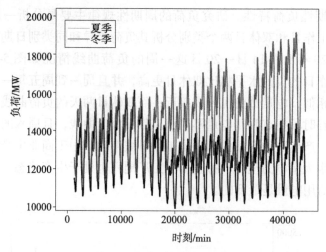

图 5-3 夏季、冬季负荷曲线

5.1.2 短期电力负荷预测影响因素的初步选取

1. 短期电力负荷预测的需求响应因素分析

（1）需求响应机理分析。我国目前需求侧管理或智能电网环境下需求响应项目主要采取电价政策，通过电价的变动引导客户调整用电的方式，实现资源的合理配置[267]。峰谷分时电价（TOU）是依据用电负荷情况将用电时段划分为高峰时段、平时段、低谷时段，并制定差别电价调节可控负荷[268]。电力客户出于利用电价差寻求最小化电费支出的目标，主动响应政策将用电高峰时段产生的负荷转移转移至低谷时段，达到削峰填谷的效果。

按照客户接受响应信号方式的不同，将电力市场的需求响应（DR）分为两种类型：基于激励的 DR 和基于电价的 DR。本著作研究的是基于电价的需求响应，主要是通过峰谷分时电价手段，引导需求侧客户主动响应，从而改变习惯性电力消费模式。需求响应对负荷的影响体现在用电负荷的转移上。

在电力系统的用电需求负荷高于电网供电最大负荷时，发送需求响应信号 DR，需求侧客户由于电价变动和出于电费花费的考虑会主动降低用电量，缓解供电输送的紧张程度。通过负荷曲线形式反映系统调度员制定的需求响应信号，需求响应信号曲线受到用电负荷最大最小值以及用电时长的影响。基于电价的 DR 具有灵活性，客户响应结束时，电力系统负荷会出现波动。需求响应下的信号曲线，如图 5-4 所示。

第 5 章 智能电网短期负荷预测模型构建

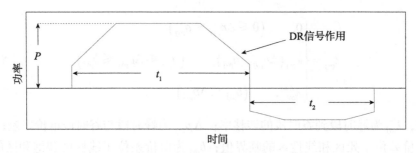

图 5-4 需求响应信号曲线

图 5-4 中，P 表示需求响应信号曲线的幅值；t_1 表示需求响应信号的持续时间；t_2 表示被控制的可控负荷重新接入电网后的反弹持续时间。

（2）需求响应模型构建。峰谷分时电价下主要基于电力需求价格弹性、消费者心理学、统计学这三种方法构建客户实际需求响应模型，本著作需求响应模型建立在对消费者心理研究的基础上进行。考虑电价变化与客户心理的动态关系，当峰谷电价差过小，电力客户的响应程度低或者不响应，可视为死区；当电价差过大，价格刺激变得无效，客户参与需求响应转移负荷的能力达到上限，可视为饱和区；当电价差超过死区低于饱和区时，电价差与客户需求响应呈正相关关系，负荷转移率随电价差线性递增，因此，客户响应模型可以近似拟合成线性分段函数。在峰时段到谷时段过程中，负荷转移率与峰谷时段电价差的关系如图 5-5 所示。

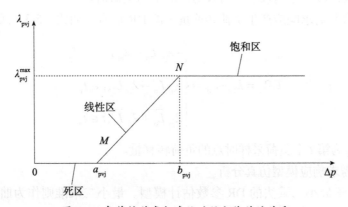

图 5-5 负荷转移率与峰谷时段电价差的关系

从图 5-5 可看出，这类客户从峰时段到谷时段的负荷转移率为

$$\lambda_{\text{pvj}} = \begin{cases} 0, & (0 \leq \Delta p_{\text{pvj}} \leq a_{\text{pvj}}) \\ k_{\text{pvj}}(\Delta p_{\text{pvj}} - a_{\text{pvj}}), & (a_{\text{pvj}} \leq \Delta p_{\text{pvj}} \leq b_{\text{pvj}}) \\ \lambda_{\text{pvj}}^{\max}, & (b_{\text{pvj}} \leq \Delta p_{\text{pvj}}) \end{cases} \quad (5\text{-}1)$$

式中，λ_{pvj} 为峰时段到谷时段的转移率；Δp_{pvj} 为峰时段与谷时段电价之差；a_{pvj} 为电价差位于死区和线性区的临界值；b_{pvj} 为电价差位于线性区和饱和区的临界值；k_{pvj} 为线性区斜率；$\lambda_{\text{pvj}}^{\max}$ 为最大负荷转移率。

同理，可分别求取峰时段到平时段的负荷转移率 λ_{pf} 和平时段到谷时段的负荷转移率 λ_{fv}，并建立相应的分段线性函数。

基于上述三个阶段的负荷转移率曲线，对各时段的负荷值进行拟合：

$$L_t = \begin{cases} L_{t0} - \lambda_{\text{pv}}\overline{L_{\text{p}}} - \lambda_{\text{pf}}\overline{L_{\text{p}}}, & t \in T_{\text{p}} \\ L_{t0} + \lambda_{\text{pf}}\overline{L_{\text{p}}} - \lambda_{\text{fv}}\overline{L_{\text{f}}}, & t \in T_{\text{f}} \\ L_{t0} + \lambda_{\text{pv}}\overline{L_{\text{p}}} + \lambda_{\text{fv}}\overline{L_{\text{v}}}, & t \in T_{\text{v}} \end{cases} \quad (5\text{-}2)$$

式中，L_t 为峰谷电价实施后的拟合负荷值；t 为负荷采样时点；L_{t0} 为峰谷电价实施前的实测负荷值；T_{p}、T_{f}、T_{v} 分别表示峰时段、平时段、谷时段；$\overline{L_{\text{p}}}$、$\overline{L_{\text{f}}}$、$\overline{L_{\text{v}}}$ 分别表示峰时段、平时段、谷时段对应的平均负荷值。

客户参与需求响应产生负荷转移量（即 DR 信号）如式（5-3）所示：

$$\text{DR}_t = L_t - L_{t0} = \begin{cases} -\lambda_{\text{pv}}\overline{L_{\text{p}}} - \lambda_{\text{pf}}\overline{L_{\text{p}}}, & t \in T_{\text{p}} \\ \lambda_{\text{pf}}\overline{L_{\text{p}}} - \lambda_{\text{fv}}\overline{L_{\text{f}}}, & t \in T_{\text{f}} \\ \lambda_{\text{pv}}\overline{L_{\text{p}}} + \lambda_{\text{fv}}\overline{L_{\text{v}}}, & t \in T_{\text{v}} \end{cases} \quad (5\text{-}3)$$

式中，DR_t 为第 t 个负荷采样时点的负荷转移量。

（3）需求响应模型仿真分析。

1）基于最小二乘法的 DR 参数估计模型。最小二乘准则作为曲线拟合常用的一种方法，要求曲线 $f(x)$ 不必严格经过每一个数据点 (x_i, y_i)，但需要展现数据的变化趋势，通过误差平方和最小作为条件约束，从而实现曲线 $f(x)$ 与数据点 (x_i, y_i) 的最优拟合。

通过计算求得在某一电价差下的负荷转移率的值是需求响应下负荷曲线拟合的必要条件，在式（5-2）的基础上，以峰谷分时电价实施后测量的实际负荷值和拟合负荷值之间差值的最小平方和作为目标函数，可以求取负荷转移率λ：

$$\min \sum_{t \in T_p, T_f, T_v} (L_t - L_t') \quad (5\text{-}4)$$

式中，L_t为TOU实施后的拟合负荷值；L_t'为TOU实施后的实测负荷值。

确定目标函数后，需要再规定约束条件才能获取最优解，需求响应参数估计模型的约束条件是峰谷分时电价实施后的负荷拟合值应该处于相应时段实际测量负荷值的最小值与最大值之间，即

$$\text{s.t.} \quad L_{t\min}' \leqslant L_t \leqslant L_{t\max}', \forall t \quad (5\text{-}5)$$

式中，$L_{t\min}'$为第t个负荷采样时点对应时段实测负荷的最小值；$L_{t\max}'$为第t个负荷采样时点对应时段实测负荷的最大值。

2）模型求解。本著作以A省X市的负荷数据为例进行仿真，根据A省峰谷时段划分，高峰时段为8:00—11:30和18:30—23:00；平时段为7:00—8:00和11:30—18:30；低谷时段为23:00—7:00。表5-2所示为峰谷分时电价政策实施后峰段、平段和谷段的电价以及实施前的电费收费标准。峰谷电价实施后的实测负荷是基于峰谷电价实施后获取的，具体电价结构见表5-3。

表5-3 峰谷电价实施后各阶段电价

时段	TOU实施前固定电价/（元/kW·h）	TOU实施后峰谷电价/（元/kW·h）
峰段	0.6637	0.9124
平段	0.6637	0.6237
谷段	0.6637	0.3350

Python的Scipy库提供了多种库函数，可以对NumPy数组进行科学计算，利用Scipy库的最小二乘算法least_squares对客户需求响应模型的负荷转移率λ进行求解。具体步骤如下：

①获取TOU实施前后的实测负荷数据，搜集的历史负荷将一天24h以15min为间隔划分为96个负荷时点，以峰时段负荷为例，见表5-4。

表 5-4 峰时段 TOU 实施前实测、TOU 实施后实测、TOU 实施后拟合负荷

（单位：MW）

时刻	实施前实测负荷	实施后实测负荷	拟合负荷（峰时段）
8:00	13872.91	12681.54	13404.46
8:15	14087.71	12877.90	13619.26
8:30	14219.71	12998.56	13751.26
8:45	14400.69	13164.00	13932.24
9:00	14187.96	13155.95	13719.51
9:15	14344.48	13301.09	13876.03
9:30	14287.00	13247.79	13818.55
9:45	14265.25	13227.63	13796.80
10:00	14134.97	13313.40	13666.52
10:15	14170.32	13346.70	13701.87
10:30	14181.04	13356.79	13712.59
10:45	14303.80	13472.42	13835.35
11:00	13451.38	13474.93	12982.93
11:15	13641.00	13664.89	13172.55
18:30	14590.13	13976.15	14121.68
18:45	14750.07	14129.36	14281.62
19:00	14622.42	14412.95	14153.97
19:15	14971.82	14757.35	14503.37
19:30	15135.52	14918.70	14667.07
19:45	15010.04	14795.02	14541.59
20:00	15137.04	14645.86	14668.59
20:15	14923.88	14580.75	14455.43
20:30	14773.34	14409.70	14304.89
20:45	14812.54	14449.49	14344.09
21:00	14602.80	14252.67	14134.35
21:15	14492.75	14137.61	14024.30
21:30	14327.65	13974.39	13859.20
21:45	14019.32	13638.43	13550.87
22:00	13869.26	13488.03	13400.81
22:15	11852.75	13177.85	11084.30
22:30	11568.75	12842.28	10800.30
22:45	11412.74	12657.95	10644.29

②计算 TOU 实施前峰平谷各阶段的平均负荷 $\overline{L_p}$、$\overline{L_f}$、$\overline{L_v}$；代入式（5-2）计算得到 TOU 实施后峰平谷各阶段的拟合负荷 L_t。

③将前两个步骤所得到的峰谷电价实施后实际负荷测量值与负荷值的平方和计算出来，以差值平方和最小为目标函数，通过最小二乘算法对需求响应负荷进行拟合，求取模型参数。

3）结果分析。通过对 A 省 X 市历史负荷数据进行仿真，求得峰时段到谷时段、峰时段到平时段、平时段到谷时段的负荷转移率分别为：λ_{pv} 为 0.0202，λ_{pf} 为 0.0145，λ_{fv} 为 0.0267。TOU 实施前实测、TOU 实施后实测、TOU 实施后拟合负荷曲线如图 5-6 所示。

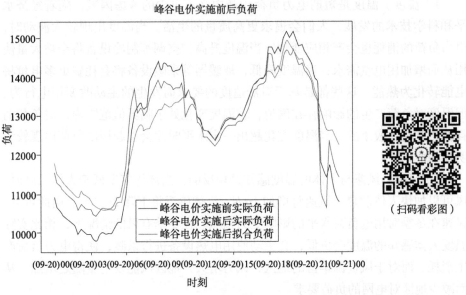

（扫码看彩图）

图 5-6　TOU 实施前实测、TOU 实施后实测、TOU 实施后拟合负荷曲线

从图 5-6 可以看出，拟合负荷曲线趋势与 TOU 实施后实测负荷走势一致，大部分时段拟合得较贴切。相比于 TOU 实施前负荷曲线达到了削峰填谷的目的，并且 TOU 实施后的峰谷时段相比实施前出现向后平移的特征。

2. 短期电力负荷预测的常规影响因素分析

短期电力负荷预测的影响因素除基于电价导向的需求响应因素之外，还包括气象因素、时点序列因素、日期类型和历史负荷序列这四类被纳入影响因素分析中的常规性考量因子。在电力负荷预测过程中，这四类常规影响因素会引起电力负荷预测出现误差,因此将这些因素作为关联特征值输入模型中,能使拟合负荷曲线更贴合实际负荷曲线。随着气象科学不断发展完善,记录的气象信息准确性逐步提高,本书所收集的气象数据来自于气象监测系统,为智能电网短期负荷预测影响因素的分析提供了数据基础。

（1）气象因素。气象因素是影响智能负荷水平的重要因素,其主要影响表现为负荷的季节性变化以及负荷曲线随着气象突变而产生变化,对两者的关联性进行量化分析可以提高负荷拟合精度。但气象因素对负荷的影响是一种复杂的非线性关系,它主要是通过气候改变影响客户用电行为从而对负荷产生间接影响,因此这种影响具有随机特性。气象因素中主要是温度、风速、降水量、相对湿度和能见度对负荷的影响较大。

1）温度。温度是短期电力负荷预测中必不可少的考虑因素,随着经济水平和科学技术的发展,人们会追求更高质量的生活。当温度出现较大波动时,电力负荷的消耗也会产相应变化,当温度升高,空调等制冷设备将会被大量使用从而增加用电量需求；当温度降低,取暖器等采暖设备将会耗费更多电量将电能转化为热能,这些都是基于对舒适度的要求而发生的主动改变用电行为。但温度对负荷产生的影响存在阈值,若温度变化处于临界值范围内,对负荷消耗的影响是比较小的,当温度变化超出一定水平时才会引起用电负荷出现较为明显的变化。

2）风速。风速与人体的温度感知是相反的,当环境气温低于人体温度时,风可以加快人体散热,风速每增加1m/s,人体感温将下降2~3℃。由此可见,风速在冬季对用电负荷水平的影响更为强烈。在冬季有风的情况下,相比实际温度人体感知的温度会更低,会主动使用电热设备进行采暖,使得电力负荷产生消耗。而对于风资源丰富的地区,风力增大,地区风能发电量随之增加,从而减少地区对电网的负荷要求。

本著作收集的原始风速数据为各连续时点水平、垂直方向的风速分量,通过对式（5-6）的二元一次方程组进行求解得到总风速：

$$u = WS\sin\theta \\ v = WS\cos\theta \quad (5-6)$$

式中, u 为东西方向风速分量; v 为南北方向风速分量; WS 为总风速; θ 为风向角度。

3）降水量。降水量主要影响的是农业用电,当降水量不足时,需要进行农业灌溉从而产生负荷消耗,所以生产生活方式以农业为主的地区,其电网负荷对降水量更为敏感。相比起来,农业用电占智能总负荷用电比重较小的地区,降水量对负荷水平的影响度也就更低。

4）相对湿度。相对湿度，指的是同一温度下绝对湿度和可能达到的最大湿度的百分比。而湿度是指空气中水的含量占比。湿度对电力负荷的影响主要是和温度共同造成的，在低温或者高温环境下，湿度较高会使得人体舒适感知度更差，从而主动使用相关设备改善提升感知体验，电力设备的运行造成用电负荷增加。但相对湿度引起负荷曲线的变化具有随机性，是一种复杂的非线性影响。

5）能见度。能见度即是从环境中识别出目标物体的最远距离，是由亮度光线的差异和大气的透明程度共同决定的。能见度对人体光感强弱造成影响，从而间接影响客户用电行为，引起电力负荷上升。当环境的能见度比较低时，大量照明设备的使用会增加用电负荷，为准确预测能见度引起的负荷变化量，需要收集满足统计精度的气象信息，并定量刻画短期电力负荷对其的敏感程度，以便进行更准确的负荷预测。

（2）时点序列因素。时点序列主要指一天之内负荷的变动随着时间的推移所体现出来的特点，在一天当中不同的时间点负荷值不同，白天和夜晚所呈现的负荷曲线不同。该类型因素主要包含小时和分钟，例如各个季节的负荷均在6:00开始逐渐攀升，在11:00—12:00之间达到第一个峰值负荷之后都呈现出一定的下降趋势，并且在21:00之后开始逐渐下降。

（3）日期类型。智能电网短期电力负荷预测的重要影响因素还包括日期类型，日期类型主要指工作日、周末、节假日与所处季节。城市用电负荷中占比最大的是工业用电，所以在节假日和周末，工厂产量下降耗电量降低，相比于工作日的电力负荷量有明显减少。不同的日期类型具有不同的负荷曲线，双休日和工作日的负荷曲线在负荷特性指标值和随时间的变动上体现出不同的特点。

本著作采用0—1编码对日期类型进行处理，工作日标记为0，周末标记为1。

（4）历史负荷序列。历史负荷序列是具有明显周期性特征的时间序列，是展开智能电网短期电力负荷预测研究的重要参量，能在很大程度上影响未来时点负荷值，反映出未来负荷变化趋势，影响到模型的预测精度。本著作主要考虑的是历史负荷序列中上一时刻负荷值和前一天同一时刻负荷值对负荷预测的影响。

综上，本著作初步选取了12种短期电力负荷预测的影响因素，对日期类型中工作日和周末进行了编码处理，并对DR信号所呈现的特征进行了量化处理，将其转换成短期负荷预测能够识别的数字类型作为输入变量，见表5-5。

表 5-5 智能电网短期负荷预测影响因素说明

因素序号	影响因素	说明
1	上一时刻负荷值	MW
2	前一天同一时刻负荷值	MW
3	温度	℃
4	相对湿度	%
5	DR 信号	MW
6	工作日 0	0
7	周末 1	1
8	风速	m/s
9	能见度	km
10	小时	24h 制
11	分钟	60min
12	降水量	mm

5.1.3 短期电力负荷预测关键影响因素的甄别

1. 影响因素甄别方法的适用性分析

在智能电网短期负荷预测模型的构建过程中，影响因素是预测模型的输入变量，对关键影响因子进行甄别和提取是构建模型的首要工作。受到地区经济、社会和地理环境的影响，智能电网负荷呈现出特定的规律特性；同时，受到气象、日期类型等因素的影响，负荷水平也会出现波动[269]。但负荷对不同影响因子的敏感程度会存在区别，因此提取短期电力负荷预测的关键影响因素就显得十分有必要。

灰色关联度分析（Grey Relation Analysis，GRA）作为一种多因素统计分析方法是灰色系统理论的一个分支，可以对因素间相互变化的情况进行定量描述，各项因素间关联度大小是依靠比较序列和参考序列曲线的接近程度来判断，两条曲线越接近，说明因素的关联度越大，反之则越小[270]。灰色系统理论由我国著名学者邓聚龙教授于 1982 提出。应用灰色关联分析方法对受多种因素影响的事物和现象从整体观念出发进行综合评价是一个被广为接受的方法。灰色关联度分析法的基本思想是根据各比较数列集构成的曲线族与参考数列构成的曲线之间的几何相似程度来确定比较数列集与参考数列之间的关联度，比较数列构成的曲线与参考数列构成的曲线的几何形状越相似，其关联度越大。通常可以运用此方法来分析不同气温变化的特性，也可以运用此方法解决随时间变化的综合评价类问题，其核心是按照一定规则确立随时间变化的母序列，把各个评估对象随时间的变化作为子序列，求各个子序列与母序列的相关程度，依照相关性大小得出结论。

简单来讲，就是在一个灰色系统中，假设已经知道某一个指标可能是与其他的某几个因素相关的，那么我们想知道这个指标与其他哪个因素相对来说更有关系，而哪个因素相对关系弱一点，依次类推，把这些因素排个序，得到一个分析结果，我们就可以知道我们关注的这个指标与因素中的哪些更相关。所以，利用灰色关联度分析可以将初步选取的12项影响因素的关键因素提取出来，通过计算关联度得出关联值排序结果，对智能电网短期负荷预测的关键影响因素进行甄别。

灰色关联度分析的主要步骤如下。

（1）确定分析数列：根据评价目的确定评价指标体系，收集评价数据，确定因素矩阵（比较数列）及参考数列。反映系统行为特征的数据序列，称为参考数列。影响系统行为的因素组成的数据序列，即比较数列。参考数列应该是一个理想的比较标准，可以以各指标的最优值（或最劣值）构成参考数据列，也可根据评价目的选择其他参照值。例如，在本著作短期负荷影响因素综合评价问题中，可将各因素所对应的负荷数据组成一个参考数列，各个影响因素构成比较数列集，若关联度越大，该因素对负荷变化的影响越大，反之越小。

确定系统特征序列作为参考序列（$Y_0, Y_1, \cdots, Y_j$），对参考序列产生影响的因素作为比较序列（$X_0, X_1, \cdots, X_i$），构建序列矩阵：

$$(Y_j, X) = \begin{pmatrix} y_j(0) & x_1(0) & \cdots & x_i(0) \\ y_j(1) & x_1(1) & \cdots & x_i(1) \\ \vdots & \vdots & & \vdots \\ y_j(t) & x_1(t) & \cdots & x_i(t) \end{pmatrix} \quad (5\text{-}7)$$

（2）无量纲化处理：对指标数据进行标准化处理，并记标准化处理后的数据序列。由于系统中各因素列中的数据可能因量纲不同，不便于比较或在比较时难以得到正确的结论。因此在进行灰色关联度分析时，一般都要进行数据的无量纲化处理，目的是减少数据的绝对数值的差异，将它们统一到近似的范围内，然后重点关注其变化和趋势。由于原始数据易存在量纲和数量级上的差别，在对影响因素子序列和系统特征序列进行比较之前，需要进行消除量纲处理，常用方法有初值话和均值化。

（3）灰色关联系数计算：在进行关联系数计算之前，需要对标准化处理后的系统特征序列和各影响因素子序列对应点数据做差值计算：

$$\Delta_{ji}(k) = \left| y_j(k) - x_i(k) \right| \quad (5\text{-}8)$$

式中，k 为各个数据点；$y_j(k)$ 为第 j 个参考序列在 k 点的数据值；$x_i(k)$ 为第 i 个比较序列在 k 点的数据值；$\Delta_{ji}(k)$ 为第 j 个参考序列与第 i 个比较序列在 k 点数据差值的绝对值。

通过式（5-9）计算可得各点灰色关联系数：

$$\zeta_{ji}(k) = \frac{\min\limits_{i}\min\limits_{k}|x_0(k)-x_i(k)| + \rho \cdot \max\limits_{i}\max\limits_{k}|x_0(k)-x_i(k)|}{|x_0(k)-x_i(k)| + \rho \cdot \max\limits_{i}\max\limits_{k}|x_0(k)-x_i(k)|} \quad (5-9)$$

式中，$\min\limits_{i}\min\limits_{k}|y_j(k)-x_i(k)|$ 为 $\Delta_{ji}(k)$ 的最小值；$\max\limits_{i}\max\limits_{k}|y_j(k)-x_i(k)|$ 为 $\Delta_{ji}(k)$ 的最大值；$\zeta_{ji}(k)$ 为第 j 个参考序列和第 i 个比较序列在 k 点的关联系数。

（4）灰色关联度计算：因为关联系数是比较数列与参考数列在各个时刻（即曲线中的各点）的关联程度值，所以它的数不止一个，而信息过于分散不便于进行整体性比较。因此有必要将各个时刻（即曲线中的各点）的关联系数集中为一个值，即求其平均值，作为比较数列与参考数列间关联程度的数量表示。灰色关联度通过对关联系数进行加权计算得到：

$$r_{ji} = \frac{1}{n}\sum_{k=1}^{n}\zeta_{ji}(k), k=1,2,\cdots,n \quad (5-10)$$

式中，r_{ji} 为第 j 个参考序列和第 i 个比较序列的灰色关联度。

（5）综合评价结果：依据各观察对象的关联度，得出综合评价结果。关联度越大，该评价对象与参考数列越相似，评价结果越优，反之越劣。

2. 数据清洗

本著作选取日期类型、时点序列因素、气象因素、DR 信号这四类短期负荷影响因素作为参考序列；比较序列为历史负荷数据。通过电力系统收集到的历史负荷数据和气象系统获取的气象数据由于系统波动的原因，存在坏数据需要清洗处理。

对于负荷数据和气象数据中的缺失值，采用相邻时点负荷数据的平均值进行补充。其中，气象数据的采集密度以小时为间隔，需要匹配负荷数据以每 15min 为间隔采样的时间精度。由于气象数据在 1h 以内的波动幅度较小，因而以小时气象数据作为每隔 15min 的数据值进行插值填充。针对异常值的处理，采用 3σ 法和箱线图法进行识别，并用各因素序列的平均值替换异常值。

负荷数据和风力、降水等气象数据以及小时、分钟等时点序列数据的量纲

和单位不一致,采用极值法作数据归一化处理:

$$y_i = \frac{x_i - \bar{x}}{s}, x_i \in (x_1, x_2, \cdots, x_n) \quad (5\text{-}11)$$

式中,$\bar{x}$ 为序列 $(x_1, x_2, \cdots, x_n)$ 的均值;s 为序列 $(x_1, x_2, \cdots, x_n)$ 的方差。

3. 关键影响因素的提取与结果分析

本著作初步选取的主要因素有:日期类型;小时、分钟等时点序列因素;风速、降水量、相对湿度、能见度和温度等气象因素;基于电价的 DR 信号;前一天同一时刻负荷值;上一时刻负荷值这 12 个影响短期负荷预测的因素,作为比较序列;参考序列为历史负荷数据。接下来的工作就是要对这 12 项影响因素的灰色关联度进行计算,以此为依据甄别出智能电网短期负荷预测的关键性影响因素。

本著作选择将 A 省 X 市 2020 年 9~11 月份的负荷数据为作为参考序列,并收集相应比较序列数据作为研究样本。参考序列共 8736 条负荷数据,12 种影响因素构成 12 列比较序列,构建 12×8736 序列矩阵,利用 Python 进行灰色关联度分析。分析结果如图 5-7 所示。

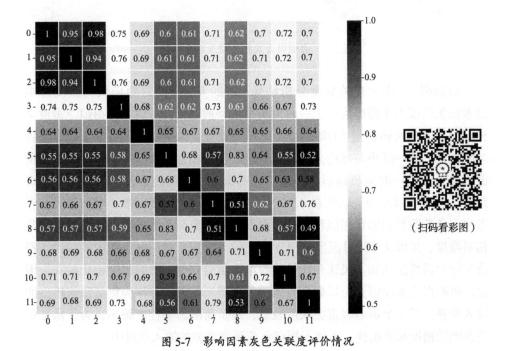

(扫码看彩图)

图 5-7 影响因素灰色关联度评价情况

图 5-7 中，第一行数值为负荷数据构成的参考序列与 12 种影响因素构成的比较序列的灰色关联度，可以反映各项影响因子对短期电力负荷预测的影响程度，对关联度进行降序排列后的结果如图 5-8 所示。

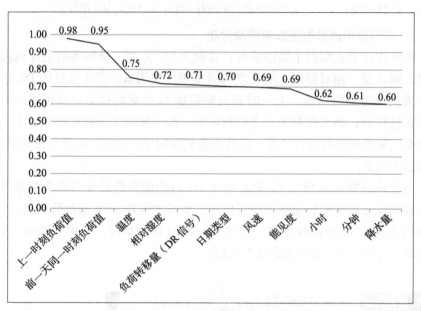

图 5-8 影响因素灰色关联度排序结果

根据图 5-8 中灰色关联度分析结果，2020 年 9~11 月短期负荷预测影响因素按关联度大小排序为：上一时刻负荷值>前一天同一时刻负荷值>温度>相对湿度>负荷转移量（DR 信号）>日期类型>风速>能见度>小时>分钟>降水量，这一结果与理论分析具有一定程度的相似性。其中，上一时刻负荷值、前一天同一时刻负荷值、温度、相对湿度、负荷转移量（DR 信号）、日期类型这六个因素的关联度在 0.7 以上，说明这 6 个影响因素子序列曲线与参考序列负荷数据的形状相似程度高。温度对用电负荷的影响程度最高，其次是相对湿度，X 市 9~11 月温度和湿度变化较为剧烈，对用电负荷影响较大，符合实际生活情况认知。风速和能见度对电力负荷变化的影响程度也比较高，因此，提取以上 8 项因素为短期负荷预测的关键影响因素，作为负荷预测模型的输入变量。后 3 个影响因素关联度较低，对负荷的影响程度较小，为了保证负荷预测的精度和准确性，不纳入短期负荷预测模型的输入变量中。

智能电网短期电力负荷预测受到相关特征变量不同程度的影响，通过对关键影响因素进行甄别，可以有效降低负荷预测的工作量并提高负荷预测曲线的拟合度。将以定量分析得到的关键影响因子作为短期负荷预测模型的输入样本矩阵，用于模型的训练优化，验证模型输入因素的关键特征变量提取对于提高负荷预测精度具有重要意义。

本部分提取了智能电网短期负荷预测关键影响因素，从三个方面进行了影响因素的分析，一是对短期负荷特性进行分析，识别负荷特征变量；二是基于电价对用电负荷的影响机理，对需求响应因素进行量化；三是通过文献分析对负荷预测的常规影响因素进行分析，共归纳出 12 种影响因子。接着，采用灰色关联度分析法计算各项影响因素与参考序列历史负荷的灰色关联度并进行排序，根据结果筛选出上一时刻负荷值、前一天同一时刻负荷值、温度、相对湿度、负荷转移量（DR 信号）、日期类型、风速和能见度这 8 种影响因素，具体如图 5-9 所示，8 种影响因素构成短期负荷预测的输入变量矩阵，为下一章模型的构建做好了铺垫。

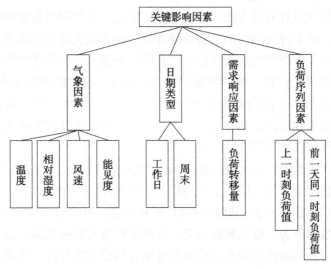

图 5-9　短期负荷预测关键影响因素

5.2　人工神经网络在模型构建中的适用性分析

人工神经网络（Artificial Neural Network，ANN）简称神经网络（NN），是基于生物学中神经网络的基本原理，在理解和抽象了人脑结构和外界刺激响应机制后，以网络拓扑知识为理论基础，模拟人脑的神经系统对复杂信息的处理机制的一种数学模型，是由大量处理单元如处理器件、神经元、光电器件等广泛互连而成的一种智能网络。所谓人工神经网络系统就是指对人脑神经网络的结构和功能的模拟的一种大规模的非线性系统。神经网络是由输入层、隐含层、输出层构成的多层网络，信号由输入层传递到隐含层，在隐含层神经元向量基函数的作用下产生局部响应，每一层神经元的状态只影响下一层神经元的状态，各层之间无任何联系，输出层在激励的作用下实现对隐含层输出的加权。

人工神经网络是由较简单的自适应单元及其层次组成的大规模并行联结的网络，它是通过模拟人脑的神经系统的相同方式来处理现实中的客观问题，因此，它在某些结构功能上反映了人脑神经系统的功能特征，但是它不是真正的人脑神经系统。神经网络是近些年来非常受欢迎的人工智能算法的又一重要方向，它在模式识别、非线性动态处理及自动控制、预测、评价等方面领域显示出极强的生命力并有较强的实用性，应用效果较好。

1. 人工神经网络特征

人工神经网络具有强大的适应性和学习能力，在短期负荷预测领域中得到了广泛运用，基于神经网络的负荷预测方法已成为相关研究的热点。人工神经网络是在研究生物学中神经元的结构与作用的基础上，利用数学思维和计算机算法模拟人脑接受信息、处理问题并输出信息这个过程的神经系统运作模式，从而挖掘数据信息中的内部特征规律[69]。所以，人工神经网络的功能与人脑神经相似，除了能够记忆和存储信息之外，还可以计算处理数据并进行归纳推理、优化运算和自主学习等复杂工作。

在利用人工神经网络实现短期负荷预测中，通过神经元权值计算及信息处理构成非线性网络模型，模型中的网络层一般在两层或两层以上，在输入层输入大批量数据信息，经由中间层进行计算和传递，再由输出层输出计算结果。将原始负荷数据分为训练集和测试集，训练集对输入数据和输出数据的关系进行判定和学习，不断优化神经网络模型直至目标误差符合设定要求；测试集负责对神经网络预测的精度和准确性进行检验，确定输入输出数据后利用训练完成的网络模型进行短期负荷预测。

人工神经网络可以研究非线性复杂系统的变化规律，具有较高容错率和非线性映射能力，相比传统负荷预测方法具有更广泛的应用型和更准确的预测精度。其主要特征可归结为以下四点。

（1）适合处理非线性问题。神经网络的输入和输出之间属于非线性连接，当网络结构较为复杂且网络层神经元数量较多时，可以通过神经网络对输入输出间的非线性关系进行近似估计。电力系统短期负荷预测中，输入的影响因素数据和输出的负荷数据具有非线性特点，采用人工神经网络方法进行预测可以充分发挥其优势。

（2）具有较高信息容错性。神经网络具备联想和储存记忆的功能，借助反馈网络实现信息的关联计算，在神经网络模型的训练学习过程中，即使数据不充足或信息模糊也不会对网络结构的整体性和预测性能产生太大影响。电力负荷数据搜集中由于现实因素，可能会出现部分数据电表计错或缺失的情况，神经网络对数据较好的容错性有效地避免了预测偏差的问题，保证负荷预测效果。

（3）具有较强自学习和自适应能力。神经网络训练过程是通过对历史数据的学习和训练，分析样本数据中的潜在规律和特性，不断调整参数优化模型实现最优逼近，最终满足预设误差要求，这一步骤是构建负荷预测模型的重点。相比于传统负荷预测方法，神经网络可以对复杂系统和环境的数据信息进行自学习，解决和处理现实中的各类问题，适应性更强。因此，人工神经网络可以针对智能电网下的海量电力大数据进行模型的自主学习和主动适应从而提高预测性能。

（4）具备高效数据处理能力。神经网络的信息处理功能由每个神经元承担，独立运算但同步进行，大量神经单元组合构成的信息系统具备高速运算和处理数据的能力。智能电网环境下，搜集到的数据庞大冗杂，采用神经网络方法可以对数据进行高效处理，有利于实现精准负荷预测。

2. **人工神经网络分类**

人工神经网络按照不同的划分规则可以分为多种类型。通常的分类角度是按根据拓扑结构、网络性能以及学习方式进行划分，具体分类如图 5-10 所示。

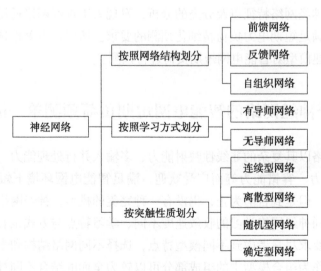

图 5-10　人工神经网络分类

神经网络由大量神经元互联而构成，不同类型神经网络具有不同性质和特点，在此主要根据神经元的互联方式，即拓扑结构划分方式对前馈神经网络、反馈神经网络和自组织神经网络进行简要说明。

前馈神经网络也称前向神经网络，网络的信息传递只能单向向前传送，网络中各神经元将从前一级接收到的信息输出到下一级，在传递过程中没有反馈，整个信息流是有向非闭合的。这种网络的结构较为简单，通过多次复合非线性函数来实现对数据信息的处理。但同时前馈神经网络也不具备记忆的功能，网络中现阶段的输出仅仅取决于当前输入和权值，并不受前一阶段输出的影响。

反馈神经网络不同于前馈神经网络，网络内的神经元从输出到输入是具有反馈连接的，因此结构也相对更为复杂，同时具备记忆的功能。这种神经网络是通过变换状态来实现数据处理的，神经元的动态改变要在训练结束时才会停止。

自组织神经网络是一种无监督学习的人工神经网络，它与前两种神经网络最大的区别是神经元会通过相似性比较从而自动分析样本数据规律自组织地调整网络参数与结构。因此，自组织神经网络在原始数据完备的条件下寻求最优解具有很大优势，但如果初始条件不理想，这种网络的适宜性就会稍显不足。

综上，用于短期负荷预测的历史负荷数据和气象、需求响应等因素数据体量庞大，信息完整性不够，并且因素数据对负荷的影响具备复杂非线性的特点，通过对神经网络特征以及分类的分析，发现人工神经网络适用于处理这类数据问题，满足短期电力负荷精细化预测的要求。所以，本著作选择人工神经网络方法构建模型对智能电网短期负荷进行预测。

5.3 基于神经网络的智能电网短期负荷预测单一模型构建

神经网络以其复杂的非线性映射能力、多输入并行处理能力、自组织自学习自适应能力、容错能力等而广受欢迎，满足智能电网环境下短期电力负荷预测的要求。但是到目前为止，仍没有一种完美的模型，神经网络自身存在很多缺点，不同神经网络学习的收敛速度不同、学习特点与方式也有所不同。组合模型构建要求尽量考虑到不同模型特点，选择不同网络结构和学习方式的神经网络模型作为组合模型中的组成部分可以较为全面的结合不同神经网络的优点，使负荷信息利用程度达到最大化。

5.3.1 单一模型选取原则

智能电网短期负荷预测具有不准确性和受多因素影响的特点，通过 5.2 节分析可知神经网络方法适用于解决具备这些特点的负荷预测问题。在构建短期负荷预测单一模型的方法选择上，不仅要考虑到单一模型对未来负荷曲线的拟合精度以及预测性能，同时需要考虑各项单一模型具备的特征和优劣性，要选取合适的模型组合其优点以弱化单一模型在负荷预测上的不足。在选取智能电网短期负荷预测单一模型时主要参考以下两点原则。

1. 满足短期电力负荷预测特性要求

随着智能电网建设逐步完善，电网数据采集系统可以跟踪到整网系统的发电、供电、输电和变电等各个环节，记录并储存电网用电量和资源协调负荷转移量等多种电力数据。数据体量增加一方面可以帮助负荷预测建立更扎实的数据基础从而提高预测精度，但同时也对负荷预测方法选择和模型构建提出了更高要求，负荷预测模型需要具备快速有效处理数据的能力。另外，智能电网短期电力负荷的预测依赖于特定地区和特定时间范围的选择，构建的单一模型要适用于当地经济环境条件，能够考虑多种影响因素实现复杂关系的关联分析。

2. 实现多模型互补提高组合模型预测精度

人工神经网络具有较强自学习、自适应和非线性映射能力，对信息容错率高，在构建短期负荷预测模型中有很强的适用性。但不同人工神经网络的算法原理和学习训练方式存在区别，依据不同神经网络方法构建的负荷预测单一模型在预测效果上各有好坏。前馈神经网络在模型训练上学习速度较优，但在联想记忆方面比不上反馈神经网络，而自组织神经网络相比前两者对原始数据信息的完备性要求更高，但在寻求最优解上效果更好。所以，在构建短期负荷预测组合模型中需要客观评价单一神经网络模型的优缺点，把握其特征实现多模型互补，从而提升预测准确度[271]。

基于单一模型选取原则和对各类神经网络方法优势及缺陷的分析，本著作选择前馈型 BP 神经网络和反馈型 LSTM 神经网络这两种方法用于负荷预测建模。接下来将会根据 BP 神经网络和 LSTM 神经网络分别构建智能电网短期负荷预测单一模型。

5.3.2 BP 神经网络预测模型构建

1. BP 神经网络的基本原理

BP（Back Propagation）神经网络是一种网络计算与误差计算反向的多层前馈神经网络，能够有效解决网络连接的权值问题[272]。神经元的传递是非线性变换函数Sigmoid函数（又称S函数），输出量为0～1的连续量，可以实现从输入到输出的任意非线性映射。目前，在神经网络的实际应用中，绝大部分的神经网络都采用BP网络以及其变化形式，是目前使用最广泛的神经网络。由输入层、中间层、输出层组成的神经网络，中间层可扩展为多层。在BP神经网络中，输入层和输出层的节点个数都是确定的，而隐含层节点个数不确定，而隐含层节点个数的多少对神经网络性能存在影响BP神经网络可以拟合复杂的非线性关系，通过训练和学习来记忆输入数据和输出数据间的非映射关系，其算法模型的运算过程如式（5-12）所示：

$$F: R^{n_1} \to R^{n_3} \qquad O = F(I) \qquad (5\text{-}12)$$

式中，F为函数表示；n_1为输入节点数；n_3为输出节点数；O为输出数据集；I为输入样本集。

BP神经网络算法的基本思想是梯度下降法，通过对比网络实际输出和期望输出间的误差，从而推算上一推导层的误差再推算更前一推导层的误差，以此不断反向传播优化调整网络参数，使得均方误差呈梯度减小直至满足目标误差要求。在误差反向传播的同时，BP神经网络通过学习和对规律的把握，各网络层的神经元连接值都不断地更改修正以建立最优网络模型。

BP神经网络结构包括输入层、隐含层和输出层，输入层和输出层都是单层，隐含层可以扩展为多层，如图5-11所示。每个节点代表一个神经元，从图中可以看到，非相邻神经元之间没有连接关系，并且同一层各神经元之间也没有联系，隐含层和输出层神经元的输入数据是上层神经元输出的加权平均和。BP神经网络主要是实现训练数据从输入层到输出层的映射，其中输入层和输出层的节点数可以通过原始数据基本确定，中间层的节点数影响模型性能，由输入输出节点数之和开方可得，具体计算如式（5-13）所示：

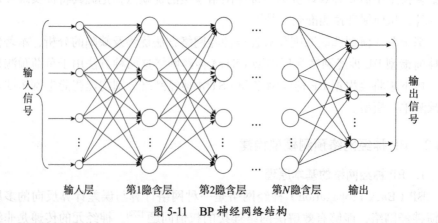

图 5-11　BP 神经网络结构

第5章 智能电网短期负荷预测模型构建

$$p = \sqrt{m+n} + a \qquad (5\text{-}13)$$

式中，m 为输入节点数；n 为输出节点数；a 为调整参数。

BP 神经网络的神经元模型如图 5-12 所示，神经元的输出计算公式如式（5-14）所示：

$$y = f(wp+b) \qquad (5\text{-}14)$$

式中，w_{ij} 为第 i 个神经元对应的第 j 个输入节点的权值；y 为计算神经元输出值的映射函数；p 为中间层的节点数；b 为调整参数。

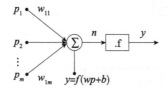

图 5-12 BP 神经网络神经元模型

　　BP 神经网络的学习训练过程主要包括信息正向传播和误差反向传播。在信息的正向传播中，数据传输过程为输入层的样本经过隐含层运算进行非线性变换得到输出样本继续输入下一层神经元。而误差的反向传播，则是在正向传播之后将期望数据和真实数据间的误差信息从输出层传向输入层，并分摊误差到所有神经元上，以此为依据调整更新神经元权重，调整学习参数后不断重复以上步骤使得误差逐步减小，从而完成模型的学习和训练。

　　相比于传统预测方法，BP 神经网络的优越性体现在具备自学习能力和扩展适应能力，可以通过对短期负荷样本训练集的学习进行记忆和存储，模拟人脑解决问题的思维逻辑不断调整阈值和权值，整理出合理的求解规则，获得对未知负荷测试集输出数据的外推能力。相比于传统预测方法，这种网络不需要给定完全确定的函数和具体的数学模型，通过分析网络中蕴含的输入输出数据间非线性映射关系从而进行自学习，可以更好解决短期负荷预测影响因素和负荷数据间的非线性关系问题。并且，该网络对信息的处理方式为并行分布式运算，对数据具有较高的容错性，能够对负荷预测这种复杂抽象问题进行有效求解。

　　同时，BP 神经网络由于计算结构简单等相关特点也存在一定局限性。该网络的算法原理是梯度下降法，当面临复杂网络结构时，多维曲面是负荷误差函数的表现形式，采用误差梯度减小的计算方式会使得某一点方向选择陷入停滞，从而增加各方向的误差值，也就意味着误差计算在该点达到最小。这样会导致最终训练完成的短期负荷预测模型可以达到局部最优解,但并非全局最优解[273]。并且BP神经网络在对大量电力数据进行训练学习时,由于步长固定计算次数多,会导致学习率小、收敛速度慢、训练时间长。

2. BP神经网络预测模型

采用BP神经网络进行短期负荷预测的算法过程如图5-13所示[274]。

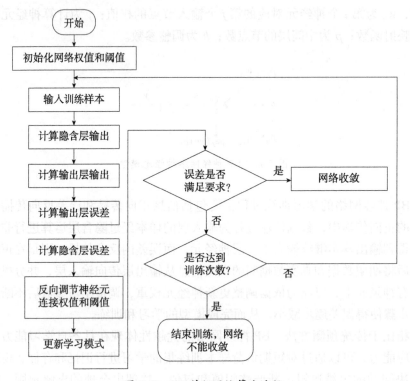

图5-13 BP神经网络算法过程

(1)确定网络拓扑结构。本著作构建的BP神经网络短期负荷预测模型结构由输入层、隐含层和输出层组成。

(2)网络模型初始化。确定隐含层节点数,设定最大训练步数、目标误差和学习率。在[-1, 1]区间范围内选取初值,给神经元连接权值和神经单元阈值进行赋值。神经网络收敛性会受到权值和阈值初始值的影响,初始值的确定需要使得各神经元净输入比较小,从而保证处于激活区。

(3)选取训练样本集和测试样本集,并对训练样本集进行输入和输出数据的划分。在短期负荷预测中,首先需要对数据进行归一化处理,然后确定BP神经网络训练模型的输入变量为气象、日期类型、需求响应等影响因素构成的样本矩阵，期望输出为历史负荷值。

（4）根据输入层输出确定隐含层输出。基于输入层神经元权值和输出信号值进行加权平均求和得到隐含层输入信号，在激活函数的作用下得到隐含层输出信号。

（5）根据隐含层输出确定输出层输出。与步骤（4）类似，计算得到输出层输出信号。

（6）判断误差是否符合目标要求。比较分析输出层输出的负荷值结果和实际负荷值，根据均方误差函数计算误差值。若误差满足训练目标误差，则训练结束；否则进入步骤（7）。

（7）调整权值以修正模型。BP神经网络会以自学习的方式沿误差梯度减小的方向调节各网络层神经元连接权值和阈值。

（8）不断更新网络学习模式直至满足目标误差要求，完成短期负荷预测BP神经网络训练。

在BP神经网络模型初始化这一步骤中，需要根据短期负荷预测的特性和精度要求对学习率、期望误差、最大训练步数等相关参数进行合理设置，再采用训练函数对样本数据进行学习记忆，以优化模型达到目标误差要求。BP神经网络模型的参数选取具体如下：

（1）确定输入层、输出层神经元节点数。前面第三章提取的影响因素将作为BP网络负荷预测模型的输入变量，包括上一时刻负荷值、前一天同一时刻负荷值、温度、相对湿度、负荷转移量（DR信号）、日期类型、风速和能见度共8项，所以输入层的神经元节点数目为8。输出变量则是历史负荷值构成的一维数列，因此输出层神经元节点个数为1。

（2）确定隐含层神经元节点数。本著作构建的BP神经网络模型为三层结构，除输入层输出层外，隐含层只设置了一层。目前关于隐含层节点数的选取尚无科学的指导方法，但适当增加隐含层神经元个数可以提高模型的预测准确度和响应能力。当隐含层神经元数目过多时会加大模型的复杂程度，降低训练速度，使得模型陷入局部最优解。因此，隐含层神经元数目的确定可以根据从小到大的原则逐一尝试，不断对比预测精度和训练速度，以此得到最合适的节点数。

（3）选择激活函数。BP神经网络常用的激活函数有logsig函数、purelin函数、tansig函数这三类。激活函数采用的是非线性激活的方法，由于短期负荷预测输入数据和输出负荷值都大于0，因此从输入层到隐含层选择的是tansig激活函数，从隐含层到输出层选取的是logsig激活函数。

（4）选择学习算法。梯度下降算法是BP算法的标准算法，通过参数调整使得网络计算方向沿着误差梯度减小的方向进行从而训练优化模型。

（5）设定学习速率。学习速率也就是学习的步长，学习率和连接权值调整量的关系如公式（5-15）所示：

$$\Delta w_{ij} = -r \frac{\partial C(n)}{\partial w_{ij}(n)}$$ （5-15）

式中，Δw_{ij} 为连接权值调整量；r 为学习率。

当学习率较小时，权重调整幅度也相应比较小；当学习率设置较大时，权重调整幅度也比较大。可见，低学习速率有助于维持系统稳定，本著作设定的学习率上限为 1。

（6）设定期望误差。期望误差的确定会受到隐含层节点数的影响，期望误差过小，会使得增加训练时长并导致模型出现过度拟合的现象；但期望误差设置得过大又会 BP 神经网络对负荷预测不准确，所以需要不断调整试错来获取最合适的值。

本著作采用的是 Python 中的 Tensorflow 来构建 BP 神经网络短期负荷预测模型，首先需要对上述六项网络参数进行设置，然后对训练样本数据进行清洗并根据输入输出维度确定网络结构各层神经元数目，进而不断调整参数训练模型。在训练过程中可以设置一个最大训练步数，以规定模型最多训练调整次数，以免出现训练时间过长而模型一直达不到最小误差的情况。基于 BP 神经网络搭建的短期负荷预测模型如图 5-14 所示。

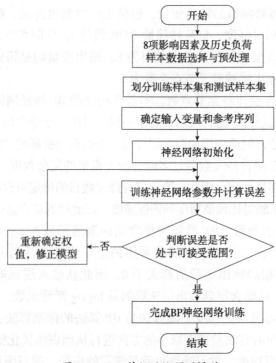

图 5-14　BP 神经网络预测模型

5.3.3 LSTM 神经网络预测模型构建

1. LSTM 神经网络的基本原理

LSTM 网络即长短期记忆神经网络,可以对单元细胞的记忆功能进行有选择的更新,能够解决长距离的依赖性问题[275]。LSTM 网络是在 RNN 网络的基础进行改进的一种神经网络方法,RNN 网络具备短期记忆功能,可以对其他单元细胞以及自身细胞的信息进行联想储存,但在长期记忆上存在缺陷。LSTM 网络引入了状态单元和门结构,能够对更早时间更长距离单元细胞的数据信息进行获取和记忆,相比 RNN 网络来说更适用于短期电力负荷预测[276]。

LSTM 网络的神经单元结构有三层,包含输入门、输出门和遗忘门。输入信息通过神经单元正向传递,依次经过输入门、遗忘门和输出门。输入信息是由 Sigmoid 控制,包含当前时刻输出以及单元状态,通过上一时刻输出、上一时刻单元状态和当前时刻输入综合得出,结果数值在 0~1 之间。输入门可以存放当前时刻的数据信息以及单元状态,单元状态决定了数据信息的记忆程度;遗忘门可以对当前时刻输入信息的有效性进行判断,从而对数据进行部分剔除和保留;输出门主要功能是控制输出信息。遗忘门和状态单元是基于 RNN 网络结构额外增加的,通过单元结构的优化可以使 LSTM 网络学习更长时期信息从而让短期负荷预测模型训练中"梯度消失"的问题得到解决,提高负荷预测的拟合精度。LSTM 网络神经单元结构模型如图 5-15 所示。

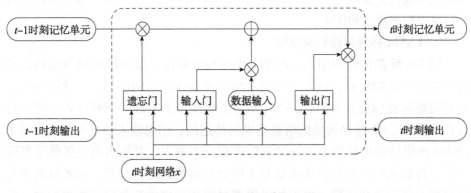

图 5-15 LSTM 网络神经单元结构模型

其计算流程如下：

（1）输入门接收上一时刻输出值和当前时刻输入值，经过 Sigmoid 激活函数计算后的输出为

$$f_t = s\left(w_{ht}h_{t-1} + w_{h't}h'_t + w_{ct}c_{t-1} + b_f\right) \quad (5\text{-}16)$$

式中，s 为激活函数 Sigmoid；w_{ht} 为上一时刻模块输出值占输入门接收信息的权重；h_{t-1} 为上一时刻模块输出值；$w_{h't}$ 为当前时刻模块输入值占输入门接收信息的权重；h'_t 为当前时刻模块输出值；w_{ct} 为上一时刻状态单元占输入门接收信息的权重；c_{t-1} 为上一时刻神经单元输出值；b_f 为当前输入门的阈值。

（2）输出门经过 Sigmoid 激活后的输出为

$$y_t = s\left(w_{hy}h_{t-1} + w_{h'y}h'_t + w_{cy}c_{t-1} + b_y\right) \quad (5\text{-}17)$$

（3）遗忘门对上一时刻输出值当前时刻输入值的信息进行价值筛选，得到输出为

$$g_t = s\left(w_{hg}h_{t-1} + w_{h'g}h'_t + w_{cg}c_{t-1} + b_g\right) \quad (5\text{-}18)$$

（4）状态细胞更新为

$$c_t = g_t c_{t-1} + f_t c_t \quad (5\text{-}19)$$

（5）LSTM 神经网络输出为

$$h_t = y_t \tanh(c_t) \quad (5\text{-}20)$$

信息在 LSTM 神经网络中是反向传播的，学习训练过程是误差向着梯度更小的点不断调整参数，直到目标函数收敛至全局最优值，也就完成了 LSTM 神经网络模型的修正和优化。

2. LSTM 神经网络预测模型

LSTM 反馈神经网络与 BP 前馈神经网络相比，属于循环网络结构，具有长时间记忆的优点，能一定程度上解决梯度爆炸的问题，但当数据体量过大时间距离相隔更长久时，LSTM 网络的解决能力有限，同时具有不能并行运算的缺点。BP 神经网络的信息是单向传递的，信息输入独立进行，不同于 LSTM 网络的输出依赖于上一时刻输出和当前输入，其输出值只依赖于当前输入。智能电网短期负荷预测是基于历史负荷数据进行预测，未来负荷量与更早期的负荷值相关联，可以加强模型对整体历史负荷数据的联想能力，强化学习效果。另外，模型的输入为气象、需求响应等因素构成的矩阵序列，输出为历史负荷序列，都属于时序数据，短期电力负荷预测即是在前期时序数据的基础上对未来负荷值进行拟合，模型需要具备多步长长时间的学习记

第5章 智能电网短期负荷预测模型构建

忆能力，LSTM 网络引入门控机制可以有选择地对信息进行记忆和遗忘，控制信息累计量和节奏，可以在学习收敛和训练时长上和 BP 网络模型达到互补。

在利用 LSTM 神经网络构建短期负荷预测模型的过程中，首先需要对网络参数进行设定，包括训练学习率、时间不长、神经元个数、损失函数等。然后确定模型的输入样本和输出样本，将 LSTM 神经网络通过自学习计算得到的期望输出数据和输出样本，也即是实际负荷进行对比。继而通过误差反馈来修正权重对模型进行更新，对产生的误差进行重新计算并和目标误差进行比较，若满足要求则模型完成训练；若不符合要求则返回上一步，继续优化模型，直到误差值处于设定的目标误差范围内。这样，通过反复学习，完成对 LSTM 神经网络短期负荷预测模型的构建，如图 5-16 所示。

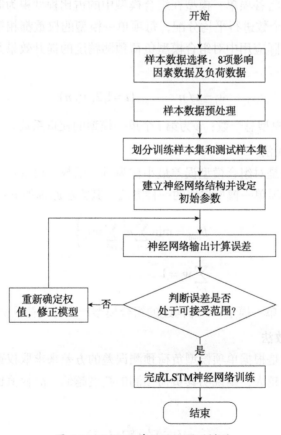

图 5-16　LSTM 神经网络预测模型

5.4 基于遗传算法的短期负荷预测组合模型构建

5.4.1 组合预测模型权重确定方法

智能电网短期负荷预测组合模型是由单一模型加权组合而建立的，相比于单一模型在负荷预测上可靠性更强。搭建短期负荷预测组合模型的重点问题是确定单项模型的权重系数[74]，权值决定了单项模型在组合模型中的占比和重要度。

目前，在短期负荷预测中常用的权重系数确定方法主要有下述四种。

1. 权重平均法

权重平均法将各项单一模型在组合模型中的占比程度视为等同，即对权值1根据单一模型个数进行平均分配，每项单一模型的权重都相等。这种方法虽然简单，但在实际应用中对组合模型负荷预测精度的提升效果并不理想。其计算公式为

$$w_i = 1/n \qquad (i=1,2,\cdots,n) \tag{5-21}$$

式中，n 为单一模型总个数；w_i 为第 i 个单一模型的权重系数。

2. 最优加权法

最优加权法是对组合模型误差最小作为目标函数，权重系数总和为1作为约束条件来求各项单一模型权值的一种方法。其方法原理如下：

$$F_{\min} = \min \sum_{i=1}^{n} e\left(\sum_{i=1}^{n} w_i l_i\right)$$
$$\sum_{i=1}^{n} w_i = 1 \tag{5-22}$$

式中，l_i 为第 i 个单一模型；e 为构建的组合模型产生的负荷预测误差。

3. 方差倒数法

方差倒数法是根据单项模型负荷预测误差的方差来求取权重系数的，单项模型的预测误差越大，则说明其负荷预测的精度越低，故权值也更小。计算方法见式（5-23）：

$$w_i = \left(\sigma_i^2\right)^{-1} / \sum_{i=1}^{n} \left(\sigma_i^2\right)^{-1} \tag{5-23}$$

式中，σ_i^2 为第 i 个单一模型产生的负荷预测误差的方差。

4. 遗传算法

遗传算法的原理是采用计算机仿真模拟生物自然进化过程从而搜索全局最优解。遗传算法将负荷预测误差最小作为目标函数，可以对每个时点的拟合负荷与实际负荷差值进行计算，通过不断搜索优化从而确定权重系数。

$$F_{\min} = \left(\sum_{i=1}^{n} |w_{it} L_{it} - L_t'| \right) / n \qquad (5\text{-}24)$$

式中，w_{it} 为第 i 个单一模型在第 t 个负荷采样时点的权重系数；L_{it} 为第 i 个单一模型在第 t 个负荷采样时点的拟合负荷值；L_t' 为第 t 个负荷采样时点的实测负荷值。

该方法适用于求解复杂的组合优化问题，能够得到组合模型构建中单一模型的最优权值解，使得负荷预测误差达到最小。鉴于遗传算法在负荷预测组合模型构建中的优越性，因此选择该方法进行单一模型的权值计算。

5.4.2 BP-LSTM 神经网络组合预测模型构建

1. BP-LSTM 神经网络的基本原理

在短期负荷预测中，基于神经网络模型进行组合预测，就是对选取的各单一预测模型采取合适的权重计算方法确定模型权重，再进行模型的线性组合从而构建混合模型。这样，针对简单预测模型的有效结合可以发挥各单一模型的优势，从而提高模型预测精度和拟合效果。对于组合模型最关键的两点，一是对于单一模型的选取，需要对多种模型的预测性能进行分析和筛选，并且需要考虑考虑到各模型的优劣势互补，以使得组合预测效果达到最佳化。二是权重系数的计算，赋予每个单一模型的权值需要实现对数据有效信息进行最大化提取，从而使得组合模型相比于单一模型对信息具有更高的利用率。

假设单一预测模型有 n 个（$i=1, 2, \cdots, n$），组合预测模型的负荷值为单一预测模型负荷值的加权求和，并且要求各模型权重系数和为 1，则构建组合神经网络预测模型的计算公式如式（5-25）所示。

$$\begin{aligned} G_t &= \sum_{i=1}^{n} w_{i,t} g_{i,t} \\ \sum_{i=1}^{n} w_{i,t} &= 1, \ w_{i,t} \in [0,1] \end{aligned} \qquad (5\text{-}25)$$

式中，G_t 为第 t 时刻的负荷预测值；$w_{i,t}$ 为第 i 个单一预测模型在第 t 时刻的权重;$g_{i,t}$ 为第 i 个单一预测模型在第 t 时刻的负荷预测值;n 为单一预测模型个数。

2. BP-LSTM 组合神经网络预测模型

构建 BP-LSTM 组合神经网络模型,首先需要选取合适单项预测模型,本著作选取的分别是 BP 神经网络和 LSTM 神经。接着是对各模型的训练,将提取的 8 项负荷预测影响因素构成的数据矩阵作为模型的输入变量,期望输出是和影响因素对应的同期真实历史负荷数据,针对 BP 网络采取逆向传播的算法进行训练,对于 LSTM 神经网络采取误差反馈法进行训练。然后在单项模型优化完成的基础上,采用遗传算法计算权重系数。最后,采用加权求和的方式对单项模型进行组合运算,从而完成组合预测模型的构建,如图 5-17 所示。

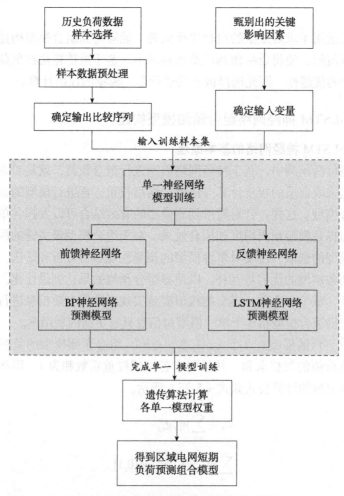

图 5-17 BP-LSTM 组合神经网络预测模型

BP-LSTM 组合神经网络模型建立完成后，可以实现对短期负荷预测更精准的预测，具体预测步骤如下：

（1）数据收集。搜集短期负荷预测所用到的比较序列数据和参考序列数据，包括气象数据、日期类型数据、时点序列因素数据和历史负荷数据，并基于前期构建的需求响应模型结合电价数据计算需求响应信号值，得到电力负荷预测所需要的全部数据。

（2）数据预处理。对上一步骤所得到的数据进行降噪，包括缺失值处理、异常值处理、差值处理、二次计算处理和数据归一化，使得数据格式达到标准。

（3）划分训练数据集和测试数据集。需要将原始数据划分为两类，一类作为训练网络模型使用被称作训练集；另一类为测试集，主要目的是测试预测模型性能。

（4）训练单项预测模型。在完成对训练样本集进行输入数据和输出数据的分离后，利用训练集分别训练 BP 和 LSTM 神经网络模型。当期望误差处于目标误差范围之内时，完成单项神经网络的训练。

（5）计算权重构建组合预测模型。利用遗传算法计算单项预测模型的权重参数，得到 BP 网络模型的权重为 W_B，LSTM 网络模型的权重为 W_L。采用线性组合的方式构建混合神经网络预测模型，如式（5-26）所示：

$$G = W_B * G_B + W_L * G_L \qquad (5\text{-}26)$$

5.5 本章小结

本章分析了人工神经网络的分类和特点，发现神经网络具备非线性映射、容错性、自学习和自适应能力，擅长处理短期负荷预测问题。分析了人工神经网络在短期负荷预测模型构建中的适用性，选取了 BP 前馈神经网络和 LSTM 循环神经网络分别构建了单项负荷预测模型。但各神经网络都存在不同的优越性和局限性，为实现优势互补提高负荷预测的准确度，通过对比等权平均法、残差倒数法、均方根误差倒数法和遗传算法这四种权重计算方法在组合模型预测性能提升方面的能力，最终选取了遗传算法计算得到的权重构建了 BP-LSTM 混合神经网络预测模型，并给出了预测步骤流程。本章所构建的智能电网短期负荷预测模型为第 6 章的实例验证提供了依据。

第6章 智能电网短期负荷预测模型的验证

本章选取了 A 省 X 市智能电网负荷为实例样本,利用 Python 编程语言对模型进行了仿真分析,以验证模型的有效性和预测精度。首先,基于文献分析选取了短期负荷预测模型预测效果的评价指标取,通过指标体现模型预测精度;接着,选择了 A 省 X 市智能电网负荷为研究样本,并对样本数据进行了预处理;然后,对 BP 神经网络模型、LSTM 神经网络模型和 BP-LSTM 混合神经网络模型分别进行了实例分析,得到负荷预测结果;最后,对三种短期负荷预测模型的性能进行了对比分析,验证了组合神经网络模型相比单一神经网络模型的预测效果更为优秀。

6.1 预测精度评价指标选取

智能电网短期负荷预测是对影响用电量的日期类型、时间序列、需求响应和气象等多种因素和历史负荷之间的关系构建数学模型,将获取的历史数据输入模型来预测未来负荷。在预测过程中,基础数据信息会存在不完备不准确的情况,数学模型只考虑了影响负荷的关键因素忽略了影响程度小的因素,在预测方法的选取上各类神经网络模型也都有自身的局限性,并且负荷预测所处的环境处于变化之中具有随机性,因此短期负荷预测的拟合负荷结果相较于实际负荷在数值上会有差异。这种差异就是负荷预测的误差,误差值体现了负荷预测的准确度,误差越大,说明拟合负荷值与实际负荷值相差越大,负荷预测的效果也就更差;误差越小,则负荷预测的精度越高。本著作选用的负荷预测模型精度评价指标见表 6-1。

表 6-1 负荷预测模型精度评价指标

评价指标	含义	计算方法
MSE	均方误差	$1/n \sum_{i=1}^{n}(\hat{y}_i - y_i)^2$
RMSE	均方根误差	$\sqrt{1/n \sum_{i=1}^{n}(\hat{y}_i - y_i)^2}$

(续)

评价指标	含义	计算方法
MAE	平均绝对误差	$1/n\sum_{i=1}^{n}|\hat{y}_i - y_i|$
SMAPE	对称绝对百分比误差	$100\% \times 1/n\sum_{i=1}^{n}|\hat{y}_i - y_i|/\left[(|\hat{y}_i|+|y_i|)/2\right]$
NSE	纳什效率系数	$1-\sum_{i=1}^{n}(\hat{y}_i - y_i)^2/\sum_{i=1}^{n}(y_i - \bar{y})^2$

表 6-1 中，n 代表负荷预测时点数；y_i 代表第 i 个负荷预测时点的实际负荷值；$\hat{y}_i$ 代表第 i 个负荷预测时点的拟合负荷值；$\bar{y}$ 代表所有实际负荷值的平均值。

MSE 是均方误差，通过对负荷预测误差进行求方差得到，对单个负荷预测时点误差计算平方和再求所有误差平方和的平均值。

RMSE 是均方根误差，对均方误差 MSE 进行开二次方根运算可以得到，均方根误差放大了拟合负荷值和实际负荷值之间的差距。当这项评价指标的数值较小时，说明单个负荷预测时点中少有极大误差或极小误差出现，可以对负荷预测效果进行整体性评价。

MAE 是平均绝对误差，对负荷预测时点的拟合负荷值和实际负荷值间的绝对距离进行求平均得到，可以反映负荷预测误差波动程度。

SMAPE 是对称绝对百分比误差，相比于绝对百分比误差 MAPE，SMPE 对于负荷预测误差精度的体现更为直观和准确。

NSE 是纳什效率系数，NSE 的取值范围为 $(-\infty,1]$，如何该指标数值小于 0，说明负荷预测模型的拟合效果不理想；该值等于 0，则拟合负荷结果均值与实际负荷均值相近；若该值等于 1，代表构建的模型所预测的拟合负荷与实际负荷相同，误差为零。

6.2 样本数据选择与预处理

6.2.1 样本数据选择

由第 2 章中的短期电力负荷预测理论和第 5 章中的负荷特性分析及影响因素甄别的研究可知，智能电网短期负荷预测的数据基础为气象数据、电价信息、日期类型、时间序列和历史负荷。根据负荷预测特点及所依赖的数据基础的特征，样本数据在选择上需要满足以下三点要求。

（1）选取的各类型样本数据体量要相一致。在短期负荷预测中，构建的神经网络模型对输入变量和输出变量有严格规定，即各类影响因素数据和历史负荷数据需要在时间精度和采样点数上相互匹配。

（2）选取的训练样本集和测试样本集应处于同一因素环境中。智能电网负荷水平受到地区经济发展、产业结构、气候环境和电价政策的综合影响，为了使基于训练样本集学习训练的神经网络预测模型能够在测试样本集中对负荷预测得更为准确，模型具有更好的适配性，就需要主动控制好两类样本所处的环境变量，减少外界因素突变产生的预测误差。

（3）选取的样本数据时间跨度应与神经网络的学习性能相适应。选择的样本数据体量过大，时间跨度过长，会导致神经网络模型训练的计算次数增加、学习效率降低、收敛速度放慢，从而拉长训练时间。如果选择的样本量选择过小则模型的学习数据基础不足会导致预测性能降低。所以，应该合理选取样本数据的时间跨度，在神经网络模型的预测性能和训练时长中达到平衡。

本著作以A省X市用电负荷为研究对象进行智能电网短期负荷预测的研究，基于样本数据选择的要求，选取了X市2020年10月、11月负荷数据作为模型的输出变量，收集同期的日期类型、气象数据和需求响应等8项因素数据作为模型的输入变量。每天负荷采样时间间隔为15min，一天的负荷采样时点数为96个，两个月有61天共5856条负荷数据，加上因素数据共构成9×5856原始数据矩阵序列。训练样本集作用是对短期负荷预测模型进行训练优化，测试样本集是用来对模型预测效果进行验证。由负荷特性分析可知，同一天上一时刻负荷值和前一天同一时刻负荷值是负荷预测的重要依据，测试集和训练集在时间上越接近负荷预测的精度就越高。因此，对总样本按照2/3和1/3的比例进行划分，将前41天负荷数据和影响因素数据作为训练样本集；从后20天中随机选取一天数据作为测试样本集，既满足了训练集和测试集在时间上的相近也满足了处于同一因素环境中的要求。

6.2.2 样本数据预处理

智能电网短期负荷预测中，所用到的历史负荷数据来源于电力数据采集系统的记录数据，由于数据在信息传输过程中会受到信号干扰或因电网设备运行出现问题导致收集的负荷数据存在缺失和不准确的情况。另外，根据第5章的分析，短期电力负荷存在周期性、节假日特性和季节性等特性，并且受到多因素影响，当电价、温度、降水等因素骤变会使负荷数据相应产生波动，出现异常值。通过气象系统获取的气象数据会因系统不稳定和环境变化产生坏数据。

第6章 智能电网短期负荷预测模型的验证

基于神经网络构建的短期负荷预测模型，其训练依赖于收集的原始数据基础，若原始数据中存在缺失数据和异常数据，缺失值使神经网络联想记忆性能减弱，异常值使神经网络的参数调整走向偏差陷入局部最优解，都会对模型训练优度产生影响，导致负荷预测的准确度降低。因此，在进行短期负荷预测模型训练和测试前，需要先对原始数据进行预处理，根据不同坏数据类型进行差别处理。

本著作的数据类型有日期类型、时点序列因素、气象因素、需求响应信号（DR 信号）这四类影响因素数据和历史负荷数据，所对应的数据异常类型和处理方式有以下五种。

1. 负荷数据的缺失值处理

通常对于原始数据中缺失值的处理方式有删除空值、计算所在列的中位数填充空值、计算所在列的平均数填充空值、相邻前值填充、相邻后值填充、零值填充这几种。历史负荷数据属于时间序列数据，采样时点相隔越近则负荷值越相似，所以对负荷数据中的空值应采用相邻值进行填充。短期电力负荷预测是基于前期时间的历史负荷对未来负荷进行预测，因此选择相邻前值填充的方式填补空值。

首先利用 python 的 isnull 函数对样本负荷数据中的空值进行查看，判断负荷序列中是否存在缺失值；然后通过 loc 函数定位缺失值所在的行；最后通过 fillna 函数和 method="ffill" 方法填补缺失值。

2. 气象数据的插值处理

从气象系统导出的气象数据有 24 个采样时点，时间间隔为 1h；而负荷数据的采样时点有 96 个，间隔为 15min，根据神经网络模型的训练要求，输入变量和输出变量在数据精度需要保持一致，所以为了使气象数据和负荷数据的采集密度相对应，应对气象数据作插值处理。气象数据在 1h 以内的数值变化不大，因此将小时数值作为每隔 15min 的数值进行插值填充。

3. 日期数据的量化处理

从第 5 章对负荷特性的分析可以看到，负荷曲线在工作日和双休日的变化规律呈现出不同特点，所以负荷预测分析中需要对两类数据进行差别标识。日期类型属于文本数据，而短期负荷预测神经网络模型识别的是数值型数据，因而需要对工作日和双休日进行数字化处理。对日期类型进行 One-Hot 编码，也就是 0—1 编码，将工作日标记为 0，双休日标记为 1。

4. 数据异常值处理

智能电网运行过程中电力系统设备发生故障会导致收集的负荷数据波动产生异常值，气候环境突变也会使得小部分气象数据产生极大或极小值，这些异常值存在于样本数据中会降低神经网络模型学习效果和预测准确度,因此需要对异常数据进行处理。对异常值的处理,通常的方法有视为删除异常值、替换为具体数值和视为缺失值处理,气象数据和负荷数据具有时间序列特质,因此不能进行删除,只能作替换处理。

替换之前,需要先对异常值进行识别,根据原始数据特征,当数据符合正态分布时,利用 3σ 原则判断异常值;不符合正态分布时,用箱型图分析处理。数据的正态分布判断标准为,统计量较小说明数据和正态分布拟合得比较贴切;P 值大于指定的显著性水平 0.05,则样本数据来自于服从正态分布的总体。经手动查看,发现样本数据的异常值相对孤立,即前后采样点数据不存在异常,在这种情况下,对异常值的替换通常采用前后两点的平均值进行赋值。在 Python 的具体操作中,首先采用 3σ 法检验样本数据的正态性,计算均值和标准差,运用 KS 检验发现不符合正态分布;接着利用 "boxplot" 绘制箱线图,通过直观的图形可视化对异常值进行初步查看,发现超出箱线图上下界的异常点较多,也证明了对气象数据和负荷数据作异常值处理的必要性;进而通过范围选定对异常值进行定位并赋值为前后两点平均值。

5. 数据归一化处理

气象数据包括温度、降水量、风速、能见度和相对湿度,负荷数据为用电量,时点序列数据为小时和分钟,日期类型数据有 0 和 1 两类,这些样本数据在数值上差别较大,单位上也存在区别。因此为了使这些因素数据和负荷数据有关联性分析的价值,需要对数据作归一化处理,以此保障神经网络模型对输入和输出数据的学习效果。数据标准化有极值法、Z-score 法和归一法三种方法,因样本数据存在超出取值范围的离群数据,所以选择 Z-score 标准差法来消除数据量纲。计算原理是将各序列采样点数据和序列均值之差再与序列方差求比率的结果作为去除单位影响后的样本数据。

短期负荷预测神经网络模型在训练和预测过程中使用的是作了归一化处理的样本数据,但在负荷预测完成后需要对模型输出结果进行反归一化,才能得到与原始负荷数据具有相同量纲的拟合负荷值,采用预测精度评价指标对模型进行预测效果分析才显得有意义。反归一化计算公式如下:

$$x_i = y_i s + \bar{x}, x_i \in (x_1, x_2, \cdots, x_n) \tag{6-1}$$

式中,x_i 为反归一化后的值;y_i 为归一化后的值;s 为序列方差;$\bar{x}$ 为序列均值。

6.3 预测过程及结果分析

基于前期选择的研究样本和经过预处理的数据，本节将利用选取的 A 省 X 市 2020 年 10 月、11 月前 41 天的历史数据训练 BP、LSTM、BP-LSTM 这三种神经网络模型，模型输入为通过灰色关联度分析提取的 8 项关键影响因素数据，模型输出为同期的历史负荷数据；接着从余下 20 天中随机选取 1 天进行短期负荷预测，将当天的影响因素数据输入训练完成的神经网络模型中，得到负荷预测结果。

6.3.1 BP 神经网络模型预测结果

在利用 BP 神经网络模型进行短期负荷预测时，首先要确定 BP 神经网络的结构并对各神经层的神经元节点数进行设定，本著作将 BP 神经网络模型的拓扑结构设置为输入层、单层隐含层和输出层，输入层由于有上一时刻负荷值、前一天同一时刻负荷值、温度、相对湿度、负荷转移量（DR 信号）、日期类型、风速和能见度共 8 项影响因素，每日 96 个采样时点共 41 天有 3936 条历史数据，所以输入层矩阵序列数据为 8×3936 条；隐含层神经元数目经过不断的尝试和调整，最终确定为 10 个时预测误差最小；输出层因输出数据为负荷数据序列，故输出序列数据为 1×3936 条。BP 神经网络模型结构见表 6-2。

表 6-2　BP 神经网络模型结构

神经网络模型	神经网络结构	个数	解释
BP 网络模型	输入层	8×3936	8 项影响因素的 41 天历史数据
	单层隐含层	10	神经元个数
	输出层	1×3936	41 天历史负荷数据

短期负荷预测的准确度不仅与神经元节点数相关，还受到相关训练参数取值的影响，本著作设置 BP 神经网络模型的训练步长为 1000，学习率为 0.0001，训练目标误差为 0.0001。在激活函数的选取上，因模型输入的影响因素数据和输出的负荷数据其数值大小超过 0，所以将 tansig 激活函数应用于输入层道隐含层的信息传递中，隐含层到输出层选择的是 logsig 激活函数。基于 BP 神经网络构建的短期负荷预测模型得到的负荷预测结果如图 6-1 所示。

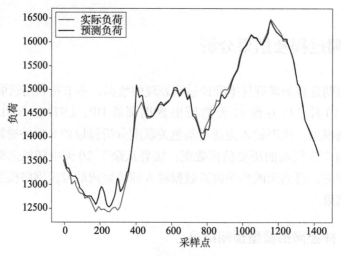

图 6-1 BP 神经网络模型负荷预测结果

6.3.2 LSTM 神经网络模型预测结果

本著作构建的 LSTM 神经网络模型结构包含输入层、单层隐含层和输出层，输入层矩阵序列数据同 BP 神经网络模型一致，为 8×3936 的数据集；输出层也为单序列的历史负荷数据，为 1×3936 的数据集；隐含层只设置了一层，神经网络模型的中间层层数适当增加虽然可以加强模型学习能力提高预测精度，但同时也会使模型变得更为复杂，中间层层数过多会导致模型训练难度增加影响预测精度，基于短期负荷预测研究样本的实际情况发现将隐含层设置为单层最为合适，经过多次测试最终确定隐含层神经元个数为 30 个。LSTM 神经网络模型结构见表 6-3。

表 6-3 LSTM 神经网络模型结构

神经网络模型	神经网络结构	个数	解释
LSTM 网络模型	输入层	8×3936	8 项影响因素的 41 天历史数据
	单层隐含层	30	神经元个数
	输出层	1×3936	41 天历史负荷数据

对于训练参数的设定，将允许的最大训练步数设置为 1000，期望误差设置为 0.0001，学习率设置为 0.0001，输入门和输出门都选用 Sigmoid 激活函数对数据信息进行计算输出。通过 Python 对模型进行训练和学习优化，得到训练完成的 LSTM 神经网络模型，将测试数据输入模型中，得到拟合负荷曲线。预测负荷与实际负荷的曲线走势如图 6-2 所示，可以看到，LSTM 神

经网络模型的负荷预测结果与实际负荷是比较接近的。

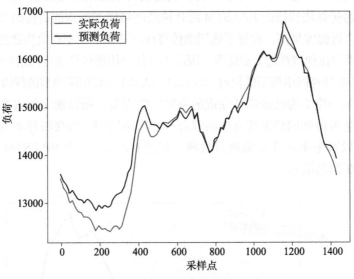

图 6-2 LSTM 神经网络模型预测结果

6.3.3 BP-LSTM 神经网络模型预测结果

构建 BP-LSTM 神经网络模型的关键环节是计算 BP 神经网络模型和 LSTM 神经网络模型这两个单一模型在组合模型中所占的权重比例，在第四章对权重确定方法进行了分析，有权重平均法、最优加权法、方差倒数法和遗传算法。本小节根据四种方法分别计算了 BP 和 LSTM 单项模型的权值，构建了四种不同组合模式的 BP-LSTM 神经网络模型，从样本数据划分的测试数据集，即 X 市后 20 天的历史数据中随机选取 1 天利用四种模型分别进行负荷预测，共预测了 7 次，用到了 7 天的历史数据。对于四种权重计算方法确定的四种 BP-LSTM 神经网络组合模型，将前面 7 次负荷预测计算得到的各项单一模型权值的平均值分别作为各种模型中单项模型的权重，具体结果见表 6-4。

表 6-4 BP-LSTM 神经网络模型权重确定

权重计算方法	BP 神经网络模型的权值	LSTM 神经网络模型的权值
权重平均法	0.5	0.5
最优加权法	0.651	0.349
方差倒数法	0.587	0.413
遗传算法	0.7023	0.2977

对于这四种权重比例，分别构建了相应的组合神经网络模型，然后将样本数据输入四类模型中进行分别预测，将得到的负荷预测结果与实际负荷进行比较，发现基于遗传算法构建的 BP-LSTM 混合神经网络模型得到的负荷曲线与实际负荷曲线拟合近似度最高，验证了选用遗传算法计算单一模型权值构建的短期负荷预测组合模型在预测性能上更优秀。因而本著作采用遗传算法进行组合模型构建，计算得出 BP 神经网络模型的权值为 0.7023，LSTM 神经网络模型的权值为 0.2977。

由于单一模型为已经训练完成的神经网络模型，所以确定权重之后直接进行加权组合可得到同样训练完成的混合神经网络模型，直接将样本数据输入模型中就可以对未来短期负荷进行预测。如图 6-3 所示，为 BP-LSTM 神经网络模型的负荷预测结果。

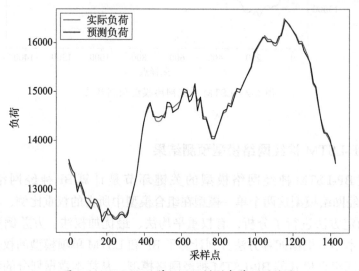

图 6-3　BP-LSTM 神经网络模型负荷预测结果

6.4　模型预测效果对比分析

本节对 BP 神经网络模型、LSTM 神经网络模型和 BP-LSTM 神经网络模型三种模型的短期负荷预测效果进行对比分析。基于上节得到的三种模型的负荷预测结果，计算其与实际负荷之间的差距，结合预测精度评价指标对预测误差进行多方位分析，以此评判三种神经网络模型的预测效果。对短期负荷预测组合模型和单一模型的预测性能进行比较，以验证混合神经网络模型相比单一神经网络模型对预测精度提升的有效性。

6.4.1 三种神经网络模型预测效果

1. BP 神经网络模型预测效果

为了对 BP 神经网络模型得到的预测负荷与实际负荷间的误差进行量化分析，选用了相关预测效果评价指标，包括均方误差（MSE）、均方根误差（RMSE）、平均绝对误差（MAE）、对称绝对百分比误差（SMAPE）和纳什效率系数（NSE）这五类误差分析指标，计算短期负荷预测误差分析 BP 神经网络模型的预测效果。BP 神经网络模型中各类预测效果评价指标的大小见表 6-5。

表 6-5　BP 神经网络模型预测效果评价值

神经网络模型	MSE	RMSE	MAE	SMAPE	NSE
BP 网络模型	103.47	11.1478	6.798	0.348%	0.9981

根据结果可知绝对百分比误差 SMAPE 值为 0.348%，处于目标误差允许的范围内，说明 BP 神经网络模型得到的预测负荷曲线与实际负荷曲线拟合得比较好，预测效果较为理想。BP 神经网络模型预测误差与回归分析情况如图 6-4 所示。

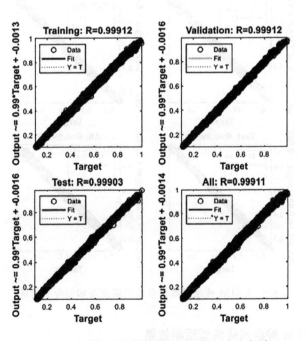

图 6-4　BP 神经网络模型预测误差与回归分析情况

从图 6-4 中可以看出，BP 神经网络模型经过 5 代参数调整可以达到目标误差，拟合优度 R 值为 0.999，说明基于 BP 神经网络构建的短期负荷预测模型可以对未来短期负荷进行较为准确的预测。

2. LSTM 神经网络模型预测效果

针对 LSTM 神经网络模型得到的拟合负荷结果，通过预测精度评价指标计算预测误差，对模型性能进行效果分析。LSTM 神经网络模型预测效果评价值见表 6-6，从表中可以看到，采用 LSTM 神经网络模型进行短期负荷预测产生的绝对百分比误差大小为 0.383%，低于期望误差，说明模型预测得较为准确。

表 6-6 LSTM 神经网络模型预测效果评价值

神经网络模型	MSE	RMSE	MAE	SMAPE	NSE
LSTM 网络模型	118.39	11.2314	7.345	0.383%	0.9987

LSTM 神经网络模型预测误差与回归分析情况如图 6-5 所示，LSTM 神经网络模型经过 2 代学习优化可以完成模型修正，得到与实际负荷值较为接近的拟合负荷，拟合优度 R 值为 0.999，拟合效果不错。

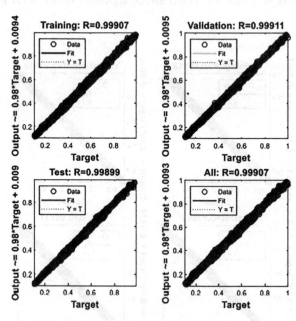

图 6-5 LSTM 神经网络模型预测误差与回归分析情况

3. BP-LSTM 神经网络模型预测效果

BP-LSTM 神经网络模型进行短期负荷预测的预测效果评价值见表 6-7，

各类预测误差值均满足目标误差要求，预测精度评价指标中对称绝对误差 SMAPE 值比较小，只有 0.3448%；从混合神经网络模型的负荷预测结果图中也可以看到，估计负荷值与实际负荷值非常接近，两条曲线高度重合，说明组合模型的预测性能较好，预测精度满足智能电网短期负荷精细化预测的要求。

表 6-7 BP-LSTM 神经网络模型预测效果评价值

神经网络模型	MSE	RMSE	MAE	SMAPE	NSE
BP-LSTM 网络模型	101.87	10.4359	6.423	0.3448%	0.9976

6.4.2　组合模型与单一模型预测效果对比

BP 神经网络模型和 LSTM 神经网络模型两种单一模型的预测性能相比较，BP 神经网络在短期负荷预测中的表现会相对好些。从两类神经网络模型的预测结果图中可以看到，采用 BP 网络模型进行短期负荷预测得到的拟合负荷曲线与实际负荷曲线重合度更高，差异点的距离更小；从预测效果评价指标计算值来看，BP 网络模型进行预测产生的各类预测误差值都更小，比如 BP 的对称绝对误差 SMAPE 为 0.348%，小于 LSTM 的 0.383%，预测误差越小，说明拟合负荷与实际负荷在数值上更为接近，预测效果越好。可见，在基于神经网络构建的短期负荷预测单一模型中，BP 神经网络模型的预测精度比 LSTM 神经网络模型高。

BP-LSTM 组合神经网络模型同单一神经网络模型的预测效果对比，组合模型与单一模型预测效果评价值对比见表 6-8，表中 BP-LSTM 神经网络模型的各项预测误差，包括均方根误差、平均绝对误差等在数值上都要低于两个单一模型，说明组合模型的负荷预测值与真实负荷值有较高的拟合程度，在负荷的高峰时段和低谷时段，预测的准确度也较为理想。

表 6-8 组合模型与单一模型预测效果评价值对比

神经网络模型	MSE	RMSE	MAE	SMAPE	NSE
BP 网络模型	103.47	11.1478	6.798	0.348%	0.9981
LSTM 网络模型	118.39	11.2314	7.345	0.383%	0.9987
BP-LSTM 网络模型	101.87	10.4359	6.423	0.3448%	0.9976

综上，基于神经网络构建的短期负荷预测组合模型相比单一模型，可以对历史负荷数据与影响因素数据中的有效信息进行更全面的挖掘和分析，弥补了各项单一模型对负荷特性规律把握不准或对数据关联系分析不足的缺点，得到的负荷预测值对于电力系统资源调度和电网协调规划具有实用参考价值。

6.5 本章小结

本章基于收集的气象、日期类型、需求响应等影响因素数据和历史负荷数据，对数据进行了缺失值填充、异常值更正和标准化处理的工作，并结合第5章构建的智能电网短期负荷预测模型，对模型预测性能进行了实例分析。通过BP神经网络、LSTM神经网络和BP-LSTM组合神经网络这三种模型预测效果的对比分析，一是验证了灰色关联度分析法能够有效地提取短期负荷预测的关键影响因素，这是提升模型预测精度的先决要素；二是证明了采用遗传算法计算单项模型权重系数，以此为基础构建组合模型对电力负荷预测得更为准确；三是验证了混合神经网络模型相比于单一神经网络模型，可以实现信息利用最大化，有效弥补单项预测模型的缺陷，从而提高负荷预测精度，也体现了本著作研究的价值所在。

第7章 智能电网中长期负荷预测模型构建

以第2章中的电力需求预测相关理论为基础，本章目标是构建单因素条件下的中长期电力负荷需求预测模型和多因素条件下的电力负荷需求预测模型。首先，在对电力负荷预测影响因素的理论分析基础上，结合电力公司实际情况及运用灰色关联度分析，挖掘与电力负荷预测相关的气象、经济因素并进行提取；其次，阐述了灰色模型GM（1,1）的建模机理，说明了其在单因素条件下构建中长期电力负荷预测中的适用性，明确了中长期电力负荷预测模型的建模原则，确定了使用灰色模型GM（1,1）构建单因素条件下的中长期电力负荷需求预测模型。最后，提出GM（1,1）在多因素条件下的不适用性，并对模型进行改进优化，提出使用灰色模型GM（1, n）构建多因素条件下的中长期电力负荷需求预测模型。本章工作为第8章的实例验证提供了模型基础。

7.1 中长期负荷预测影响因素的提取

7.1.1 中长期负荷特性分析

电力系统是一个周期性和不确定性都很强的系统，电力需求预测是根据负荷或电量相关历史资料，使用适宜的方法预测未来负荷或电量的值。由于电力需求预测与多方面因素有着复杂关系，单纯从电力系统或电力负荷本身出发，很难掌握需求变化的真实规律。针对电力需求受多方面因素影响的特点，有效地了解负荷的特性，掌握其主要因素的特点及其对电力需求的影响程度；知悉电力需求预测本质，对提高电力需求预测的准确度有着重要的意义。而实际中，并不能将电力需求的众多影响因素全部统筹考虑，因此，挖掘众多电力负荷影响因素中主要影响因素的关联关系，并筛选出关键因素指标，对揭示电力需求规律有着很重要的价值。

中长期的电力需求预测主要是以年为单位的电力需求预测，GDP、产业结构调整、居民生活水平提高、总人口、需求侧管理等因素都在长期电力需求预测的考虑范围之内。中期的电力需求预测主要是以年为单位的电力需求预测，其影响因素的构成同时具有长期预测与短期预测影响因素的特点，且中期的电力预测影响因素与长期的电力预测影响因素有基本保持一致，又基于先前许多学者的研究文献中基本没有将中期的电力需求预测影响因素单列出来讨论，基本都是与长期的电力需求预测影响因素结合在一起进行讨论，故本著作在此将长期的电力需求预测影响因素与中期的电力需求预测影响因素合并讨论。中长期的电力需求预测的影响因素主要包括以下几个方面。

（1）经济发展。电力需求依附于经济的发展，当经济增长缓慢时，电力需求增长速度随之下降；当经济好转时，电力需求增长较快，用电水平随之增高，用电量也增多。因此经济因素被认为是电力需求的最重要决定因素。经济增长及其对人们生活的影响，是促进电力消费增长的重要动力，决定着用电需求的增长速度。分析电力需求与经济社会发展之间的数量关系，正确预测电力需求，既是为经济社会发展提供充足电力的需要，也是供电公司自身制定科学电力发展规划，健康发展的需要。通过对电力需求与经济社会发展的互动分析，有助于准确把握电力需求的增长趋势，为社会的经济健康发展提供可靠依据。一般而言，一个地区的总体经济发展水平通常用国内生产总值 GDP 来表示。本著作主要考虑 GDP 总量和人均 GDP 对中长期电力需求预测的影响。

（2）产业结构。伴随产业结构的调整，各行业的用电结构也随之改变，产业结构因其用电比例的变化影响着电力系统负荷变化。以 Y 市 2020 年统计数据为例，第一产业 157.2 亿元、第二产业 438.55 亿元、第三产业 493.03 亿元，GDP 中三大产业结构比例为 14.44∶40.28∶45.28，相较于 2019 年 GDP 中的三大产业的结构比例 11.63∶46.86∶41.51。其中第三产业所占比重保持较快的增长速度，第一产业则相对较慢的增长，而第二产业有了下降的趋势。由于产业结构有了相对明显的变化，各产业用电量，也会相应地发生变化。通过对 2019 年至 2020 年三大产业结构比例与三大产业用电量变化的对比分析。我们将得到的预期结果：受第二产业高能耗行业的下降，其用电量会相对减少；而第三产业在用电量增加较少的同时产生了较大的生产总值，GDP 用电单耗相比于第二产业能耗明显降低。其中用电量与 GDP 的比值为国民经济用电单耗，是体现经济增长与用电需求之间关系的一个指标，反映了该地区在特定发展阶段的电能消费特点，电能利用水平及效率。本著作主要将第二产业和第三产业的占比以及第二产业、第三产业增加值作为中长期电力需求预测的重点考虑因素。

（3）居民收入与消费观转变。收入和生活水平的提高与经济发展水平密切相关,家用电器普及率是反映城市式生活水平的重要指标。随着高耗电家用电器的推广及普及,居民生活电力需求的增长将加快;随着科技水平的不断提高,家用电器的耗电性能会不断改进,这样,家用电器的更新换代,将会对居民生活电力需求周期波动产生很大影响。如20世纪80年代到90年代中期,冰箱、彩电、洗衣机的普及和更新换代使居民生活电力需求增长表现出一定的规律;90年代后期至今,空调、电热水器及微波炉等电炊具的推广和更新换代,使居民生活电力需求增长进一步加快,然而在此经济发展阶段的家用电器推广并不如前一阶段快,此阶段出现的家用电器用能也面临与其他能源之间的竞争,导致这一阶段的居民生活电力需求增长速度下降、不确定性也增强。本著作将安康市人均收入作为中长期电力需求预测的影响因素之一进行分析。

综上所述,本著作初步选取了8种中长期电力负荷需求预测的影响因素,见表7-1。

表7-1 中长期电力负荷需求预测影响因素表

因素序号	影响因素		单位
1	经济发展	GDP总量	亿元
2		人均GDP	元
3	居民收入与消费观转变	人均收入	元
4	产业结构	第二产业占比	(%)
5		第三产业占比	(%)
6		第三产业增加值	亿元
7		第三产业增加值	亿元
8	历史负荷数据	上一年电力负荷数据	万kW·h

7.1.2 中长期电力负荷预测影响因素的初步提取

1. 灰色关联度分析法在关键影响因素提取中的适用性分析

由于大数据的产生范围很广,形式也比较多样,它们之间的关系也比较复杂,所以要对这些复杂的数据库进行处理和分析,就会变得很困难,而要解决这些问题,就必须从数据的内部关系和客观的发展规律入手。在数据抽取时,需要对数据进行审核,以消除冗余的数据,增加数据的准确性及可靠性。利用数据挖掘技术对数据样本进行信息化处理，找出隐藏的内在关联，进而指导未来的发展方向；大数据分析技术更注重对关联关系的分析与挖掘，能够有效地将结构数据和非结构数据用于算法的研究。电力大数据相较于以往的数据挖掘技术，同时具有结构化和其他方面的内容，这就使得电力大数据的分析变得更加复杂和精准。

灰色关联度分析法则实现数据挖掘目的的方法之一，其通过定量描述参考序列和比较序列之间的关系，从而确定比较序列中对于参考序列影响较大的因素。各因素与参照参考曲线间的关系密切：曲线越接近，相关因素之间的相关性越大，反之相关因素之间的相关性越低[77]。因此，灰色关联度分析可以通过计算影响短期电力负荷预测的几个因素之间的相关性来确定短期电力负荷需求预测的关键影响因素。同样，利用灰色关联度分析法对中长期电力负荷预测的 8 种基本影响因素进行排序，根据关联度的大小确定出影响中长期电力负荷需求的关键因素。

在本著作中，对于短期电力需求预测来说，选取 A 省 Y 市 2021 年 6～8 月的负荷数据 $x_0=(x_0(1), x_0(2),\cdots, x_0(n))$ 为参考序列。其中第 1 个时刻的值为 $x_0(1)$，第 2 个时刻的值为 $x_0(2)$，第 k 个时刻的值为 $x_0(k)$。选用的比较序列及影响因素指标包括：x_1，x_2，x_3，x_4，x_5，$\cdots$，类似于参考序列 x_0 的表示方法，有 $x_i=(x_i(1), x_i(2),\cdots, x_i(n))$，$i$=1, 2, $\cdots$, n。对于中长期的电力需求预测来说，选取 A 省 Y 市 2017—2021 年的年电力负荷总量 $(x_0(1), x_0(2),\cdots, x_0(n))$ 为参考序列。其中 2017 年的年总负荷量为 $x_0(1)$，2018 年的年总负荷量为 $x_0(2)$，2019 年的年总负荷量为 $x_0(3)$，2020 年的年总负荷量为 $x_0(4)$，2021 年的年总负荷量为 $x_0(5)$。选用的比较序列及影响因素指标包括：x_1，x_2，x_3，x_4，x_5，$\cdots$，类似于参考序列 x_0 的表示方法，有 $x_i=(x_i(1), x_i(2),\cdots, x_i(n))$ i=1, 2, $\cdots$, n。构建序列矩阵如下：

$$\left[x_0(n), x\right] = \begin{bmatrix} x_0(1) & \cdots & x_i(1) \\ \vdots & \ddots & \vdots \\ x_0(n) & \cdots & x_i(n) \end{bmatrix} \quad (7\text{-}1)$$

灰色关联度分析步骤如下：

（1）无量纲化。在计算关联系数之前，需要先将数列作初始化处理。对数据进行无量纲化处理可以减少因不同因素不同数据量纲而产生的识别分析误差。经典的灰色关联度分析法常采用极值化或均值化处理，即

$$x_i^{'}(k)=\frac{x_i(k)-x_i^{\min}(k)}{x_i^{\max}(k)-x_i^{\min}(k)} \quad i=0,1,2,\cdots,7; k=1,2,\cdots,n \quad (7\text{-}2)$$

（2）求差序列。各个时刻x_i和x_0的绝对差为

$$\Delta i=\left|x_0^{'}(k)-x_i^{'}(k)\right|, i=1,2,\cdots,7 \quad (7\text{-}3)$$

式中，k 为各个数据点；$x_0^{'}(k)$ 为第 i 个参考序列在 k 点的数据值；$x_i^{'}(k)$ 为第 i 个比较序列在 k 点的数据值；Δi 为第 i 个参考序列与第 i 个比较序列在 k 点数据差值的绝对值。

（3）求两级最小差和两级最大差：

$$\min(\Delta i(\min))=\min\left(\min\left|x_0^{'}(k)-x_i^{'}(k)\right|\right) \quad (7\text{-}4)$$

$$\max(\Delta i(\max))=\max\left(\max\left|x_0^{'}(k)-x_i^{'}(k)\right|\right) \quad (7\text{-}5)$$

式中，$\min\left(\min\left|x_0^{'}(k)-x_i^{'}(k)\right|\right)$ 为 Δi 的最小值；$\max\left(\max\left|x_0^{'}(k)-x_i^{'}(k)\right|\right)$ 为 Δi 的最大值。

（4）计算关联系数。将数据代入关联系数计算公式，得

$$\xi_i(k)=\frac{\min(\Delta i(\min))+0.5\max(\Delta i(\max))}{\left|x_0^{'}(k)-x_i^{'}(k)\right|+0.5\max(\Delta i(\max))} \quad (7\text{-}6)$$

式中，$\xi_i(k)$ 为第 i 个参考序列与第 i 个比较序列在 k 点的关联系数；0.5 为分辨系数。

（5）根据关联系数求出关联度。根据关联系数求关联度的一般表达式为

$$r_i=\frac{1}{N}\sum_{i=1}^{N}\xi_i(k) \quad (7\text{-}7)$$

式中，r_i 为第 i 个参考序列与第 i 个比较序列的灰色关联度。

关联度越接近 1，表明两数列之间的关联程度越大。

2. 电力负荷需求预测影响因素样本数据预处理

选取 GDP 总量以及人均 GDP、上一年电力负荷、人均收入、第二、第三产业占比及增加值这类中长期电力负荷影响因素作为参考序列；比较序列为安康市 2017—2021 年每年的电力总负荷数据。部分原始数据如图 7-1 和图 7-2 所示。

2021 年 6 月份 Y 市负荷电量情况

日期	最大负荷	最小负荷	平均负荷	峰谷差	负荷率
1	745.86	382.16	565.11	363.70	75.77
2	777.13	344.15	566.39	432.98	72.88
3	676.08	342.04	516.20	334.04	76.35
4	712.59	347.38	537.27	365.21	75.40
5	758.23	338.10	563.54	420.13	74.32
6	810.47	372.91	596.23	437.56	73.57
7	832.16	402.91	622.08	429.25	74.75
8	897.48	406.53	636.89	490.95	70.96
9	704.48	396.71	547.19	307.77	77.67
10	775.07	343.09	573.78	431.98	74.03
11	787.43	365.69	613.94	421.74	77.97
12	730.10	363.52	568.82	366.58	77.91
13	732.55	371.76	577.31	360.79	78.81
14	682.74	345.51	545.71	337.23	79.93
15	769.09	350.58	569.79	418.51	74.09
16	776.39	398.54	581.53	377.85	74.90
17	620.16	343.22	484.18	276.94	78.07
18	607.87	364.69	496.56	243.18	81.69
19	628.58	388.51	507.02	240.07	80.66
20	626.65	372.43	496.11	254.22	79.17
21	626.98	319.70	471.55	307.28	75.21
22	718.52	324.72	517.53	393.80	72.03
23	746.29	368.17	559.95	378.12	75.03
24	753.08	371.18	563.20	381.90	74.79
25	615.48	361.85	495.20	253.63	80.46
26	573.26	353.02	468.52	220.24	81.73
27	604.83	336.45	466.99	268.38	77.21
28	684.95	339.49	520.38	345.46	75.97
29	764.08	377.74	549.00	386.34	71.85
30	767.46	356.50	563.47	410.96	73.42

图 7-1　A 省 Y 市部分历史负荷数据

原始数据来源于 Y 市供电公司电力系统收集到的 Y 市历史电力负荷数据和气象系统获取的气象数据以及 Y 市统计局发布的国民经济和社会发展统计公报中的公开数据。由于系统波动的原因，存在不良数据会影响到影响因素的排序及电力负荷预测的结果，因此本著作采用数据挖掘技术方法对经过数据作异常数据检测并进行修正。

对于负荷数据和气象数据中的缺失值，采用相邻时点负荷数据的平均值进行补充。由于能见度、风速等历史气象数据随着时间流逝会存在缺失或是不准确的问题，就对其填充相邻时点的同类型数据的平均值。例如 7 月 9 日的能见度数据存在缺失，故采用 7 月 8 日与 7 月 10 日的能见度数据取平均值补充至 7 月 9 日的能见度数据中。针对异常值的处理，采用 3σ 法和箱线图法进行识

第7章 智能电网中长期负荷预测模型构建

别，并用各因素序列的平均值替换异常值。

负荷数据与风速、降水量等气象数据以及第二、第三产业占比、城镇化率等百分比数据的量纲和单位不一致，采用极值法作数据归一化处理：

$$y^i = \frac{x^i - \bar{x}}{s}, x^i \in (x_1, x_2, \cdots, x_n) \tag{7-8}$$

式中，$\bar{x}$ 为序列 $(x_1, x_2, \cdots, x_n)$ 的均值；s 为序列 $(x_1, x_2, \cdots, x_n)$ 的方差。

Y市中长期电力负荷影响因素原始数据

时间	月负荷	上一年同月负荷	上一月负荷	三产占比	GDP	二产占比	温度	风速
2019.1	862.02	726.09	760.48	0.39	82.58	0.52	4.52	2.17
2019.2	727.78	770.96	862.02	0.39	82.58	0.52	5.74	2.64
2019.3	545.10	453.65	727.78	0.39	82.58	0.52	12.57	2.47
2019.4	473.64	401.38	545.10	0.30	111.89	0.60	18.71	2.90
2019.5	449.19	388.02	473.64	0.30	111.89	0.60	20.84	2.59
2019.6	453.95	487.17	449.19	0.30	111.89	0.60	24.37	2.45
2019.7	487.87	573.92	453.95	0.32	107.29	0.58	26.96	2.60
2019.8	578.61	601.40	487.87	0.32	107.29	0.58	27.41	2.91
2019.9	423.06	438.80	578.61	0.32	107.29	0.58	21.44	2.47
2019.10	410.29	465.65	423.06	0.68	92.26	0.13	15.92	2.18
2019.11	558.02	604.18	410.29	0.68	92.26	0.13	11.16	2.25
2019.12	756.93	760.48	558.02	0.68	92.26	0.13	6.19	2.03
2020.1	754.71	862.02	756.93	0.50	74.83	0.38	5.04	2.05
2020.2	537.26	727.78	754.71	0.50	74.83	0.38	8.67	2.16
2020.3	474.05	545.10	537.26	0.50	74.83	0.38	12.92	2.26
2020.4	436.23	473.64	474.05	0.43	97.65	0.44	16.11	2.31
2020.5	442.33	449.19	436.23	0.43	97.65	0.44	22.40	2.65
2020.6	450.11	453.95	442.33	0.43	97.65	0.44	25.37	2.42
2020.7	476.24	487.87	450.11	0.45	100.61	0.43	25.81	2.39
2020.8	569.94	578.61	476.24	0.45	100.61	0.43	27.63	2.85
2020.9	454.67	423.06	569.94	0.45	100.61	0.43	22.61	2.34
2020.10	421.17	410.29	454.67	0.44	89.84	0.35	15.56	1.86
2020.11	569.48	558.02	421.17	0.44	89.84	0.35	11.61	2.04
2020.12	799.16	756.93	569.48	0.44	89.84	0.35	4.57	1.91
2021.1	835.21	754.71	799.16	0.50	84.18	0.38	5.10	2.12
2021.2	602.63	537.26	835.21	0.50	84.18	0.38	9.26	2.33
2021.3	533.29	474.05	602.63	0.50	84.18	0.38	13.24	2.60
2021.4	428.09	436.23	533.29	0.43	108.22	0.45	16.08	2.44
2021.5	477.81	442.33	428.09	0.43	108.22	0.45	22.44	2.60
2021.6	544.71	450.11	477.81	0.43	108.22	0.45	25.15	2.40
2021.7	606.64	476.24	544.71	0.46	107.33	0.43	28.23	2.72
2021.8	580.31	569.94	606.64	0.46	107.33	0.43	25.44	2.37
2021.9	485.93	454.67	580.31	0.46	107.33	0.43	23.51	2.28

图7-2 A省Y市中长期电力负荷影响因素部分原始数据

7.1.3 中长期电力负荷预测关键影响因素的甄别

对于中长期的电力负荷预测而言，本著作初步选取的主要因素有：GDP 总量、人均 GDP、人均收入、上一年负荷、第二产业占比、第三产业占比、第二产业增加值、第三产业增加值这 8 个长期电力需求预测影响因素，作为比较序列；参考序列为 2017 年至 2021 年年度电力负荷数据。Y 市电力需求与各影响因素的灰色关联度大小关系如图 7-3 所示。

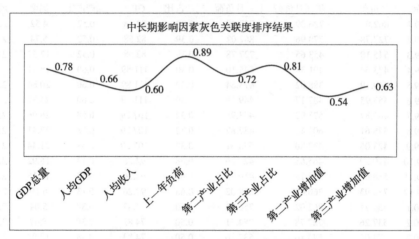

图 7-3 中长期影响因素灰色关联度排序图

根据图 7-3 中灰色关联度分析结果，Y 市中长期电力需求预测影响因素按关联度大小排序为：上一年负荷值＞第三产业占比＞GDP 总量＞第二产业占比＞人均 GDP＞第三产业增加值＞人均收入＞第二产业增加值，这一结果与理论分析具有一定程度的相似性。其中，上一年负荷对用电负荷的影响程度最高，符合实际生活情况认知。其次随着经济的迅速发展，第二、第三产业在城市中的地位愈发显得举足轻重，在考虑电力负荷的影响因素时，也需要将该因素纳入进去。同时，GDP 总量与电力负荷程度也存在着较强的相关关系。因此，提取上一年负荷、第三产业占比、GDP 总量、第二产业占比、人均 GDP 五项影响因素作为中长期电力需求预测的关键影响因素，作为负荷预测模型的输入变量。第三产业增加值、人均收入、第二产业增加值三个影响因素的关联度较低，对负荷的影响因素较小，为了保证负荷预测的精度和准确性，不纳入电力需求预测模型的输入变量中。

7.2 灰色预测模型在中长期电力负荷预测模型中的适用性分析

灰色系统理论将系统分为白色系统、黑色系统以及灰色系统三种。"白系统"指系统的信息是完全公开的，比如一个稳定的电路图，很容易判断出这个电阻的阻值为多少，这样的系统就是白色系统；信息完全不知道的系统称为"黑系统"，比如说我们无法肉眼可见的看到一颗石头的重量密度以及包含成分，这样的系统就是黑色系统；介于知道与不知道之间的就是"灰系统"，比如电网系统，我们知道它发电的机组数，整个电网的容量大小，发电能力，损耗电能的电器以及耗电量的多少，但是诸如天气、温度、政策、智能经济变化等等这些能对负荷造成影响的外界因素，我们是没办法确切知道的，因此，电力负荷系统就是一个"灰系统"。

中长期电力系统负荷预测的特点具体表现在以下几个方面：

首先，体现在样本数量上。中长期预测通常以季度或年度为基础收集数据，这导致样本量小。从经验上看，可以用来代表电力负荷变化规律的可用负荷的数据样本非常少，通常不到15年，大多是10～15年，有些不到10年，鉴于缺乏统计工具和统计手段的误差，有用的样本数量更少。在进行中长期预测时，尽量避免选择如神经网络这样需要大量样本数据的模型，最好选择对样本数据量无要求或要求数量较少的模型进行中长期电力负荷需求预测。

其次，与短期负荷预测不同，决策者希望通过中长期负荷预测来获得更好的信息，以用于新电厂和变电站的安装、电网规划、区域传输规划等。

最后，中长期负荷预测需要从定性和定量两方面分析系统，确保预测结果的可靠性。中长期负荷预测结果对于系统规划和运营计划具有重要指导作用。在对电力系统的电力负荷进行建模预测时，需要仔细分析系统的特性，一方面是为了提高模型的稳定性，同时也是为了减少模型的预测误差。

从长远来看，我国电网系统的负荷量不仅呈现出逐年递增的趋势，同时又呈现出随机性的非稳定特征，因而可被看作是一个适用于灰色模型的典型灰色系统。基于中长期电力负荷需求预测样本数据的这些特点，本著作选取了基于灰色模型 GM（1,1）构建电力负荷需求预测模型对电力中长期电力负荷进行预测。

7.3 单因素条件下的中长期电力负荷需求预测模型构建

7.3.1 单一模型选取原则

在传统建模中，建模是为一系列数值创建微分方程；而在灰色模型中，建模是先生成一系列数据，然后创建微分方程。若一组样本数据序列是离散且无规律的，则被称作灰色序列，灰色模型则是对于灰色序列构建微分方程。

灰色理论中建模的基本原理基本如下：

（1）随机量可以作为灰色量来对待，其在一定范围变化。而随机过程又是灰色过程的一种体现，它在一定范围、一定时区内变化。

（2）历史数据的规律性不清晰，经过累加生成处理后，得到具有指数增长规律的上升形状的新数列，由于一阶微分方程的解是指数增长形式，所以可对新数列建立微分方程模型。灰色模型实质上是对生成数列建立模型。

（3）通过对数据采取不同生成方式，采用不同的筛选手段，建立不同级别的残差 GM 模型，使预测结果的精度得到有效调整、修正和提高。

（4）灰色理论采用 GM（1，n）模型来实现对高阶系统的建模任务。

（5）GM 模型所得的结果必须进行累减生成，还原后的数据才有参考意义。

7.3.2 基于灰色模型的电力负荷需求预测模型构建

GM（1，1）模型是由单变量构成的一阶微分方程所构成的模型，它是灰色模型中应用最广泛的模型，是 GM（1，n）模型在 $n=1$ 时的特例。GM（1，1）模型是在电力负荷预测领域被采用，而且结果在一定程度上具有参考价值。

GM（1，1）模型的建立只需要一组原始数据序列 $x^{(0)}$。设原始序列 $x^{(0)}$ 为

$$x^{(0)} = \left[x^{(0)}(1), x^{(0)}(2), \cdots, x^{(0)}(n) \right] \quad (7\text{-}9)$$

对序列 $x^{(0)}$ 作 1-AGO 处理，得累加生成序列：

$$x^{(1)} = \left[x^{(1)}(1), x^{(1)}(2), \cdots, x^{(1)}(n) \right] \quad (7\text{-}10)$$

式中：

$$x^{(1)}(k) = \sum_{i=1}^{k} x^{(0)}(i) \quad (k=1,2,\cdots,n)$$

新序列 $x^{(1)}$ 满足下述一阶线性微分方程，即

$$\frac{\mathrm{d}x^{(1)}}{\mathrm{d}t} + ax^{(1)} = u \tag{7-11}$$

式中 $x^{(1)}$ 取相邻两个时刻的均值，即作均值生成

$$x^{(1)}(k) = \frac{1}{2}\left[x^{(1)}(k) + x^{(1)}(k+1)\right] \tag{7-12}$$

$\dfrac{\mathrm{d}x^{(1)}}{\mathrm{d}t}$ 按照导数的定义，可以推出如下公式：

$$\frac{\mathrm{d}x^{(1)}}{\mathrm{d}t} = x^{(0)}(k+1) \tag{7-13}$$

将公式展开，以矩阵形式表达，有

$$\begin{bmatrix} x^{(0)}(2) \\ x^{(0)}(3) \\ \vdots \\ x^{(0)}(n) \end{bmatrix} = \begin{bmatrix} -\frac{1}{2}\left[x^{(1)}(1) + x^{(1)}(2)\right] & 1 \\ -\frac{1}{2}\left[x^{(1)}(2) + x^{(1)}(3)\right] & 1 \\ \vdots \\ -\frac{1}{2}\left[x^{(1)}(n-1) + x^{(1)}(n)\right] & 1 \end{bmatrix} \begin{pmatrix} a \\ u \end{pmatrix} \tag{7-14}$$

为简单起见，即为

$$\boldsymbol{Y}_n = \boldsymbol{B}\boldsymbol{A}$$

式中 $\boldsymbol{Y}_n = \begin{bmatrix} x^{(0)}(2) \\ x^{(0)}(3) \\ \vdots \\ x^{(0)}(n) \end{bmatrix}$，$\boldsymbol{B} = \begin{bmatrix} -\frac{1}{2}\left[x^{(1)}(1) + x^{(1)}(2)\right] & 1 \\ -\frac{1}{2}\left[x^{(1)}(2) + x^{(1)}(3)\right] & 1 \\ \vdots \\ -\frac{1}{2}\left[x^{(1)}(n-1) + x^{(1)}(n)\right] & 1 \end{bmatrix}$，$\boldsymbol{A} = \begin{pmatrix} a \\ u \end{pmatrix}$ (7-15)

采用最小二乘法求解参数 a、u 得：

$$\widehat{\boldsymbol{A}} = \left(\boldsymbol{B}^{\mathrm{T}}\boldsymbol{B}\right)^{-1}\boldsymbol{B}^{\mathrm{T}}\boldsymbol{Y}_n = \begin{bmatrix} \hat{a} \\ \hat{u} \end{bmatrix} \tag{7-16}$$

将求得的 $\hat{a}, \hat{u}$ 代入公式，解之得

$$\hat{x}^{(1)}(k+1) = \left[x^{(0)}(1) - \frac{\hat{u}}{\hat{a}}\right]e^{-k\hat{a}} + \frac{\hat{u}}{\hat{a}} \quad (k=0,1,2,\cdots) \quad (7\text{-}17)$$

对上述公式作累减还原，得原始数据序列 $x^{(0)}$ 的灰色预测模型为

$$\begin{cases} \hat{x}^{(0)}(1) = \hat{x}^{(1)}(1) = x^{(0)}(1) \\ \hat{x}^{(0)}(k+1) = \hat{x}^{(1)}(k+1) - \hat{x}^{(1)}(k) = (1-e^{\hat{a}})\left(x^{(0)}(1) - \frac{\hat{u}}{\hat{a}}\right)e^{-k\hat{a}} \quad (k=1,2,\cdots) \end{cases}$$

（7-18）

本著作采用 MATLAB 来构建 GM（1,1）中长期电力负荷需求预测。在应用 MATLAB 仿真软件进行预测时，需通过 GM（1,1）模型计算变量的累加序列和数据矩阵，求得拟合参数 a 和 b，从而获得拟合函数，最终通过累减还原获得预测值。基于 GM（1,1）构建的单因素条件下的中长期电力负荷需求预测模型如图 7-4 所示。

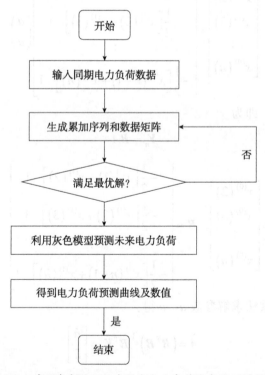

图 7-4 单因素条件下的中长期电力负荷需求预测模型图

7.4 多因素条件下的中长期电力负荷需求预测模型构建

7.4.1 中长期电力负荷预测模型输入变量说明

Y市中长期电力需求预测影响因素按关联度大小排序为：上一年负荷值>第三产业占比>GDP总量>第二产业占比>人均GDP>第三产业增加值>人均收入>第二产业增加值。本节提取以上五项影响因素作为中长期电力需求预测的关键影响因素，作为负荷预测模型的输入变量。后三个影响因素的关联度较低，对负荷的影响因素较小，为了保证负荷预测的精度和准确性，不纳入电力需求预测模型的输入变量中。因此，本著作中长期电力负荷预测模型的输入变量有上一年电力负荷、第三产业占比、GDP总量、第二产业占比、人均GDP共5项。

7.4.2 中长期电力负荷需求预测模型构建

7.3节使用GM（1，1）模型构建了单因素条件下的中长期电力负荷预测模型，它是由单变量构成的一阶微分方程所构成的模型，但在多因素条件下，影响中长期电力负荷的影响因素不止一个，那么输入变量也是不止一个，因此GM（1，1）模型不再适用于多因素条件下的模型构建，而是需要寻找由多变量构成的模型，那么GM（1，n）模型则符合条件。

GM（1，n）模型是对 n 个变量建立一阶微分方程而构造出来的预测模型。在电力负荷预测中，其用于对考虑影响负荷的相关因素的电力负荷进行预测。假设有 n 个变量 x_1，x_2，$\cdots$，x_n，其中 x_1 为主因素变量，x_2，x_3，$\cdots$，x_n 为与主因素变量相关的影响因素变量，它们构成 n 个数列

$$x_i^{(0)} = \left[x_i^{(0)}(1), x_i^{(0)}(2), \cdots, x_i^{(0)}(n) \right](i=1,2,\cdots,n) \quad (7\text{-}19)$$

对 $x_i^{(0)}$ 作累加生成，得到新的数据序列：

$$x_i^{(1)} = \left[x_i^{(1)}(1), x_i^{(1)}(2), \cdots, x_i^{(1)}(n) \right](i=1,2,\cdots,n) \quad (7\text{-}20)$$

$$x_i^{(1)}(k) = \sum_{m=1}^{k} x_i^{(0)}(m) \quad (7\text{-}21)$$

这 n 个变量满足如下的一阶灰色微分方程：

$$\frac{dx^{(1)}}{dt} + ax^{(1)} = b_2 x_2^{(1)} + b_3 x_3^{(1)} + \cdots + b_n x_n^{(1)} \quad (7\text{-}22)$$

上述方程参数列记为 $\hat{a}$

$$\hat{a} = \left(\hat{a}, \hat{b}_2, \hat{b}_3, \cdots, \hat{b}_n\right)^{\mathrm{T}}$$

采用最小二乘法求 $\hat{a}$

$$\hat{a} = \left(\boldsymbol{B}^{\mathrm{T}} \boldsymbol{B}\right)^{-1} \boldsymbol{B}^{\mathrm{T}} \boldsymbol{Y}_n$$

其中

$$\boldsymbol{B} = \begin{bmatrix} -\frac{1}{2}\left[x_1^{(1)}(1) + x_1^{(1)}(2)\right] & x_2^{(1)}(2)\cdots x_n^{(1)}(2) \\ -\frac{1}{2}\left[x_1^{(1)}(2) + x_1^{(1)}(3)\right] & x_2^{(1)}(3)\cdots x_n^{(1)}(3) \\ \vdots & \vdots \\ -\frac{1}{2}\left[x_1^{(1)}(n-1) + x_1^{(1)}(n)\right] & x_2^{(1)}(n)\cdots x_n^{(1)}(n) \end{bmatrix}, \quad \boldsymbol{Y}_n = \begin{bmatrix} x_1^{(0)}(2) \\ x_1^{(0)}(3) \\ \vdots \\ x_1^{(0)}(n) \end{bmatrix}$$

(7-23)

求得 $\hat{a}$ 后，得到模型的时间响应式为

$$\hat{x}_i^{(1)}(k+1) = \left[x^{(0)}(1) - \frac{1}{\hat{a}}\sum_{i=2}^{n}\hat{b}_i x_i^{(1)}(k+1)\right] e^{-k\hat{a}} + \frac{1}{\hat{a}}\sum_{i=2}^{n}\hat{b}_i x_i^{(1)}(k+1) \quad (k=0,1,2,\cdots)$$

(7-24)

再累减还原，得到 $x_1^{(0)}$ 的灰色预测模型为

$$\begin{cases} \hat{x}^{(0)}(1) = \hat{x}^{(1)}(1) = x^{(0)}(1) \\ \hat{x}_i^{(0)}(k+1) = \hat{x}_i^{(1)}(k+1) - \hat{x}_i^{(1)}(k) \quad (k=1,2,\cdots) \end{cases} \quad (7\text{-}25)$$

GM（1, n）模型是在考虑相关因素的基础上对研究对象数据进行预测的，但是这种模型存在一定缺陷：它们需要未来相关因素的值才能得到研究对象的未来预测结果，所以本著作采用 GM（1, 1）模型来对相关因素的未来值进行预测，使 GM（1, n）模型能够预测研究对象的未来值。

本著作采用 MATLAB 来构建 GM（1, n）中长期电力负荷需求预测。基于灰色模型搭建的中长期电力负荷预测模型如图 7-5 所示。

第 7 章 智能电网中长期负荷预测模型构建

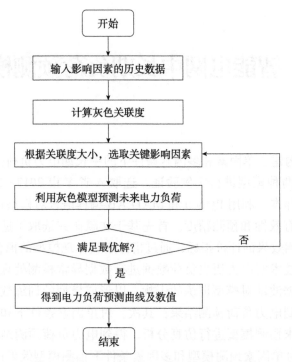

图 7-5 多因素条件下的中长期电力负荷预测模型图

7.5 本章小结

本章首先阐述了中长负荷需求预测模型的构建原理，基于理论研究对电力负荷预测影响因素进行初步选取，运用灰色关联度分析法计算出了各项影响因子的关联度，在此基础上对初步筛选出的影响因素进行了排序，挖掘出与电力负荷预测关联较大的影响因素，将这些影响因素确定为电力负荷需求预测的关键影响因素，作为模型的输入变量；其次，通过对灰色模型的概念阐述发现灰色模型适合对离散无规律且数据量不大的数据序列进行预测，并明确了中长期电力负荷需求预测模型构建的原则，由此选取 GM（1,1）构建了中长期单因素条件下电力负荷需求预测模型。最后，研究了考虑外界影响因素后的多因素条件下的电力负荷需求预测问题。分析了 GM（1,1）模型在多因素条件下构建模型的不适用性，并提出了使用 GM（1,n）来构建多因素条件下的中长期电力负荷需求预测模型，为第 8 章的实例研究提供了模型基础。

第8章 智能电网中长期负荷预测模型验证

第7章中构建了单因素和多因素条件下的中长期电力负荷需求预测模型，本章基于以上两种模型进行实例验证。选取 A 省 Y 市 2017—2021 年电力负荷数据为实例样本，利用 Python 和 MATLAB 编程语言对模型进行仿真分析，以验证模型的有效性和预测精度。首先基于文献研究选取了适用于中长期电力负荷需求预测效果的评价指标，通过指标定量体现模型的拟合精度；之后，利用数据挖掘技术对电力历史负荷数据进行数据异常检测处理，从而在很大程度上规避数据波动对模型训练的干扰，以形成模型的训练数据，随后进行了仿真分析得到电力负荷预测结果；其次，对单因素条件下和多因素条件下的电力负荷需求预测模型进行仿真分析，得到电力负荷预测结果并进行效果评价；最后，对单因素预测模型和多因素条件下预测模型效果进行对比分析，验证关键影响因素的有效性及模型的可靠性。

8.1 电力负荷需求预测实例公司负荷数据选取

本章选取 A 省 Y 市全市的历史电力负荷数据为样本进行实例验证。从地理环境方面来看，Y 市位于 A 省东南部，当地气候湿润，雨水丰富，四季分明，具有较丰沛的降水，年平均降雨量 930mm，主要集中在 6~9 月，夏、秋季降水量较大，而春季大多为小雨，冬季降水很少，同时该市位于南水北调中线水源地，基本无大型的工业企业，因此降水量主要会影响农业用电，当降水量不足时，农业需要进行主动灌溉从而使得电网负荷增加，所以相较于一般地区，A 省 Y 市农业在所有产业中占比较高，其电网负荷就会对降水量更为敏感。相较于 A 省其他地区，安康市冬天没有集中供暖，且不允许使用煤，居民基本上用电或者天然气取暖。由于天然气供应不足，所以冬天用电主要在采暖上，冬季电力负荷也会产生波动影响电力负荷预测结果。

从 Y 市电力系统来看，存在以下问题导致电力负荷预测精度较低：
一是 Y 市电力公司的电力采集系统属于传统式的采集系统，对于某些地区居民客户需人工抄表来记录用电量，人工抄表可能会由于人工失误使得数据失真或者缺失，会对电力负荷预测效果产生影响；

二是 Y 市电力公司除给当地供电外，每年会向周边湖北及四川省供电，电力预测误差较大的情况下无法准确输出可外供电量的具体数量，对电力公司日常工作造成压力；

三是在电力负荷需求预测方面，工作人员使用 Excel 中的环比及同比公式来进行短期和中长期预测，仍采用传统的预测方法进行电力预测，使得预测误差在 15% 以上，导致了电力负荷预测的精度不高，从而影响了电力公司的规划部署。

因此，本章选取 Y 市电力公司为典型样本，基于大数据环境下对 Y 市电力数据采用数据挖掘方法对数据样本进行预处理，并采用人工智能法对 Y 市短期和中长期电力负荷进行预测。

8.2 单因素条件下电力负荷需求预测模型效果评价

8.2.1 预测精度评价指标选取

中长期电力需求预测是对电网未来的年负荷动态进行分析的一种方法。在预测过程中，运用差分方程方法，充分挖掘出数据的本质属性具有建模所需的信息量小、计算简单、容易验证、无需考虑分布规律和趋势等特点，因此，灰色模型适用于电力系统的中长期负荷预测，并选取以下评价指标验证预测效果的拟合度：

（1）方差比 C 检验。在进行模型构建后，会得到后验差比 C 值，其用于衡量模型的拟合精度情况，C 值越小越好，一般要求 $C \leqslant 0.45$，最大不超过 0.65。表 8-1 中 S_2 为残差方差，S_1 为数据方差。

（2）小误差概率检验。建模之后会得到小误差概率 P 值，指的就是测定结果如果绝对值大的话，出现误差的概率会小，其用于检验模型的拟合精度情况。一般规定：$P > 0.95$，等级为好；$P > 0.80$ 等级为合格；$P > 0.70$ 等级为勉强合格；$P \leqslant 0.70$ 等级为模型不合格。表 8-1 中 $E(k)$ 为残差，$\bar{E}$ 为残差的均值。

（3）残差检验。由于统计数据人员的误差或者偶然因素的干扰，常常会出现我们得到的数据不完全可靠，即出现异常数据，残差检验便用于检测预测结果与真实值之间的偏差，解决存在的上述问题。表 8-1 中 $x^{(0)}(k)$ 指的是原始值，

$\hat{x}^{(0)}(k)$ 则为预测拟合值。

（4）相对误差检验。模型残差检验为事后检验法。主要查看相对误差值和级比偏差值。相对误差值越小越好，一般情况下小于 20% 即说明拟合良好。表 8-1 中 $E^{(0)}(k)$ 指的是预测拟合值与残差值的差值的绝对值。

本著作选用的中长期负荷预测模型精度评价指标见表 8-1。

表 8-1　GM（1,1）模型预测效果评价值

评价指标	含义	方法
C	方差比	$C = \dfrac{S_2}{S_1}$
P	小误差概率	$P = P(|E(k) - \overline{E}| < 0.6745 S_1)$
$E(k)$	残差	$E(k) = x^{(0)}(k) - \hat{x}^{(0)}(k)$
$Q(k)$	相对误差	$Q(k) = \dfrac{E^{(0)}(k)}{x^{(0)}(k)}$

8.2.2　预测过程及结果分析

本节以 A 省 Y 市用电负荷为研究对象进行中长期电力负荷需求研究，在单因素条件下，无需考虑外界影响因素的作用，只需选取一定时间跨度的历史电力负荷数据即可。基于模型对样本的要求，本节选取了 Y 市 2017—2021 年共 5 年的年电力负荷数据作为模型的输入变量，输入变量均来自国网供电公司提供，不存在数据缺失情况；输出变量为 2017—2026 年 Y 市的年电力负荷数据。其中输出变量中的 2017—2021 年的年电力负荷预测数据用来对模型预测效果进行验证，保证预测值的偏差在可控范围之内；2022—2026 年的电力负荷数据则为本著作预测的未来电力负荷需求量。

根据收集的 Y 市 2017—2021 年的年用电负荷数据，应用 MATLAB 仿真软件通过 GM（1,1）模型计算变量的累加序列和数据矩阵，求得拟合参数 a 和 b，从而获得拟合函数，累减还原最终获得预测值。单因素条件下中长期电力负荷预测结果如图 8-1 及表 8-2 所示。

第8章 智能电网中长期负荷预测模型验证

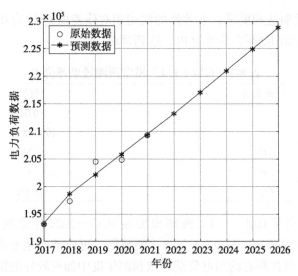

图 8-1 单因素条件下 GM（1,1）模型预测曲线图

表 8-2 2017—2026 年电力负荷真实值及 GM（1,1）模型预测结果表

年份	用电负荷真实值/万 kW·h	用电负荷预测值/万 kW·h
2017	193159.589	193159.589
2018	197331.071	198573.976
2019	204428.518	202136.808
2020	204890.131	205763.564
2021	209301.452	209455.392
2022	—	213213.459
2023	—	217038.954
2024	—	220933.086
2025	—	224897.086
2026	—	228932.209

为了对 GM（1,1）模型得到的预测负荷与实际负荷间的误差进行量化分析，选用了相关预测效果评价指标进行评价，包括方差比检验、小误差概率检验、模型残差检验、相对误差检验这四类误差分析指标。

由表 8-3 可知，针对电力年负荷进行 GM（1,1）模型构建，首先进行方差比检验和小误差概率检验，用于判断数据序列的拟合精度。结果显示：方差比检验值 $0.213 \leqslant 0.35$，意味着模型精度等级非常好，在此情况下，小误差概率 P 为 $1 \geqslant 0.95$，等级为好，说明模型预测结果的精度很高，此模型适用于中长期电力负荷需求预测。最后针对相对残差进行检验，相对残差值越小越好，该值在 0.05 之内说明达到要求，本著作的模型相对残差值 $Q(k)$ 为 0.005≤0.05，意味着本模型的预测结果在标准之内，达到要求。

表 8-3　GM（1，1）模型预测效果评价表

评价指标	数值
a	−0.018
b	193378.625
C	0.213
P	1
$Q(k)$	0.005

表 8-4 给出了 GM（1，1）预测模型在 2017—2021 年之间的预测绝对误差及相对误差情况，从图 8-2 及图 8-3 的数据中可以清楚地看出，使用的 GM（1，1）预测模型在所有的用电负荷需求预测年度中拥有较好的预测精度，最大预测误差为 2019 年，预测相对误差达到 1.121%，其余四年的相对误差均小于 1%，平均绝对误差为 912.405 万千瓦时，平均相对误差为 0.45%。这说明该模型的拟合过程中，能较好地抓住未来电力负荷需求的变化趋势。

表 8-4　GM（1，1）模型预测误差评价

评价指标	$E(k)$/万 kW·h	$Q(k)$（%）
2017	0.000	0.000
2018	1242.876	0.630
2019	−2291.692	1.121
2020	873.464	0.426
2021	153.992	0.074
平均值	912.405	0.450

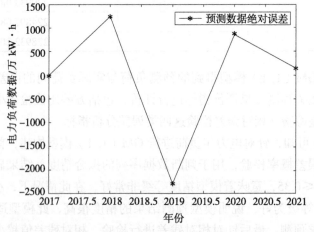

图 8-2　GM（1，1）预测模型绝对误差图

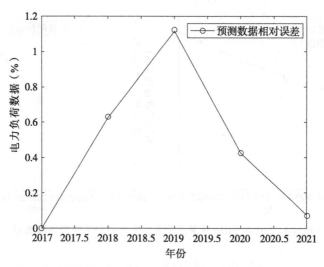

图 8-3 GM（1,1）预测模型相对误差图

8.3 多因素条件下电力需求预测模型效果评价

8.3.1 预测精度评价指标选取

由第 2 章介绍的中长期电力负荷预测理论和第 7 章介绍的中长期电力负荷需求预测关键影响因素的提取研究可知，Y 市中长期电力负荷需求预测的影响因素为上一年电力负荷、第三产业占比、GDP 总量、第二产业占比、人均 GDP。基于模型对样本的要求，本节选取 Y 市 2017—2021 年共 5 年的历史负荷数据及 2017—2026 年的相关影响因素数据作为模型的输入变量，其中历史电力负荷数据均来自国网供电公司提供，不存在数据缺失情况。其余关键影响因素数据分为 2017—2021 年和 2022—2026 年两个阶段，2017—2021 年关键影响因素数据来源于气象局及 Y 市政府发布的财政数据，2022—2026 年关键影响因素数据来源于本著作第 7 章构建的 GM（1,1）模型预测数据。

由于 GM（1,n）模型在进行电力负荷需求预测时需要输入当年的影响因素数据，因此本节需采用 GM（1,1）模型预测出 2022—2026 年的第三产业占比、GDP 总量、第二产业占比、人均 GDP 预测数据，再将此数据作为输入变量代入到 GM（1,n）模型中进行电力负荷需求预测。多因素条件下中长期电力负荷预测关键影响因素 2017—2026 年预测结果相对误差如图 8-4～图 8-7 所示。

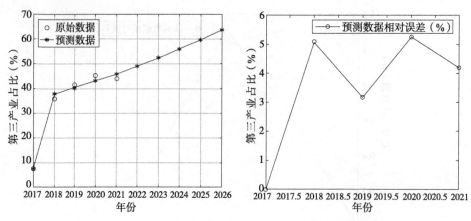

图 8-4　2017—2026 年第三产业占比原始数据及预测数据图

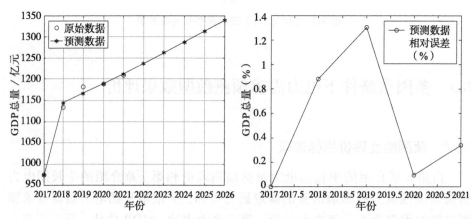

图 8-5　2017—2026 年 GDP 总量原始数据及预测数据图

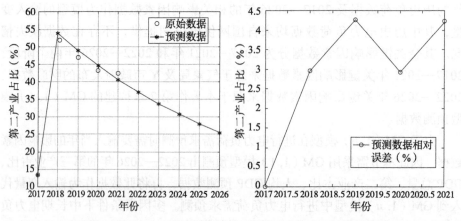

图 8-6　2017—2026 年第二产业占比原始数据及预测数据图

第 8 章 智能电网中长期负荷预测模型验证

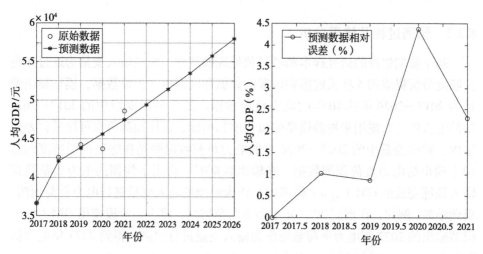

图 8-7 2017—2026 年人均 GDP 原始数据及预测数据图

由以上预测相对误差图可以看出，使用 GM（1,1）并借助 MATLAB 工具预测的 2017—2021 年电力负荷需求的关键影响因素的相对误差均小于 5%，说明此模型同样适用于预测电力负荷的关键影响因素，因此可将预测结果作为输入变量，为多因素条件下的电力负荷预测提供数据基础，将电力负荷序列记为 $x_1^{(0)}$，将上一年电力负荷值、第三产业占比、GDP 总量、第二产业占比、人均 GDP 分别记为 $x_2^{(0)}$、$x_3^{(0)}$、$x_4^{(0)}$、$x_5^{(0)}$、$x_6^{(0)}$，使用 GM（1,n）模型预测 2017—2026 年电力负荷。2017—2026 年的电力负荷序列 $x_1^{(0)}$、上一年电力负荷值 $x_2^{(0)}$、第三产业占比 $x_3^{(0)}$、GDP 总量 $x_4^{(0)}$、第二产业占比 $x_5^{(0)}$、人均 GDP $x_6^{(0)}$ 数据见表 8-5。

表 8-5 安康市中长期电力负荷预测输入变量表

变量		电力负荷值/万 kW·h	上一年电力负荷值/万 kW·h	第三产业占比（%）	GDP 总量/亿元	第二产业占比（%）	人均 GDP/元
年份	2017	193159.589	188201.519	7.700	974.660	13.500	36662.000
	2018	197331.071	193159.589	35.800	1133.770	55.300	42544.000
	2019	204428.518	197331.071	41.500	1182.060	46.900	44200.000
	2020	204890.131	204428.518	45.300	1188.780	43.300	43700.000
	2021	209301.452	204890.131	44.000	1209.490	42.400	48574.000
	2022	—	209301.452	48.965	1237.839	37.014	49387.231
	2023	—	—	52.299	1262.531	33.732	51395.897
	2024	—	—	55.861	1287.715	30.741	53486.259
	2025	—	—	59.665	1313.402	28.016	55661.639
	2026	—	—	63.728	1339.602	25.532	57925.496

155

8.3.2 预测过程及结果分析

基于前期选择的研究样本和经过预处理的数据,模型输入变量为通过灰色关联度分析提取的 5 项关键影响因素的数据和同期电力负荷数据,模型输出变量为 2017—2026 年共 10 年的电力负荷数据。其中输出变量中的 2017—2021 年的电力负荷数据用来检验模型的拟合度和精度,保证预测值在可接受误差范围内,输出变量中的 2022—2026 年的电力负荷数据则是在保证模型精度的基础上输出的电力负荷预测数据。在输出数据时,将当下周期的电力负荷数据输入训练完成的 GM(1,n) 模型中,作为模型的输入变量进行电力负荷预测,得到结果。例如:在预测 2023 年电力负荷数据时,将上一阶段使用 GM(1,n) 模型输出的 2022 年电力负荷数据作为输入变量进行预测,得到 2023 年电力负荷数据。

根据收集和预测的安康市电力负荷数据及关键影响因素数据,应用 MATLAB 仿真软件通过 GM(1,n) 模型极端变量的累加序列和数据矩阵,求出拟合参数 a 和 b,从而获得拟合函数,再进行累减还原最终得到预测值。多因素条件下中长期电力负荷需求预测结果如图 8-8 和表 8-6 所示。

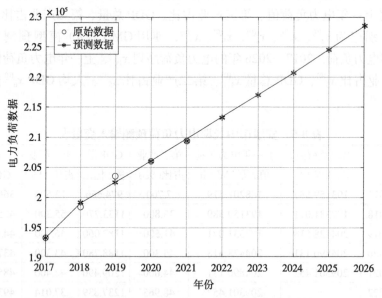

图 8-8 多因素条件下 GM(1,n) 模型预测结果图

第8章 智能电网中长期负荷预测模型验证

表 8-6 GM（1, n）模型预测结果

年份	用电负荷真实值 / 万 kW·h	用电负荷预测值 / 万 kW·h
2017	193159.589	193159.589
2018	197331.071	197966.8416
2019	204428.518	203436.8702
2020	204890.131	205967.417
2021	209301.452	209559.5373
2022	—	213214.3051
2023	—	216932.8128
2024	—	220716.1723
2025	—	224565.5144
2026	—	228481.9899

为了对 GM（1, n）模型得到的预测负荷与实际负荷间的误差进行量化分析，选用了相关预测效果评价指标进行评价，包括方差比检验、小误差概率检验、模型残差检验、相对误差检验这四类误差分析指标。

由表 8-7 可知，针对电力年负荷进行 GM（1, n）模型构建，首先进行方差比检验和小误差概率检验，用于判断数据序列的拟合精度。结果显示：方差比检验值 0.095≤0.35，意味着模型精度等级非常好，在此情况下，小误差概率 P 为 1≥0.95，等级为好，说明模型预测结果的精度很高，此模型适用于多因素条件下的中长期电力负荷需求预测。最后针对相对残差进行检验，相对残差值越小越好，该值在 0.05 之内说明达到要求，本著作的模型相对残差值 $Q(k)$ 为 0.002≤0.05，意味着本模型的预测结果在标准之内。

表 8-7 GM（1, 1）模型预测效果评价表

评价指标	数值
a	−0.017
b	193712.029
C	0.095
P	1
$Q(k)$	0.002

表 8-8 给出了 GM（1, n）预测模型在 2017—2021 年之间的预测绝对误差及相对误差情况，从图表的数据中我们可以清楚地看出，本著作使用的 GM（1, n）预测模型在所有的用电负荷需求预测年度中拥有较好的预测精度，最大预测误差为 2019 年，预测相对误差的绝对值达到 0.487%，其余四年的相对误差均小于 0.4%，平均绝对误差为 392.558 万千瓦时，平均相对误差为 0.194%。

这说明该模型的拟合过程中,能较好地抓住未来电力负荷需求的变化趋势。图 8-9 和图 8-10 为 GM（1,n）预测模型绝对误差图和相对误差图。

表 8-8　GM（1,1）模型预测误差评价

评价指标	$E(k)$/万 kW·h	$Q(k)$（%）
2017	0.000	0.000
2018	635.771	0.321
2019	−991.648	−0.487
2020	77.286	0.038
2021	258.085	0.123
平均值	392.558	0.194

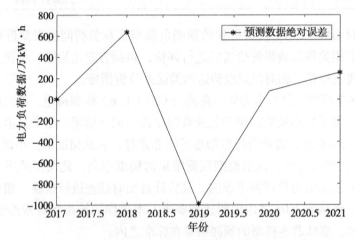

图 8-9　GM（1,n）预测模型绝对误差图

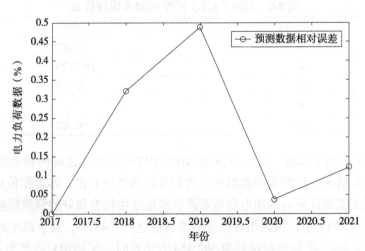

图 8-10　GM（1,n）预测模型相对误差图

多因素条件下的中长期电力负荷需求预测评价效果说明该模型的拟合过程中，能较好地抓住未来电力负荷需求的变化趋势；验证了提取的5种中长期电力负荷需求预测影响因素的有效性，说明了灰色模型在中长期电力负荷需求预测中的可靠性及有效性。

8.4 单因素与多因素预测模型预测效果对比分析

单因素条件下与多因素条件下中长期电力负荷需求预测性能相比较，由图8-11可以看出，多因素条件下的预测值曲线更接近于电力负荷真实值曲线，差异点的距离更小，说明本著作提取的关键影响因素对电力负荷需求是有一定的影响作用的，因此多因素条件下的灰色预测模型在中长期负荷预测中的表现会相对好些。

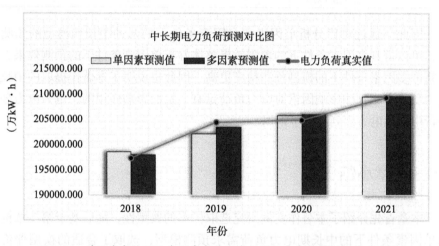

图8-11 单因素条件下及多因素条件下中长期电力负荷预测曲线对比图

将两种模型的预测效果进行定量分析，从表8-9中预测效果评价指标计算值来看，单因素条件下的绝对误差值最大误差在2291万kW·h，而多因素条件下的绝对误差值最大不超过1000万kW·h，说明了多因素条件下预测值更进接近于电力负荷真实值；从相对误差来看，单因素条件下的相对误差基本在0.5%左右，多因素条件下的预测值最大误差不超过0.5%，同样也可以说明多因素条件下进行预测产生的各类预测误差值都更小；从模型预测的方差比来看，两种模型的方差比均小于0.35，拟合效果均达到要求，但多因素条件下的方差比更小，说明了从预测数据整体来看，多因素条件下的电力负荷预测曲线的拟合度更高。

表 8-9　单因素条件下与多因素条件下中长期电力负荷预测效果评价值对比

评价值/年份		2018	2019	2020	2021
电力负荷真实值		197331.071	204428.518	204890.131	209301.452
电力负荷预测值	单因素	198573.976	202136.808	205763.564	209455.392
	多因素	197966.842	203436.870	205967.417	209559.537
绝对误差值	单因素	1242.876	-2291.692	873.464	153.992
	多因素	635.771	991.648	77.286	258.085
相对误差值	单因素	0.630%	1.121%	0.426%	0.074%
	多因素	0.321%	0.487%	0.038%	0.123%
相对残差值	单因素	0.005			
	多因素	0.002			
方差比检验	单因素	0.213			
	多因素	0.095			

因此，通过对比分析单因素和多因素条件下的两种中长期模型的预测效果，可以得到多因素条件下的预测效果整体好于单因素条件下的预测效果，预测精度多因素条件下的模型预测精度更高，因此也说明了本著作提取的中长期电力负荷需求预测影响因素对电力负荷是有一定的影响作用的，也为电力公司进行中长期电力规划提供了依据。

8.5　本章小结

本章首先介绍了本著作实例研究选取样本的典型性，随后基于第 7 章构建的单因素条件下的中长期电力负荷需求预测模型，选取了合适的模型评价指标，对历史电力负荷数据进行了预处理工作，对单因素条件下模型的预测性能进行了实例分析并对效果进行评价；其次，对电力负荷需求预测的影响因素数据利用数据挖掘技术进行了预处理及标准化处理的工作，结合多因素条件下的电力负荷需求预测模型，进行了实例分析，评价了模型预测的精度；最后，对比分析单因素和多因素条件下的电力负荷预测模型效果，验证了灰色关联度分析法提取的关键影响因素能够帮助模型预测效果的精度提高，也体现了本著作研究的价值所在。

第 9 章　电力客户用能效果评价模型构建

本章是建立在第 2 章相关理论定义及综合评价方法定义的基础上，基于新型电力系统和"双碳"背景下的特点，分析电力客户用能效果特点，参考需求侧能效管理核心因素，考虑实施效果的影响，筛选评价指标，设计评价体系。首先，明确指标体系建立的原则和目的，通过查阅文献确定初步指标，而后同国网 A 省电力公司的专家交流，筛选出最终评价指标，设计建立指标体系，并对各项指标的含义和来源进行了解释说明。接着进行评价模型的建立，且为保证设计构建所得出评价结果具备科学性与可参考性，确定了指标的标准化方法，并对指标进行赋权，且在构建评价模型方面使用两种方法结合，保证了评价结果的准确性。

9.1　评价指标体系建立目标与原则

1. 评价指标体系建立的目标

当前，综合评价体系的相关研究已经很丰富，但对于煤改电项目，结合需求侧能效实施效果开展，而设计的评价指标体系较少。本著作的类似研究较少，缺乏可参考的指标体系。因此，怎样针对煤改电这类电能替代项目，通过指标准确描述需求侧能效管理工作的工作目标，以体现能效管理工作的中心，提升终端用能效率，开展节能减排，便成为指标构建的核心任务。

2. 评价指标体系建立的原则

将定性研究转变为定量研究，构建客户用能效果评价指标体系。在文献研究及理论研究的基础上，结合指标构建原则，使用频次分析法、专家访谈法对指标进行筛选；并结合"双碳"的背景，尝试引入新指标形成最终的指标体系；最后介绍了各指标的内涵及测算方法。

建立评估指标体系应综合考虑系统性、科学性、定性与定量相结合性、可操作性的原则，并需要考虑结合需求响应项目的实施特点，建立科学合理、行之有效的评估指标体系。

（1）系统性。评价的过程是一个系统的过程，指标与指标之间既要保证相互独立又要与其他指标共同组成有机的系统体系，这就要求指标在选取的过程中从整体出发，全面考虑避免有所欠缺；又要选择有代表性的指标，能够准确衡量评价对象，最终形成系统的评价体系。

（2）科学性。科学性贯穿于指标选取、测算全过程。指标选取应充分考虑理论背景与实际背景，在进行理论研究的同时考虑客观现实，主客观结合使得指标体系在建立过程中能够始终围绕目标，同时在界定指标含义时也要保证科学性。

（3）定性与定量相结合性。工业客户用电能效评价研究是一种针对能源、经济现象而进行的研究活动，因此在指标选取过程中，不仅要考虑可以用具体的数据进行表达的因素，也有考虑一些重要的无法用数据进行描述因素。

（4）可操作性。选取的指标应切实可行，有实际的应用价值，因此选取的指标应简洁规范、有代表性、易于获取。有些无法获得相关数据的指标可用相似指标进行替换。

除要满足上述原则外，其还具有以下特点：

（1）在工业客户电力能效评价指标体系研究中，应以能效性为其核心价值，一切指标及评估对象应围绕能效的特征。同时指标体系的构建应充分考虑不同类型工业企业的用电差异性，确保建立一套综合的能效指标体系，从而可适用不同类型企业，并使评价结果具有可比性。同时要深入研究相关标准，保证指标体系的完整和均衡。

（2）工业客户电力能效评价指标体系应是一个开放的体系，且能与时俱进、动态变化与扩展，以适应节能技术的发展趋势，保持一定的先进性。能效指标体系的开放性使其制定工作可循序渐进地进行。

9.2 评价指标体系构建流程

9.2.1 评价指标初选

在进行时评价指标初选时，需要对电力公司供电服务进行充分调研，使评价指标和电力公司供电服务业务相结合。以供电服务、客户满意度为关键词，对 CNKI 与 WOS 数据库 2019—2022 年相关文献进行检索，共收集到关于供电服务、客户满意度的影响力较高的相关文献 58 篇；结合国网 A 省电力公司政策文件资料 34 篇，对其中的供电服务客户满意度评价指标进行频次分析，共筛选出指标 49 个，如图 9-1 和表 9-1 所示。

第9章 电力客户用能效果评价模型构建

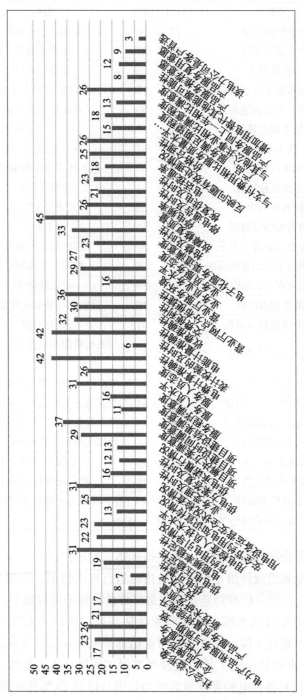

图9-1 电力公司供电服务客户满意度评价指标频次统计图

表 9-1　电力公司供电服务客户满意度评价指标频次统计表

编号	指标	合计	编号	指标	合计
1	社会公益形象	17	26	电能计量准确性	42
2	企业品牌形象	23	27	收费准确性	32
3	个性化服务	26	28	交费便利性	30
4	电力产品和服务与预期一致	21	29	营业厅网点分布便捷性	36
5	产品服务质量持续提升	17	30	营业厅服务环境	16
6	新技术研发质量	8	31	业务员业务水平	29
7	技术水平	7	32	业务员服务态度	27
8	供电可靠性	19	33	电子化服务渠道满意度	23
9	供电电压稳定性	31	34	抢修及时性	33
10	电能频率稳定性	22	35	故障修复质量	45
11	节约用电引导情况	23	36	停电频率	26
12	用电检查人员技术水平	13	37	停电通告及时性	21
13	安全节约用电知识宣传情况	25	38	恢复供电及时性	23
14	用电设备运营安全状况检查情况	31	39	电话接通率	18
15	业务受理及时性	16	40	反映问题有效处理情况	25
16	供电方案答复及时性	12	41	价格合理性	26
17	供电承诺履行情况	13	42	与支付费用相比服务质量水平满意度	15
18	项目解决方案满意度	29	43	产品、服务满足期望程度	18
19	项目建设时间满意度	37	44	与其他公共事业相比满意程度	13
20	项目建设结果满意度	11	45	产品服务同上一年相比满意度	26
21	服务程序满意度	16	46	增加用电替代其他能源可能性	8
22	服务人员水平	31	47	产品服务推荐意愿	12
23	服务人员态度	26	48	产品服务复用意愿	9
24	电费计算准确性	42	49	该电力公司是客户首选	3
25	表计校验的及时性	6			

为了保证评价指标紧扣目标，满足指标体系构建的目标与原则。需要邀请电力公司相关专家组成评价小组对评价指标进行再次甄别，依据专家的相关知识与经验等进行定性分析和筛选。确定最终评价指标的过程如下：

（1）成立专家评估小组。成立专家评估小组。邀请了来自国网A省电力公司营销部的专家共4位，A省其他市营销部专家共6位，共同组成了专家团队为10人的专家评估小组（其中教授级高级工程师3人，高级工程师7人），10位小组成员均具备供电服务领域的电力知识与超过10年的实践经验。

（2）评价专家小组讨论与修改。评价小组专家依据知识、经验等采用"背靠背"的方式深入讨论指标的合理性、准确性和适用性，并由评价专家小组提出修改意见。依据专家评估结果的集中度和离散度选择，在征询他们建议的基础上修改指标，删除不足一半投票人数的指标。

（3）在几轮反馈后，对专家意见整理汇总，确定最终的评价指标体系。

依据专家意见，剔除"新技术研发质量""技术水平"等相关性较弱的指标，对部分指标进行命名优化，同时将具体指标与电力公司供电服务业务内容相匹配，初选供电服务客户满意度评价指标见表 9-2，共包含 41 项指标。

表 9-2 供电服务客户满意度评价指标初选

目标层	公司业务层	指标层
电力公司供电服务客户满意度	供电企业形象	社会公益形象
		企业品牌形象
		个性化服务
	电力产品与服务预期	电力产品和服务与预期一致
		产品服务质量持续提升
	供电质量	供电可靠性
		供电电压稳定性
	用电检查	节约用电引导情况
		用电检查人员技术水平
		安全节约用电知识宣传情况
		用电设备运营安全状况检查情况
	供电项目服务	业务受理及时性
		项目解决方案满意度
		项目建设时间满意度
		项目建设结果满意度
		服务程序满意度
		服务人员水平
		服务人员态度
	计量收费服务	电费计算准确性
		电能计量准确性
		收费准确性
		交费便利性
	营业厅服务	营业厅网点分布便捷性
		营业厅服务环境
		业务员业务水平
		业务员服务态度
		电子化服务渠道满意度

（续）

目标层	公司业务层	指标层
电力公司供电服务客户满意度	故障抢修服务	抢修及时性
		故障修复质量
	停复电服务	停电频率
		停电通告及时性
		恢复供电及时性
	电话热线服务	电话接通率
		反映问题有效处理情况
	产品、服务价格	价格合理性
	服务质量水平	服务质量水平满意度
	服务满意程度	产品、服务满足期望程度
		与其他公共事业相比满意程度
		产品服务同往年相比满意度
	产品服务推荐使用意愿	产品服务推荐意愿
		产品服务复用意愿

供电服务客户满意度评价初选指标各业务层和指标层具体描述如下。

（1）供电企业形象。供电企业形象是指供电企业产品、服务、品牌等在电力客户心中的总体形象，指标包括社会公益形象，电网企业需要在基础服务领域发挥重要作用；企业品牌形象，指供电企业品牌给电力客户的产品、服务等认可度与信赖程度；个性化服务指供电企业在提供基础服务外，能为客户因地制宜提供满足需求的个性化服务，如接入充电桩、开展综合能源业务等。

（2）电力产品与服务预期。电力产品与服务预期指客户对电力公司产品与服务整体情况与改进的整体评价，指标包括电力产品和服务预期一致，指客户在用电过程中对供电企业服务或产品的实际感知与预期效果的对比结果一致性；产品服务质量持续提升，即电网企业根据用户反馈、自身管理提升等方式，改进自身产品与服务，满足客户的需求情况。

（3）供电质量。供电质量指电力公司向客户提供合格电能的能力，供电质量对工业生产和公共事业用户的正常经营生活有较大的影响，指标包括供电可靠性与电压稳定性。

（4）用电检查。用电检查指电力公司根据相应的规则和标准对用电客户进行安全、隐患、质量、设备性能等方面的检测、评估等工作。

（5）供电项目服务。供电项目服务指电力公司开展业扩报装等供电项目服务过程中，电力客户对项目服务整体流程、内容与人员等的满意程度，具体指标包括业务受理及时性、项目解决方案满意度、项目建设时间满意度、项目建设结果满意度、服务程序满意度、服务人员水平、服务人员态度满意度。

（6）计量收费服务。计量收费服务是指电力公司对电力用户用电情况进行计量并计费收费的活动，其中电能计量作为电力公司对电力客户收取电费的依据，需要及时准确记录客户用能情况，电费计算需要根据电价政策严格计算，向客户收取相应电费。指标包括电费计算准确性、电能计量准确性、收费准确性、交费便利性。

（7）营业厅服务。目前电网企业虽然开展了网上营业厅服务，但部分地区、客户由于自身限制，仍然需要线下营业厅提供相关服务。营业厅为客户承担交费、受理业务、咨询、投诉等重要作用，营业厅服务指标包括营业厅网点分布便捷性、营业厅服务环境、业务员业务水平、业务员服务态度、电子化服务渠道满意度。

（8）故障抢修服务。当供电设备由于天气、施工等情况出现故障时，影响到客户用电需求，电力公司需要及时组织队伍对供电设备开展抢修工作，及时恢复客户正常用电。指标包括抢修及时性、故障修复质量。

（9）停复电服务。由于路线损坏等情况，造成用户侧停电，需要关注停电频率、停电通告及时性、恢复供电及时性。

（10）电话热线服务。当电力客户有业扩报装需求、需要进行问题咨询、投诉、保修等需求时，需要通过电话热线服务及时联系电力公司，指标包括电话接通率、反映问题有效处理情况。

（11）产品、服务价格。产品服务价格指电力用户对电力公司产品或服务价格合理性的感知。

（12）服务质量水平。服务质量水平指用户对电力公司服务的质量感知。

（13）服务满意程度。服务满意程度指电力客户在购买产品或享受服务前后，与其他公共事业相比或与往年服务相比形成的预期质量与感知质量，指标包括产品、服务满足期望程度、与其他公共事业相比满意度、产品服务同往年相比满意度。

（14）产品服务推荐使用意愿。产品服务推荐使用意愿与客户忠诚度相关，指标包括产品服务推荐意愿、产品服务复用意愿。

9.2.2 评价指标优化与确立

通过相关文献资料分析及专家评估对电力公司供电服务客户满意度评价指标进行了初选，下文将结合定量的指标筛选方法进行指标优化。通过对电力公司客户服务中心员工进行问卷调查得到的数据进行统计分析来删除冗余指标，并对评价指标结构进行优化，以确立最终的评价指标体系。

问卷总共由两个部分组成,第一部分为被调查者的基本情况,第二部分采用李克特量表的形式,指标条目选项依次为"非常重要""重要""一般""不重要""非常不重要"5个层次,被调查者需要对41个基础指标在供电服务客户满意度评价工作中的相对重要程度做出判断。

评价电力公司供电服务客户满意度,需要掌握大量电网企业及电力知识,同时需要熟悉客户供电服务需求。为了提高研究结果的有效性,在调查中选择各个供电公司客户服务中心的工作人员作为调查对象。

在这次调查中,共收集到486份问卷,收集的问卷中,有453份有效问卷,有效率达到93.21%。样本情况见表9-3。

表9-3 样本个体基本情况

样本情况	分类	问卷数量	比例
学历或工作经验	硕士及以上	4	0.88%
	本科	103	22.74%
	专科及以下	346	76.38%
	工程师	32	7.069%
	助理工程师	67	14.79%
	技术员	354	78.15%
	5~10年	315	69.54%
	1~5年	130	28.70%
	少于1年	8	1.76%

1. 评价指标优化

(1)问卷的信度和效度检验。信度检验是用来度量调查问卷的可信度及可靠性的具体方法。运用SPSS对问卷实行信度检验,结果见表9-4,从表中可知,克朗巴哈α(Cronbach's Alpha)系数是0.967,大于0.70,可以认为问卷内在信度较高。

表9-4 信度检验结果

克朗巴哈α系数	项数
0.967	41

另外,还需进一步分析问卷的调查结果。这里根据信度检验后得到的校正项目总相关系数(CITC)来剔除不良项目。校正项目总相关系数指标是用来评估待剔除项目与其他项目之间的相关程度。其数值表示了待剔除项目与其他项目之和的相关系数,也就是这个指标与其他指标之间的相关性程度。如果待

第9章 电力客户用能效果评价模型构建

剔除指标与其他指标之间的相关性越小，那么其 CITC 的值就越小，表明这个指标可能更容易被剔除。然而，不同的研究者可能会设定不同的阈值来筛选指标。有些人将界限设定为 0.3，有些则为 0.6，以中间值 0.5 为界限对指标进行筛选，保留其 CITC 的值大于 0.5 的指标。根据设定标准和项目总体统计结果见表 9-5，发现"供电可靠性""业务受理及时性""业务员业务水平""业务员服务态度""抢修及时性""故障修复质量""产品服务推荐意愿"和"产品服务复用意愿"这 8 个指标的 CITC 系数均小于 0.5，所以删除这 8 个指标。

表 9-5 项目总体统计表

指标	删除被删除后的尺度均值	项目被删除后的尺度方差	校正项目总相关系数	项目被删除后的 α 系数
社会公益形象	53.58	456.784	0.602	0.967
企业品牌形象	53.60	457.878	0.613	0.967
个性化服务	53.47	453.037	0.652	0.967
电力产品和服务与预期一致	53.46	453.484	0.680	0.967
产品服务质量持续提升	53.49	454.560	0.668	0.967
供电可靠性	53.60	459.966	0.484	0.968
供电电压稳定性	53.60	459.595	0.629	0.967
节约用电引导情况	53.48	453.144	0.694	0.967
用电检查人员技术水平	53.52	456.564	0.666	0.967
安全节约用电知识宣传情况	53.50	453.928	0.711	0.967
用电设备运营安全状况检查情况	53.55	455.195	0.739	0.967
业务受理及时性	53.52	453.210	0.453	0.968
项目解决方案满意度	53.51	452.941	0.763	0.966
项目建设时间满意度	53.49	453.397	0.756	0.966
项目建设结果满意度	53.49	451.777	0.766	0.966
服务程序满意度	53.51	451.750	0.776	0.966
服务人员水平	53.54	454.019	0.736	0.967
服务人员态度	53.55	453.753	0.769	0.966
电费计算准确性	53.64	461.575	0.647	0.967
电能计量准确性	53.66	461.986	0.666	0.967
收费准确性	53.63	460.579	0.675	0.967
交费便利性	53.56	458.751	0.690	0.967
营业厅网点分布便捷性	53.53	456.413	0.712	0.967
营业厅服务环境	53.53	456.595	0.700	0.967
业务员业务水平	53.57	457.515	0.434	0.968
业务员服务态度	53.60	458.750	0.433	0.968

（续）

指标	删除被删除后的尺度均值	项目被删除后的尺度方差	校正项目总相关系数	项目被删除后的α系数
电子化服务渠道满意度	53.52	457.056	0.649	0.967
抢修及时性	53.63	460.690	0.421	0.968
故障修复质量	53.60	459.629	0.425	0.968
停电频率	53.50	458.963	0.572	0.967
停电通告及时性	53.58	458.916	0.743	0.967
恢复供电及时性	53.60	459.947	0.731	0.967
电话接通率	53.57	457.697	0.730	0.967
反映问题有效处理情况	53.59	457.685	0.729	0.967
价格合理性	53.54	456.081	0.714	0.967
服务质量水平满意度	53.53	455.157	0.726	0.967
产品、服务满足期望程度	53.53	455.033	0.771	0.966
与其他公共事业相比满意程度	53.55	456.978	0.760	0.966
产品服务同往年相比满意度	53.51	454.308	0.766	0.966
产品服务推荐意愿	53.48	451.958	0.449	0.968
产品服务复用意愿	53.50	453.096	0.440	0.968

效度检验是考量问卷有效性的标准，即检验工具可以测量出主体想要测量的特性的程度。KMO检验和巴特利特球度检验的检验结果见表9-6，其中KMO检验值为0.964＞0.80，说明该问卷的效度较好，适合做因子分析。根据巴特利特球度检验结果分析，近似卡方值达到20870.921，显著性Sig.值为0.000（$P<0.01$），所以，应拒绝巴特利特球度的零假设，认为问卷效度结构好，可以做因子分析。

表9-6 KMO和巴特利特球度检验结果

取样足够度的KMO统计量		0.964
巴特利特球度检验	近似卡方	20870.921
	df	528
	Sig.	0.000

（2）描述性统计分析。在进行因子分析前，需要通过描述性统计分析剔除平均得分在3分以下的指标，由调查问卷的李克特量表可知，得分在3分以下的指标为不重要，可以进行剔除。主要计算问卷数据的平均值、方差，用以优化指标。问卷数据描述性统计分析结果见表9-7。

表 9-7 描述性统计分析结果

指标	平均值	标准差	样本量
社会公益形象	4.620	0.778	453
企业品牌形象	4.617	0.782	453
个性化服务	4.592	0.814	453
电力产品和服务与预期一致	4.595	0.803	453
产品服务质量持续提升	4.595	0.783	453
供电电压稳定性	4.577	0.761	453
节约用电引导情况	4.577	0.802	453
用电检查人员技术水平	4.624	0.761	453
安全节约用电知识宣传情况	4.599	0.791	453
用电设备运营安全状况检查情况	4.604	0.762	453
项目解决方案满意度	4.596	0.772	453
项目建设时间满意度	4.578	0.790	453
项目建设结果满意度	4.570	0.791	453
服务程序满意度	4.623	0.741	453
服务人员水平	4.652	0.729	453
服务人员态度	4.652	0.733	453
电费计算准确性	4.602	0.758	453
电能计量准确性	4.606	0.751	453
收费准确性	4.609	0.759	453
交费便利性	4.609	0.759	453
营业厅网点分布便捷性	4.569	0.806	453
营业厅服务环境	4.610	0.757	453
电子化服务渠道满意度	4.588	0.789	453
停电频率	4.549	0.825	453
停电通告及时性	4.623	0.757	453
恢复供电及时性	4.628	0.754	453
电话接通率	4.649	0.754	453
反映问题有效处理情况	4.652	0.720	453
价格合理性	4.602	0.720	453
服务质量水平满意度	4.620	0.747	453
产品、服务满足期望程度	4.610	0.757	453
与其他公共事业相比满意程度	4.628	0.730	453
产品服务同往年相比满意度	4.626	0.740	453

总体上看，33 项指标平均得分均在 3.0 以上，最小值为 4.549，最大值为 4.652，总平均值为 4.608，对照李克特量表，不需要剔除指标。

（3）基于因子分析的指标优化。因子分析的基本原理是将多个相关指标进行综合，减少指标数量，提取出能够最大程度反映原始数据中变量之间关系的共同因素。因子分析可以帮助研究者探索变量之间的内在结构，发现隐藏在数据背后的规律和因素。其基本思想是将多个指标变量转化为少数几个综合因子，这些因子互相独立，能够高度概括原始数据中变量之间的关系。这样可以大大减少变量的数量，从而简化数据分析和解释。同时，因子分析还能够帮助研究者识别出不同变量之间的相互关系和内在结构，从而深入理解问题和现象。因子分析优化的主要步骤如下：

1）因子提取。因子分析的过程是通过对初始指标之间的内在结构进行分析，将所有初始指标归纳到少数几个公因子中。一般会采用主成分分析法或主轴因子法对收集到的数据进行处理，得到因子载荷矩阵，即初始指标与因子之间的相关系数。然后求解该矩阵的特征值，依据特征值的大小确定公因子的个数，通常采用特征值大于1的原则进行公因子提取。

2）因子旋转。对因子矩阵进行旋转的目的是让公因子更加清晰、易于解释。正交旋转的主要目的是让每个公因子只与尽可能少的初始指标相关，从而避免多个公因子之间存在重复解释的情况。而斜交旋转则允许公因子之间存在一定程度的相关性，适用于因子之间具有一定的理论关联性的情况。旋转后，可以根据因子载荷矩阵中的值，给每个公因子命名，并对每个公因子所包含的指标进行解释。

3）因子命名。因子命名是对旋转后提取出的公因子进行总结和归纳，赋予其具体的因子名称。因子名称应该根据各个公因子所代表的指标的内在特征来命名。

根据前面的效度检验结果，确认此指标体系可以用于因子分析。本研究采用主成分分析法对数据进行处理，最终提取出4个公因子，见表9-8。根据特征值大于1的标准，这4个公因子能够较好地概括数据中的内容，其累计方差贡献率为80.209%。因此，这4个公因子能够基本代表33个指标的评价内容。图9-2是根据表9-8绘制的碎石图，表明提取4个公因子比较合适。

在对因子进行正交旋转后，可以得到更加清晰明了的因子载荷矩阵，这有助于我们对因子进行解释和命名。通过表9-9~表9-11可以看到，每个因子所包含的指标已经相对独立，并且可以较为准确地描述因子所代表的内容。这样一来，就可以基于因子载荷矩阵为每个因子赋予一个恰当的名称，从而更好地理解和解释数据中所反映的评价内容。

第 9 章 电力客户用能效果评价模型构建

表 9-8 总方差解释表

因子	初始特征值			提取载荷平方和			旋转载荷平方和		
	总计	方差百分比	累积百分比	总计	方差百分比	累积百分比	总计	方差百分比	累积百分比
1	21.989	66.632	66.632	21.989	66.632	66.632	8.469	25.664	25.664
2	2.080	6.302	72.934	2.080	6.302	72.934	7.767	23.535	49.199
3	1.398	4.237	77.171	1.398	4.237	77.171	5.206	15.777	64.976
4	1.002	3.038	80.209	1.002	3.038	80.209	5.027	15.233	80.209

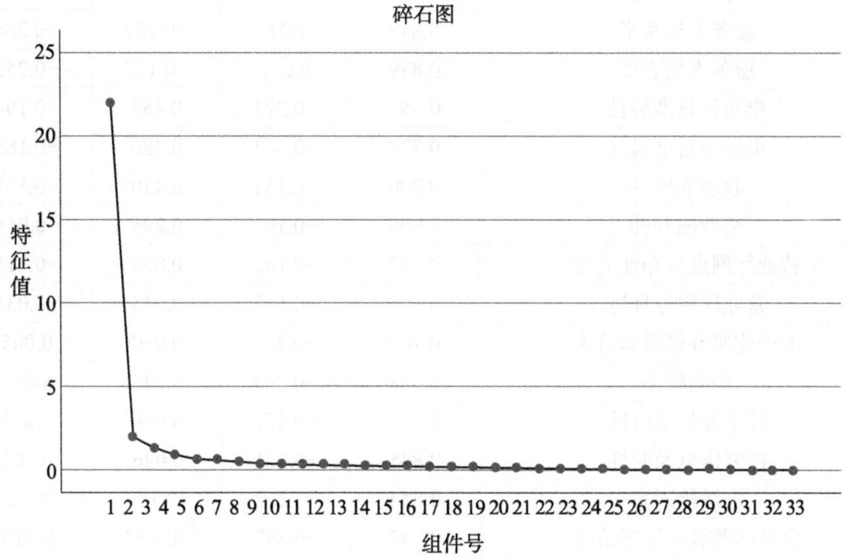

图 9-2 因子分析的碎石图

表 9-9 初始因子载荷矩阵

指标	因子			
	1	2	3	4
社会公益形象	0.716	0.435	0.082	0.163
企业品牌形象	0.724	0.443	0.223	0.104
个性化服务	0.764	0.414	−0.014	0.051
电力产品和服务与预期一致	0.791	0.352	−0.047	0.100
产品服务质量持续提升	0.780	0.339	−0.048	0.075
供电电压稳定性	0.735	0.225	0.350	0.183
节约用电引导情况	0.806	0.326	−0.070	0.028

(续)

指标	因子			
	1	2	3	4
用电检查人员技术水平	0.779	0.253	0.122	0.174
安全节约用电知识宣传情况	0.820	0.317	−0.060	0.142
用电设备运营安全状况检查情况	0.848	0.253	0.035	0.133
项目解决方案满意度	0.875	0.173	−0.145	−0.293
项目建设时间满意度	0.865	0.022	−0.197	−0.302
项目建设结果满意度	0.879	0.103	−0.160	−0.317
服务程序满意度	0.885	0.074	−0.168	−0.278
服务人员水平	0.847	0.005	−0.169	−0.284
服务人员态度	0.879	0.076	−0.117	−0.252
电费计算准确性	0.757	−0.222	0.453	−0.194
电能计量准确性	0.778	−0.144	0.486	−0.185
收费准确性	0.790	−0.154	0.430	−0.131
交费便利性	0.805	−0.163	0.295	−0.056
营业厅网点分布便捷性	0.817	−0.182	0.058	−0.115
营业厅服务环境	0.805	−0.165	0.045	−0.031
电子化服务渠道满意度	0.760	−0.230	0.060	0.005
停电频率	0.688	−0.298	0.135	0.093
停电通告及时性	0.855	−0.277	0.066	0.211
恢复供电及时性	0.845	−0.321	0.046	0.208
电话接通率	0.843	−0.262	−0.182	0.222
反映问题有效处理情况	0.842	−0.282	−0.157	0.219
价格合理性	0.830	−0.266	−0.140	0.145
服务质量水平满意度	0.839	−0.164	−0.220	0.099
产品、服务满足期望程度	0.884	−0.191	−0.234	0.071
与其他公共事业相比满意程度	0.870	−0.210	−0.204	0.087
产品服务同往年相比满意度	0.881	−0.131	−0.253	0.040

表9-10 旋转后的因子载荷矩阵

指标	因子			
	1	2	3	4
社会公益形象	0.215	0.783	0.198	0.192
企业品牌形象	0.138	0.789	0.186	0.323
个性化服务	0.237	0.744	0.347	0.170
电力产品和服务与预期一致	0.322	0.724	0.329	0.159

（续）

指标	因子			
	1	2	3	4
产品服务质量持续提升	0.312	0.700	0.343	0.165
供电电压稳定性	0.259	0.671	0.051	0.476
节约用电引导情况	0.321	0.685	0.399	0.174
用电检查人员技术水平	0.345	0.687	0.182	0.302
安全节约用电知识宣传情况	0.383	0.726	0.312	0.161
用电设备运营安全状况检查情况	0.397	0.700	0.283	0.271
项目解决方案满意度	0.325	0.487	0.696	0.275
项目建设时间满意度	0.420	0.358	0.706	0.276
项目建设结果满意度	0.362	0.427	0.716	0.292
服务程序满意度	0.402	0.421	0.689	0.286
服务人员水平	0.417	0.345	0.670	0.291
服务人员态度	0.392	0.433	0.644	0.317
电费计算准确性	0.315	0.226	0.261	0.804
电能计量准确性	0.276	0.304	0.256	0.814
收费准确性	0.332	0.315	0.244	0.762
交费便利性	0.430	0.326	0.253	0.640
营业厅网点分布便捷性	0.503	0.270	0.406	0.474
营业厅服务环境	0.531	0.304	0.344	0.431
电子化服务渠道满意度	0.553	0.245	0.283	0.434
停电频率	0.563	0.193	0.143	0.462
停电通告及时性	0.728	0.332	0.159	0.437
恢复供电及时性	0.753	0.290	0.160	0.431
电话接通率	0.806	0.312	0.257	0.223
反映问题有效处理情况	0.806	0.298	0.245	0.250
价格合理性	0.750	0.280	0.291	0.273
服务质量水平满意度	0.704	0.338	0.377	0.194
产品、服务满足期望程度	0.737	0.330	0.421	0.217
与其他公共事业相比满意程度	0.737	0.317	0.388	0.237
产品服务同往年相比满意度	0.694	0.362	0.458	0.191

表9-11 旋转后的因子载荷矩阵（设置旋转后的因子负荷大于0.5）

指标	成分			
	1	2	3	4
社会公益形象		0.783		
企业品牌形象		0.789		

(续)

指标	成分			
	1	2	3	4
个性化服务		0.744		
电力产品和服务与预期一致		0.724		
产品服务质量持续提升		0.700		
供电电压稳定性		0.671		
节约用电引导情况		0.685		
用电检查人员技术水平		0.687		
安全节约用电知识宣传情况		0.726		
用电设备运营安全状况检查情况		0.700		
项目解决方案满意度			0.696	
项目建设时间满意度			0.706	
项目建设结果满意度			0.716	
服务程序满意度			0.689	
服务人员水平			0.670	
服务人员态度			0.644	
电费计算准确性				0.804
电能计量准确性				0.814
收费准确性				0.762
交费便利性				0.640
营业厅网点分布便捷性	0.503			
营业厅服务环境	0.531			
电子化服务渠道满意度	0.553			
停电频率	0.563			
停电通告及时性	0.728			
恢复供电及时性	0.753			
电话接通率	0.806			
反映问题有效处理情况	0.806			
价格合理性	0.750			
服务质量水平满意度	0.704			
产品、服务满足期望程度	0.737			
与其他公共事业相比满意程度	0.737			
产品服务同往年相比满意度	0.694			

根据因子分析结果可得出，评价指标体系的准则层由原来的电力公司业务层细化为4个因子。依照每个因子所包含指标的特点，与电力公司专家讨论，

第 9 章 电力客户用能效果评价模型构建

将这 4 个因子分别命名为：基础管理满意度、业务服务满意度、计量收费满意度和服务感知满意度。

2. 评价指标体系确立

最终建立的电力公司供电服务客户满意度评价指标体系如图 9-3 与表 9-12 所示，指标体系共包含 4 个因子与 33 项指标。

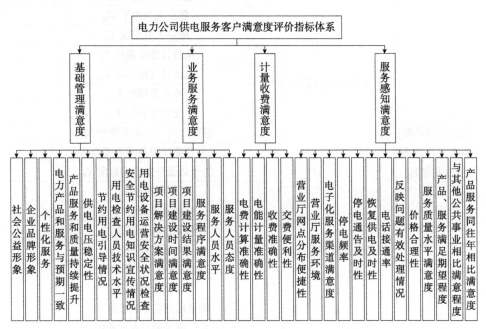

图 9-3 电力公司供电服务客户满意度评价指标体系

表 9-12 电力公司供电服务客户满意度评价指标（最终）

目标层	一级指标	二级指标
电力公司供电服务客户满意度评价指标	基础管理满意度 X_1	社会公益形象 X_{11}
		企业品牌形象 X_{12}
		个性化服务 X_{13}
		电力产品和服务与预期一致 X_{14}
		产品和服务质量持续提升 X_{15}
		供电电压稳定性 X_{16}
		节约用电引导情况 X_{17}
		用电检查人员技术水平 X_{18}
		安全节约用电知识宣传情况 X_{19}
		用电设备运营安全状况检查情况 X_{110}

（续）

目标层	一级指标	二级指标
电力公司供电服务客户满意度评价指标	业务服务满意度 X_2	项目解决方案满意度 X_{21}
		项目建设时间满意度 X_{22}
		项目建设结果满意度 X_{23}
		服务程序满意度 X_{24}
		服务人员水平 X_{25}
		服务人员态度 X_{26}
	计量收费满意度 X_3	电费计算准确性 X_{31}
		电能计量准确性 X_{32}
		收费准确性 X_{33}
		交费便利性 X_{34}
	服务感知满意度 X_4	营业厅网点分布便捷性 X_{41}
		营业厅服务环境 X_{42}
		电子化服务渠道满意度 X_{43}
		停电频率 X_{44}
		停电通告及时性 X_{45}
		恢复供电及时性 X_{46}
		电话接通率 X_{47}
		反映问题有效处理情况 X_{48}
		价格合理性 X_{49}
		服务质量水平满意度 X_{410}
		产品、服务满足期望程度 X_{411}
		与其他公共事业相比满意程度 X_{412}
		产品服务同往年相比满意程度 X_{413}

9.2.3 客户用电能效指标评价权重方法

通常情况下，度量指标体系中的各个指标很困难，因为这些指标对评价方案的影响和贡献不同。有些指标比其他指标更加重要，占据了更大的权重，而其他指标则占据了较小的权重。因此，在对不同方案进行评估之前，需要对每个指标进行衡量，并根据其重要性为其分配权重。通过计算指标权重，可以确定每个指标在实现评价目标时的重要性，以下简要介绍几种赋权方法。

（1）德尔菲法：专家们会对各个指标进行评分，然后计算这些指标的平均值或方差，以确定它们在整个评估过程中的重要性。这个过程需要多次反复进行评分，以确定每个指标的权重。

（2）主成分分析法：该方法可以确定每个指标的贡献程度和权重，是通过分析指标原始数据的相关矩阵来实现的。主成分分析法的优势在于可以降低指标数量而不会失去信息，并且可以消除指标之间的相关性。

（3）变异系数法：该方法通过比较不同指标数据的横向或纵向的差异程度来衡量它们的权重。横向的差异程度可以用截面数据表示，而纵向的差异程度则可以用时间序列数据表示。

（4）层次分析法：该方法通过分析复杂问题的影响因素之间的相关关系，将这些因素进行两两比较，然后将人们的主观判断转化为客观的定量化数据，从而确定各个指标的权重。

（5）熵权法：该方法会利用信息熵的概念来度量指标的不确定性和随机性，从而确定每个指标的相对贡献程度并进行排序。信息熵的大小与指标所占的权重大小成反比。熵权法是一种快速、有效的确定权重的方法，常用于数据处理和决策分析领域。

上述赋权方法各有其独特的特点，其中，熵权法属于客观赋权方法，它通过对指标数据的实际情况进行分析，完全依据数值特征确定权重，能够较大程度地减少人为主观因素对权重的影响，从而能够较为准确地反映出该体系内部最为本质的信息。熵权法能够通过相对客观的权重清晰反映出指标数据间的内在差异性，从而让最终的评价结果更加符合实际。该方法的指标权重完全取决于所搜集的数据，因此，数据的完整性和准确性是对其数据的基本要求。为了使指标赋权更加客观，选择熵权法进行指标权重计算。

1. 熵权法原理

德国物理学家 Rudolf 首次提出了"熵"，用于衡量系统的无序化水平。当系统的无序性愈高时，其提供的信息量越多，模糊性也越高，熵值也越大；反之熵值越小。与其他赋权方法不同的是，熵权不是在评价对象范围和各项指标数值未确定时就确定权重，而是在这些条件都已经明确之后，通过计算各项指标在竞争层面上的相对强度来确定权重。熵权的结果反映了某个指标在其所处系统中传达出的有效信息量的多寡，也可以用来比较不同指标之间的竞争力和利用价值。因此，熵权方法具有一定的客观性和可靠性，但要求各项指标数据的准确性和完整性。

2. 熵权法计算权重步骤

熵权法的计算权重的步骤如下。

（1）根据指标体系建立原始数据矩阵。假设指标数为 m，评价对象数为 n，建立原始数据矩阵 U 如下：

$$U = \begin{bmatrix} u_{11} & u_{12} & \cdots & u_{1n} \\ u_{21} & u_{22} & \cdots & u_{2n} \\ \vdots & \vdots & \cdots & \vdots \\ u_{m1} & u_{m2} & \cdots & u_{mn} \end{bmatrix} \quad (9\text{-}1)$$

式中，u_{ij} 是指标特征量，即指标 m 在评价对象 n 上的特征值，$i=1, 2, 3, \cdots, m$；$j=1, 2, 3, \cdots, n$。

（2）对原始数据矩阵实行标准化处理。选用向量规范法对数据进行标准化处理，设 x_{ij} （$i=1, 2, 3, \cdots, m$；$j=1, 2, 3, \cdots, n$）为评价对象 n 在评价指标 m 上的初始值，由于委托电力公司采用李克特量表进行客户满意度数据收集，由上文可知，各项指标均为正指标，标准化处理公式如下：

当评价指标为正指标时，

$$y_{ij} = \frac{x_{ij}}{\sqrt{\sum_{ij}^{n} x_{ij}^2}}, \text{ 其中 } x_{ij} > 0 \quad (9\text{-}2)$$

y_{ij}（$i=1, 2, 3, \cdots, m$；$j=1, 2, 3, \cdots, n$）指评价指标 m 在评价对象 n 上的标准化后的值，取 0~1 之间。

原始数据矩阵经过标准化后的矩阵记成 V：

$$V = \begin{bmatrix} v_{11} & v_{12} & \cdots & v_{1n} \\ v_{21} & v_{22} & \cdots & v_{2n} \\ \vdots & \vdots & \cdots & \vdots \\ v_{m1} & v_{m2} & \cdots & v_{mn} \end{bmatrix} \quad (9\text{-}3)$$

式中，v_{ij} 表示评价对象 n 在评价指标 m 上的标准化后的特征量，$i=1, 2, 3, \cdots, m$；$j=1, 2, 3, \cdots, n$。通过对每个评价指标在不同评价对象上的特征量进行标准化，可以使得它们在不同指标的值域范围相差较大时仍然可以进行比较和综合评价。

（3）定义熵。评价目标指标数为 m，评价对象为 n 个，指标 i 的信息熵计算如下所示：

$$H_i = -k \sum_{j=1}^{n} x_{ij} \ln x_{ij} \quad (9\text{-}4)$$

式中，常数 k 的大小取决于指标数 m，$k = 1/\ln(m)$，$x_{ij} = v_{ij} / \sum_{j=1}^{n} v_{ij}$，$0 \leq H_i \leq 1$，$i=1, 2, 3, \cdots, m$；$j=1, 2, 3, \cdots, n$。

（4）计算偏差数。由上文可知，第 i 个指标的信息量（指标数值）效用度一般由信息熵 H_i 进行衡量，当系统处于完全无序状态时，$H_i=1$，此时 H_i 的信息量（即 i 指标数值）对评价客体的效用度为 0。所以，第 i 个指标的信息量效用用这个指标的信息熵 H_i 和 1 的差数表示：

$$G_i = 1 - H_i \tag{9-5}$$

（5）确定权重。第 i 个指标的熵权 w_i 为

$$w_i = \frac{G_i}{\sum_{i=1}^{m} G_i} \tag{9-6}$$

式中，$0 \leqslant w_i \leqslant 1$，且 $\sum_{i=1}^{m} w_i = 1$；G_i 表示第 i 个指标的信息效用量。

9.3 电力客户用能效果评价模型构建

首先梳理几种客户满意度评价方法的优缺点，见表 9-13。

表 9-13　电力客户满意度评价方法优缺点

电力客户满意度方法	优缺点
模糊综合评价	优点：模糊综合评价能够通过数学方法评价模糊对象，能够较好地处理评价对象内部蕴藏的模糊信息，对模糊对象做出较为科学、合理的量化评价；同时，得到的结果是矢量，可以通过其他方法措施对其进行进一步分析处理，得到具有参考价值的信息 缺点：模糊综合评价的计算量相对较大，同时在确定指标权重时主观因素较强，可能会使评价结果不够客观。另外，在评价对象的指标数量较多时，可能会使评价结果出现超模糊现象
层次分析（AHP）法	优点：层次分析法的优势在于需要的定量数据较少，简洁实用 缺点：层次分析法定性成分较多，可能会造成评价结果受到人为主观因素的影响。同时当评价指标数量较多时，计算量比较大，增加了计算难度

（续）

电力客户满意度方法	优缺点
逼近理想解的排序（TOPSIS）方法	优点：该方法避免了数据主观性，能够更准确地刻画多个影响指标的综合影响力度。此外，它不仅适用于数据量大或分布情况不同的情况，还适用于具有多个目标或多个指标的评价系统，因此更加灵活和方便
	缺点：在使用TOPSIS方法时，需要对每个指标进行数据量化，因此需要谨慎选择适合的量化指标；此外，指标的数量应该适当，过多或过少都会影响最终的评价结果；此方法需要至少两个研究对象才能使用；另外，该方法不能反映实际方案内部因素的变化情况，也不能直接比较不同方案之间的差异性
灰色综合评价法	优点：灰色综合评价对于样本大小无过多限制，同时计算便捷，计算量较小，其计算结果贴近与定性分析结果，是较为简单实用的一种评价方法
	缺点：现有的一些模型存在局限性，无法全面解决某些实际问题；同时整个理论体系尚未完善，其应用仍受到一定的限制

在电力公司客户满意度评价方法中，模糊综合评价有着较为繁琐的计算过程，由于是通过专家打分赋权，致使结果必然带有主观色彩，影响最终评价的客观程度，导致评价无效。层次分析法用于分析因素之间的相互影响，而且很多数据是通过定性判断方式获得，难以使得评价结果直接准确，并且若判断矩阵的规模扩大到一定程度，可能会出现矩阵无法通过一致性检验的情况。灰色综合评价法的评价对象是不确定性系统，其中掺杂着许多已知和未知的信息，常用于对一些原理不明的复杂系统进行定性分析，而本著作的评价指标俱为意义明确的客观指标，不包含未知信息。所以上述方法并不是非常适用于本研究。

然而逼近理想解的排序（TOPSIS）方法直接对一手数据处理，能充分保留数据包含的原始信息，通过计算评价对象与最优解和最劣解的距离得出评价结果，是一种比较客观的评价方法。同时由于本著作的撰写依托于电力公司项目，能够通过电力公司较为方便的收集客户满意度评价数据。综上所述，通过对多种综合评价方法的优缺点及适应性分析，结合论文研究问题的实际情况，选用TOPSIS方法作为评价方法。

TOPSIS方法又称为优劣解距离法，其属于一类多属性决策分析方法，也是一种距离综合评价方法，目前已被普遍应用于综合评价问题中，比如电力施工企业履约质量评价、重要电力客户用电状态评估、电力基建项目评价机制与应用等领域。

TOPSIS方法的基本原理是：先设定两个虚拟方案作为对比准则，用正理想解表示最佳方案，用负理想解表示最劣方案，然后对各个实际方案的原始数据矩阵标准化处理，并依次对各个实际方案进行计算，得出各个方案与最佳方案及最劣方案之间的距离与接近程度，接着根据接近程度的数值对各个实际方案的结果排序。接近程度一般取在0~1之间，若计算出的接近度的数值愈靠近0，则说明此实际方案愈靠近最劣方案；若计算出的接近度的数值越靠近1，则说明此实际方案越靠近最佳方案。

TOPSIS方法具有多方面的优点：TOPSIS方法对通过对综合评价问题进行定量描述，把基于各项指标的每个实际方案的优劣程度用数学形式客观明确地表现出来，通过充分利用实际方案的原始数据即可得到实际方案优劣程度的排序结果，且能集中反映总体情况，结果直观可靠，便于评价者做出最终评价。其计算过程简单易行、步骤清晰、具有可操作性。TOPSIS方法的应用范围广泛，因为其对数据来源并无特殊要求，对样本容量、样本的数据分布、指标数值都没有设立严格界限，其既可应用于指标多、样本大研究分析，也可应用于指标少、样本少的研究分析；既适用于横向的对比分析，比如各个单位部门之间，也可用于纵向的对比分析，如不同年度之间。

但每个方法不是十全十美的，TOPSIS方法能较好反映各个实际方案分别和最佳方案及最劣方案间的贴近程度，但不能体现内部各个方案与理想方案之间的区别，而灰色关联度分析能够弥补这一缺陷，所以这里引入灰色关联度分析对TOPSIS方法进行改进。

灰色关联度分析能够较好地处理体系内部各个因素间的重要联系，用于度量随着时间推移因素之间或系统之间关联性发生改变的尺度。其基本原理是：通过对比实际方案与参考方案（最优或最劣方案）的几何形状的相似程度（几何形状越接近，关联度越大），来分析体系内部各因素之间因对象不同或时间变化而产生不同的关联程度，最后完成实际方案之间的优劣排序。

通过在传统TOPSIS法中引进灰色关联度分析形成了改进的TOPSIS法，结合熵权法定权构建基于灰色关联度分析改进的TOPSIS综合评价模型，步骤如下。

1. 建立各个实际方案的原始数据矩阵

假设评价对象数为m，评价指标数为n，建立原始矩阵A如式（9-7）所示：

$$A = \begin{bmatrix} a_{11} & a_{12} & \cdots & a_{1n} \\ a_{21} & a_{22} & \cdots & a_{2n} \\ \vdots & \vdots & \cdots & \vdots \\ a_{m1} & a_{m2} & \cdots & a_{mn} \end{bmatrix} \tag{9-7}$$

式中，$i=1, 2, 3, \cdots, m$；$j=1, 2, 3, \cdots, n$。

2. 对原始数据矩阵标准化处理

原始数据矩阵 A 中的指标会出现量纲各异的情况，比如正指标和逆指标，为了减少因指标量纲各异而对最终评价产生的副作用，需对原始数据矩阵采取标准化处理。依旧选用向量规范法对数据进行标准化处理，设 x_{ij} 为评价对象 n 在评价指标 m 上的初始值，由上文可知，各项指标均为正指标，标准化处理公式如式（9-8）所示：

$$y_{ij} = \frac{x_{ij}}{\sqrt{\sum_{ij}^{n} x_{ij}^2}}, \text{ 其中} x_{ij} > 0 \tag{9-8}$$

y_{ij}（$i=1, 2, 3, \cdots, m$；$j=1, 2, 3, \cdots, n$）表示评价指标 m 在评价对象 n 上的标准化后数据。

原始数据矩阵标准化后的矩阵记为 B：

$$B = \begin{bmatrix} b_{11} & b_{12} & \cdots & b_{1n} \\ b_{21} & b_{22} & \cdots & b_{2n} \\ \vdots & \vdots & \cdots & \vdots \\ b_{m1} & b_{m2} & \cdots & b_{mn} \end{bmatrix} \tag{9-9}$$

b_{ij} 为评价对象 m 的第 n 个评价指标的标准化后的指标特征量，$i=1, 2, 3, \cdots, m$；$j=1, 2, 3, \cdots, n$。

3. 确定指标权重并建立加权规范矩阵

先确定权重向量 w_{ij}，然后将其与第 2 步中的标准化矩阵相乘求得矩阵 V：

$$V = w_{ij} \times b_{ij} = \begin{bmatrix} v_{11} & v_{12} & \cdots & v_{1n} \\ v_{21} & v_{22} & \cdots & v_{2n} \\ \vdots & \vdots & \cdots & \vdots \\ v_{m1} & v_{m2} & \cdots & v_{mn} \end{bmatrix} \tag{9-10}$$

式中，$i=1, 2, 3, \cdots, m$；$j=1, 2, 3, \cdots, n$。

4. 确定方案的正负理想解

正理想解是一个包括全部最佳方案的集合，负理想解是一个包括全部最劣方案的集合，如式（9-11）所示：

$$V^+ = \left(v_1^+, \ v_2^+, \cdots, \ v_m^+\right) \qquad (9\text{-}11)$$

$$V^- = \left(v_1^-, \ v_2^-, \cdots, \ v_m^-\right) \qquad (9\text{-}12)$$

式中，$v_j^+ = \max\{v_{ij}\}$，$j=1, 2, 3, \cdots, n$；$v_j^- = \min\{v_{ij}\}$，$j=1, 2, 3, \cdots, n$。

5. 运算各个方案和最佳方案及最劣方案的欧氏距离 d_i^+ 和 d_i^-：

$$d_i^+ = \sqrt{\sum_{i=1}^{m}\left(v_{ij} - v_j^+\right)^2} \qquad (9\text{-}13)$$

$$d_i^- = \sqrt{\sum_{i=1}^{m}\left(v_{ij} - v_j^-\right)^2} \qquad (9\text{-}14)$$

式中，$i=1, 2, 3, \cdots, m$；$j=1, 2, 3, \cdots, n$。

6. 分别运算各个方案到正负理想点的灰色关联度

以第 2 步中得到的标准化矩阵 B 为基础引入灰色关联度分析，计算灰色关联系数矩阵：$S^+ = \left(s_{ij}^+\right)_{m \times n}$ 和 $S^- = \left(s_{ij}^-\right)_{m \times n}$。

$$s_{ij}^+ = \frac{\min_i \min_j \left|b_j^+ - b_{ij}\right| + \theta \max_i \max_j \left|b_j^+ - b_{ij}\right|}{\theta \max_i \max_j \left|b_j^+ - b_{ij}\right| + \left|b_j^+ - b_{ij}\right|} = \frac{\theta w_{ij}}{w_{ij} - b_{ij} + \theta w_{ij}} \qquad (9\text{-}15)$$

$$s_{ij}^- = \frac{\min_i \min_j \left|b_j^- - b_{ij}\right| + \theta \max_i \max_j \left|b_j^- - b_{ij}\right|}{\theta \max_i \max_j \left|b_j^- - b_{ij}\right| + \left|b_j^- - b_{ij}\right|} = \frac{\theta w_{ij}}{b_{ij} + \theta w_{ij}} \qquad (9\text{-}16)$$

式中，θ 表示分辨系数，一般取 0~1；$i=1, 2, 3, \cdots, m$；$j=1, 2, 3, \cdots, n$。

7. 计算灰色关联度 S_i^+ 和 S_i^-

灰色关联度即 S_i^+ 和 S_i^- 的算术平均数：

$$S_i^{\pm} = \frac{\sum_{j=1}^{m} S_i^{\pm}}{n} \qquad (9\text{-}17)$$

式中，$j=1, 2, 3, \cdots, n$。

8. 整合欧氏距离 d_i^+, d_i^- 和灰色关联度 S_i^+, S_i^-

在 TOPSIS 方法中，$\dfrac{d_i^-}{d_i^+ + d_i^-}$ 的值越大，即 d_i^- 愈大说明该实际方案愈靠近最

佳方案；在灰色关联度分析中，S_i^+越大，说明该实际方案愈靠近最佳方案。则在改进的 TOPSIS 方法中，d_i^-和S_i^+越大，说明该实际方案愈靠近最佳方案，而d_i^+和S_i^-越大，说明该实际方案愈靠近最劣方案。先对欧氏距离d_i^+、d_i^-和灰色关联度S_i^+、S_i^-进行标准化处理，再对欧氏距离d_i^+、d_i^-和灰色关联度S_i^+、S_i^-进行整合，整合公式用C_i表示。其中，C_i^+越大，表明该实际方案越靠近最佳方案；C_i^-越大，表明该实际方案愈靠近最劣方案。

$$C_i^+ = p \times d_i^- + q \times S_i^+ \quad (9\text{-}18)$$

$$C_i^- = p \times d_i^+ + q \times S_i^- \quad (9\text{-}19)$$

式中，$p+q=1$；$i=1$，2，3，…，m。

9. 计算各个方案的相对接近度F_i

$$F_i = \frac{C_i^+}{C_i^+ + C_i^-} \quad (9\text{-}20)$$

式中，$i=1$，2，3，…，m。

10. 对各个方案进行排序

根据式（9-20）计算出的相对接近度F_i对各个实际方案排序，F_i的值愈靠近 0，则说明该实际方案越靠近最劣方案；F_i的值越靠近 1，则说明该实际方案越靠近最佳方案。

9.4 本章小结

本章确立了电力公司供电服务客户满意度指标体系，构建了供电服务客户满意度评价模型。选择熵权法进行评价指标赋权，避免专家主观因素的干扰；接着在比较多种综合评价方法的基础上选取 TOPSIS 法作为评价方法，用以准确评价出六地市电力公司供电服务客户满意度优劣情况，为进一步优化原有的 TOPSIS 方法，引入灰色关联度分析建立了灰色关联度与 TOPSIS 方法相结合的评价模型，使得评价模型在对供电服务客户满意度整体情况评价的同时，又能反映客户满意度内部各准则层的变化与理想方案的区别，弥补了单一评价方法的不足之处，提高了评价结果的准确性。本章所构建的电力客户用能效果评价模型为第 10 章的实例分析提供了依据。

第10章 电力客户用能效果评价模型验证

本章以 A 省六地市供电公司电力居民客户满意度为研究对象，采用电力公司客户满意度调查数据，运用第 9 章构建的评价指标体系与评价模型，对六个地市供电服务客户满意度情况进行评价排序，同时对评价结果展开分析。

10.1 电力客户用能效果质量评价指标提取的原则和目标

电力公司客户质量评价指标的提取是进行能效服务质量评价的前提，所提取的评价指标需要能够全面反映所评价的事物，同时易于操作，保证与时俱进，对未来的工作起到一定指导作用。因此，本著作认为目前电力客户用能效果质量评价指标体系的提取需要遵循以下原则。

（1）系统性原则。在指标体系选取过程中，需要从全局着手，以全局思维对电力公司电力客户用能效果进行分析，全面考虑业务流程与管理工作，全方位考虑电力客户满意度有影响的指标，此外，在指标选取过程中需要保证各指标之间相互独立，保证整个指标提取的整体性、完备性，使所有指标共同组成有机的系统体系，保证最终的评价结果能够准确反映评价主体的真实情况。

（2）科学性原则。指标提取必须综合考虑理论背景与实际背景，结合电力客户用能效果能效服务现状，保证指标提取过程的真实有效，使提取的评价指标准确反映研究目标；在提取出科学合理的评价指标后，也需要遵循科学的方法获取相关数据并处理数据，保证评价过程中各环节的科学性，使最终评价结果具有较高的现实意义。

（3）可操作性原则。为了确保提取的评价指标具有较高的实际应用价值，在选取指标时应该选取可操作性程度较高的指标，即指标数据是方便获取的，同时指标衡量尽可能简单实用。在本研究中，需要保证提取的指标简介规范，同时易于理解，使数据的收集更加有效，方便获得高质量的数据，计算得到准确的结果。

（4）主客观结合原则。在指标提取时，为保证提取结果准确有效，需要遵循主客观相结合的原则,即进行指标初选时,通过响应的理论与文献研究,确保指标体系的可靠与客观,在确定最终评价指标时,需要结合电力公司专家意见,使指标能够有效结合工作实际,此外在指标权重确定时也需要遵循这一原则,保证最终评价结果的科学准确。

(5)与时俱进原则。本著作研究基于电力公司"供电+能效服务"项目背景,为准确评价项目服务质量,所提取的指标应当能够反映出能效服务的基本特征,与服务业务的各个环节相联系,同时选取的指标需要能够适应未来服务质量评价工作的发展趋势,在未来一定时间内行之有效。

10.2 基于改进的 TOPSIS 综合评价模型构建

10.2.1 客户数据收集

国网 A 省电力公司委托本团队开展供电服务相关的横向课题研究工作,在长达一年的课题研究过程中,团队成员多次赴电力公司进行项目调研和实习,通过与国网 A 省电力公司营销服务中心积极沟通,委托其通过网上国网 APP、95598 热线等渠道对 A 省六地市的居民客户开展供电服务满意度调查,并从公司数据库中导出客户满意度调查数据。调查依据构建的电力客户满意度评价指标体系,采用李克特量表的形式开展,指标条目选项依次为"非常重要""重要""一般""不重要""非常不重要"5 个层次,分值分别为 1~5 分,由客户经理帮助解释指标含义,客户根据供电服务实际感受进行填写,各项指标单位统一,均为正指标,无需进行无量纲化处理。由于电网数据保密性要求,论文不便展示原始数据情况,统计样本情况见表 10-1。

表 10-1 供电服务客户满意度调查样本情况

	B 市	C 市	D 市	E 市	F 市	G 市	合计
电力居民客户	135	105	121	101	124	107	693

10.2.2 供电服务客户满意度评价

1. 基础管理满意度评价

(1)根据式(9-1)对原始数据进行标准化处理,标准化后的数据见表 10-2。

第10章 电力客户用能效果评价模型验证

表10-2 标准化后的数据

指标	B市	C市	D市	E市	F市	G市
X_{11}	0.406347	0.368692	0.420313	0.39385	0.425438	0.431474
X_{12}	0.404592	0.36703	0.422952	0.398349	0.423293	0.429938
X_{13}	0.409948	0.371627	0.423747	0.397077	0.415606	0.428809
X_{14}	0.408182	0.3691	0.423419	0.394467	0.421946	0.429217
X_{15}	0.412014	0.372308	0.425624	0.396265	0.412616	0.428015
X_{16}	0.412296	0.369032	0.421879	0.393541	0.423857	0.425814
X_{17}	0.405319	0.37372	0.423843	0.396144	0.41999	0.427885
X_{18}	0.411831	0.371299	0.4252	0.396636	0.413544	0.428251
X_{19}	0.408724	0.377506	0.422353	0.3922	0.421156	0.425276
X_{110}	0.405406	0.375336	0.422711	0.393808	0.420424	0.429236

（2）根据式（9-2）～式（9-6）依次计算每个指标的信息熵 H_i、偏差数 G_i 和权重 w_i，见表10-3。

表10-3 基础管理满意度评价指标的信息熵 H_i、偏差数 G_i 和权重 w_i

指标	H_i	G_i	w_i
X_{11}	0.777544	0.222456	0.100043
X_{12}	0.777549	0.222451	0.100041
X_{13}	0.777669	0.222331	0.110019
X_{14}	0.777582	0.222418	0.036026
X_{15}	0.777675	0.222325	0.049984
X_{16}	0.777596	0.222404	0.199987
X_{17}	0.777686	0.222314	0.059979
X_{18}	0.77766	0.22234	0.079991
X_{19}	0.777743	0.222257	0.119953
X_{110}	0.777691	0.222309	0.143977

（3）结合所得权重集，依据式（9-9），将标准化后的数据加权化运算，求得了加权化矩阵B_i。

$$B_i = \begin{bmatrix} 0.040652 & 0.036885 & 0.042049 & 0.039402 & 0.042562 & 0.043166 \\ 0.040476 & 0.036718 & 0.042312 & 0.039851 & 0.042347 & 0.043011 \\ 0.040989 & 0.037158 & 0.042369 & 0.039702 & 0.041555 & 0.042875 \\ 0.040829 & 0.03692 & 0.042353 & 0.039457 & 0.042206 & 0.042933 \\ 0.041195 & 0.037225 & 0.042556 & 0.03962 & 0.041255 & 0.042795 \\ 0.041238 & 0.03691 & 0.042196 & 0.039362 & 0.042394 & 0.04259 \\ 0.040523 & 0.037364 & 0.042375 & 0.039606 & 0.04199 & 0.042779 \\ 0.041179 & 0.037127 & 0.042516 & 0.03966 & 0.041351 & 0.042821 \\ 0.040853 & 0.037733 & 0.042216 & 0.039202 & 0.042096 & 0.042508 \\ 0.040531 & 0.037525 & 0.042261 & 0.039372 & 0.042033 & 0.042914 \end{bmatrix}$$

（4）根据式（9-10）～式（9-13）计算欧氏距离，计算结果见表10-4。

表10-4　各地市公司基础管理满意度评价指标的欧氏距离

	B市	C市	D市	E市	F市	G市
d_i^+	0.006428	0.018021	0.001818	0.010504	0.003036	0
d_i^-	0.011745	0	0.016361	0.007604	0.015365	0.018021

（5）取分辨系数θ为0.5，根据式（9-15）和式（9-16）依次运算各个地市公司的基础管理满意度评价指标到正负理想点的灰色关联度矩阵S_i^+和S_i^-。

$$S_i^+ = \begin{bmatrix} 0.195182 & 0.228798 & 0.185095 & 0.205187 & 0.18165 & 0.177754 \\ 0.196519 & 0.230541 & 0.183297 & 0.201461 & 0.183069 & 0.178723 \\ 0.192306 & 0.225554 & 0.182613 & 0.202323 & 0.18821 & 0.179298 \\ 0.193742 & 0.228307 & 0.182943 & 0.204612 & 0.183934 & 0.179144 \\ 0.190782 & 0.224853 & 0.181362 & 0.202981 & 0.190344 & 0.179802 \\ 0.190683 & 0.228352 & 0.183961 & 0.205369 & 0.182632 & 0.181336 \\ 0.195768 & 0.223415 & 0.182527 & 0.203064 & 0.185131 & 0.179873 \\ 0.190936 & 0.225904 & 0.181661 & 0.202699 & 0.189694 & 0.179669 \\ 0.193114 & 0.219605 & 0.183453 & 0.206285 & 0.184262 & 0.181505 \\ 0.195695 & 0.221806 & 0.183279 & 0.205003 & 0.184828 & 0.178997 \end{bmatrix}$$

$$S_i^- = \begin{bmatrix} 0.109608 & 0.119465 & 0.106353 & 0.112694 & 0.105207 & 0.103888 \\ 0.110028 & 0.119938 & 0.105757 & 0.111561 & 0.105681 & 0.104218 \\ 0.108695 & 0.118574 & 0.105529 & 0.111824 & 0.107374 & 0.104413 \\ 0.109152 & 0.119331 & 0.105639 & 0.11252 & 0.105969 & 0.104361 \\ 0.108206 & 0.11838 & 0.10511 & 0.112025 & 0.108066 & 0.104584 \\ 0.108175 & 0.119343 & 0.105978 & 0.112749 & 0.105535 & 0.105101 \\ 0.109793 & 0.117981 & 0.1055 & 0.11205 & 0.107856 & 0.104608 \\ 0.108256 & 0.118671 & 0.10521 & 0.111939 & 0.106078 & 0.104608 \\ 0.108953 & 0.116909 & 0.105809 & 0.113024 & 0.106078 & 0.105158 \\ 0.10977 & 0.11753 & 0.105751 & 0.112638 & 0.106265 & 0.104311 \end{bmatrix}$$

（6）根据式（9-16）运算基础管理满意度评价指标的灰色关联度 S_i^+ 和 S_i^-，运算结果见表 10-5。

表 10-5　各地市公司基础管理满意度评价指标的灰色关联度

	B市	C市	D市	E市	F市	G市
S_i^+	0.193472576	0.225713424	0.183018998	0.203898392	0.185375558	0.179609921
S_i^-	0.109064	0.118612	0.105664	0.112302	0.10644	0.104518

（7）先依据式（9-1）对之前运算出的欧氏距离和灰色关联度标准化处理，再根据式（9-18）和式（9-19）整合标准化后的欧氏距离 d_i^+ 和 d_i^- 和灰色关联度 S_i^+ 和 S_i^-，取 $p=q=0.5$，得到整合结果 C_i，最后根据式（9-20）计算相对接近度 F_i，计算结果及排序结果见表 10-6。

表 10-6　各地市公司基础管理满意度评价指标的计算结果及排序结果

结果	B市	C市	D市	E市	F市	G市
C_i^+	0.102609	0.112857	0.09969	0.105751	0.100371	0.098816
C_i^-	0.057746	0.068317	0.053741	0.061403	0.054738	0.052259
F_i	0.639887	0.62292	0.649738	0.632655	0.647099	0.654084
排序	4	6	2	5	3	1

2. 业务服务满意度评价

首先根据式（9-1）得到标准化后的数据，见表 10-7。

表 10-7 标准化后的数据

指标	B市	C市	D市	E市	F市	G市
X_{21}	0.409878	0.377655	0.424498	0.394705	0.411791	0.428735
X_{22}	0.409257	0.37279	0.424796	0.394466	0.416906	0.428569
X_{23}	0.408879	0.369053	0.424669	0.396918	0.4141	0.432725
X_{24}	0.409375	0.376303	0.422917	0.395524	0.4161	0.42705
X_{25}	0.412907	0.377794	0.423653	0.395445	0.41072	0.426884
X_{26}	0.414113	0.376206	0.423289	0.394599	0.410629	0.428347

根据上一标题的计算过程，可以得到地市公司业务服务满意度评价各指标的权重，结果见表 10-8，各地市公司业务服务满意度评价指标的计算结果及排序结果见表 10-9。

表 10-8 业务服务满意度评价指标的信息熵 H_i、偏差数 G_i 和权重 w_i

指标	H_i	G_i	w_i
X_{21}	0.003014	0.996986	0.166715
X_{22}	0.003645	0.996355	0.16661
X_{23}	0.004229	0.995771	0.166512
X_{24}	0.002998	0.997002	0.166718
X_{25}	0.00282	0.99718	0.166747
X_{26}	0.003114	0.996886	0.166698

表 10-9 各地市公司业务服务满意度评价指标的计算结果及排序结果

结果	B市	C市	D市	E市	F市	G市
C_i^+	0.102609	0.112857	0.09969	0.105751	0.100371	0.098816
C_i^-	0.088068	0.101936	0.083155	0.093891	0.087077	0.081373
F_i	0.751677	0.76596	0.750056	0.756079	0.751265	0.750053
排序	3	1	5	2	4	6

3. 计量收费满意度评价

首先得到标准化的指标数据，见表 10-10。

表 10-10　标准化后的数据

指标	B 市	C 市	D 市	E 市	F 市	G 市
X_{31}	0.408308	0.371657	0.422598	0.396253	0.417672	0.430233
X_{32}	0.406795	0.37905	0.423205	0.394523	0.413733	0.430015
X_{33}	0.408184	0.373658	0.424791	0.398299	0.41448	0.427647
X_{34}	0.411438	0.369087	0.423952	0.396751	0.414463	0.430775

同上，可以得到地市公司计量收费满意度评价各指标的权重，结果见表 10-11，各地市公司计量收费满意度评价指标的计算结果及排序结果见表 10-12。

表 10-11　计量收费满意度评价指标的信息熵 H_i、偏差数 G_i 和权重 w_i

指标	H_i	G_i	w_i
X_{31}	1.291654	−0.29165	0.249955
X_{32}	1.291838	−0.29184	0.250113
X_{33}	1.291756	−0.29176	0.250043
X_{34}	1.291576	−0.29158	0.249889

表 10-12　各地市公司计量收费满意度评价指标的计算结果及排序结果

结果	B 市	C 市	D 市	E 市	F 市	G 市
C_i^+	1.869819	22.63287	1.298012	2.93154	1.571961	1.158015
C_i^-	0.122375	0.13953	0.115497	0.12818	0.119394	0.112681
F_i	0.938573	0.993873	0.918291	0.958107	0.929409	0.911324
排序	3	1	5	2	4	6

4. 服务感知满意度评价

首先得到标准化后的数据见表 10-13。

表 10-13 标准化后的数据

指标	B市	C市	D市	E市	F市	G市
X_{41}	0.40793	0.37092	0.424777	0.40037	0.414475	0.428357
X_{42}	0.408014	0.374421	0.423388	0.395967	0.413644	0.431492
X_{43}	0.40829	0.371312	0.422564	0.395973	0.415253	0.433171
X_{44}	0.401437	0.374087	0.424615	0.394293	0.422126	0.43006
X_{45}	0.409561	0.378589	0.425422	0.392515	0.413229	0.427925
X_{46}	0.408037	0.383215	0.423023	0.393338	0.415401	0.424771
X_{47}	0.409456	0.379104	0.423707	0.396	0.414207	0.425107
X_{48}	0.411592	0.380189	0.422697	0.394805	0.413749	0.424637
X_{49}	0.410864	0.374312	0.424436	0.395927	0.411464	0.42997
X_{410}	0.410012	0.375375	0.423302	0.396139	0.413026	0.429281
X_{411}	0.407118	0.371764	0.424089	0.399427	0.414061	0.430357
X_{412}	0.40849	0.376998	0.422819	0.393908	0.418908	0.426127
X_{413}	0.408901	0.37949	0.423645	0.395695	0.412563	0.427235

同上，可以得到地市公司服务感知满意度评价各指标的权重，结果见表 10-14，各地市公司服务感知满意度评价指标的计算结果及排序结果，见表 10-15。

表 10-14 服务感知满意度评价指标的信息熵 H_i、偏差数 G_i 和权重 w_i

指标	H_i	G_i	w_i
X_{41}	0.698125	0.301875	0.106937
X_{42}	0.698143	0.301857	0.074932
X_{43}	0.698083	0.301917	0.176947
X_{44}	0.698094	0.301906	0.096945
X_{45}	0.698195	0.301805	0.066919
X_{46}	0.698282	0.301718	0.056897

(续)

指标	H_i	G_i	w_i
X_{47}	0.698248	0.301752	0.046905
X_{48}	0.698263	0.301737	0.136902
X_{49}	0.69815	0.30185	0.01693
X_{410}	0.698176	0.301824	0.016924
X_{411}	0.698124	0.301876	0.174937
X_{412}	0.698195	0.301805	0.000919
X_{413}	0.698241	0.301759	0.026906

表 10-15 各地市公司服务感知满意度评价指标的计算结果及排序结果

结果	B 市	C 市	D 市	E 市	F 市	G 市
C_i^+	0.070135	0.073766	0.068991	0.071418	0.069637	0.068739
C_i^-	0.04585	0.053675	0.042343	0.048833	0.044383	0.041198
F_i	0.604692	0.578823	0.619676	0.593906	0.610742	0.625262
排序	4	6	2	5	3	1

5. 供电服务客户满意度综合评价

（1）根据式（9-1）对原始数据进行标准化处理，标准化后的数据见表 10-16。

表 10-16 标准化后的数据

指标	B 市	C 市	D 市	E 市	F 市	G 市
X_{11}	0.406347	0.368692	0.420313	0.39385	0.425438	0.431474
X_{12}	0.404592	0.36703	0.422952	0.398349	0.423293	0.429938
X_{13}	0.409948	0.371627	0.423747	0.397077	0.415606	0.428809
X_{14}	0.408182	0.3691	0.423419	0.394467	0.421946	0.429217
X_{15}	0.412014	0.372308	0.425624	0.396265	0.412616	0.428015
X_{16}	0.412296	0.369032	0.421879	0.393541	0.423857	0.425814
X_{17}	0.405319	0.37372	0.423843	0.396144	0.41999	0.427885
X_{18}	0.411831	0.371299	0.4252	0.396636	0.413544	0.428251

（续）

指标	B市	C市	D市	E市	F市	G市
X_{19}	0.408724	0.377506	0.422353	0.3922	0.421156	0.425276
X_{110}	0.405406	0.375336	0.422711	0.393808	0.420424	0.429236
X_{21}	0.409878	0.377655	0.424498	0.394705	0.411791	0.428735
X_{22}	0.409257	0.37279	0.424796	0.394466	0.416906	0.428569
X_{23}	0.408879	0.369053	0.424669	0.396918	0.4141	0.432725
X_{24}	0.409375	0.376303	0.422917	0.395524	0.4161	0.42705
X_{25}	0.412907	0.377794	0.423653	0.395445	0.41072	0.426884
X_{26}	0.414113	0.376206	0.423289	0.394599	0.410629	0.428347
X_{31}	0.408308	0.371657	0.422598	0.396253	0.417672	0.430233
X_{32}	0.406795	0.37905	0.423205	0.394523	0.413733	0.430015
X_{33}	0.408184	0.373658	0.424791	0.398299	0.41448	0.427647
X_{34}	0.411438	0.369087	0.423952	0.396751	0.414463	0.430775
X_{41}	0.40793	0.37092	0.424777	0.40037	0.414475	0.428357
X_{42}	0.408014	0.374421	0.423388	0.395967	0.413644	0.431492
X_{43}	0.40829	0.371312	0.422564	0.395973	0.415253	0.433171
X_{44}	0.401437	0.374087	0.424615	0.394293	0.422126	0.43006
X_{45}	0.409561	0.378589	0.425422	0.392515	0.413229	0.427925
X_{46}	0.408037	0.383215	0.423023	0.393338	0.415401	0.424771
X_{47}	0.409456	0.379104	0.423707	0.396	0.414207	0.425107
X_{48}	0.411592	0.380189	0.422697	0.394805	0.413749	0.424637
X_{49}	0.410864	0.374312	0.424436	0.395927	0.411464	0.42997
X_{410}	0.410012	0.375375	0.423302	0.396139	0.413026	0.429281
X_{411}	0.407118	0.371764	0.424089	0.399427	0.414061	0.430357
X_{412}	0.40849	0.376998	0.422819	0.393908	0.418908	0.426127
X_{413}	0.408901	0.37949	0.423645	0.395695	0.412563	0.427235

（2）根据式（9-2）～式（9-6）依次计算每个指标的信息熵 H_i、偏差数 G_i 和权重 w_i，结果见表 10-17。

表 10-17 电力客户供电服务满意度评价指标的信息熵 H_i、偏差数 G_i 和权重 w_i

指标	H_i	G_i	w_i
X_{11}	0.512042463	0.487958	0.050309
X_{12}	0.512046088	0.487954	0.050309
X_{13}	0.51212515	0.487875	0.080304
X_{14}	0.512067499	0.487933	0.030308
X_{15}	0.51212901	0.487871	0.030304
X_{16}	0.512077222	0.487923	0.070303
X_{17}	0.512136406	0.487864	0.030303
X_{18}	0.512118904	0.487881	0.030304
X_{19}	0.512173854	0.487826	0.050301
X_{110}	0.512139383	0.487861	0.060307
X_{21}	0.512180171	0.48782	0.020301
X_{22}	0.512122201	0.487878	0.020304
X_{23}	0.51206978	0.48793	0.010307
X_{24}	0.512180064	0.48782	0.020301
X_{25}	0.512196362	0.487804	0.0203
X_{26}	0.51217022	0.48783	0.010301
X_{31}	0.512114566	0.487885	0.010305
X_{32}	0.51218755	0.487812	0.0103
X_{33}	0.512154931	0.487845	0.010302
X_{34}	0.512083596	0.487916	0.020306
X_{41}	0.512126905	0.487873	0.080304
X_{42}	0.512139948	0.48786	0.020303
X_{43}	0.512096365	0.487904	0.070306
X_{44}	0.512103941	0.487896	0.010305
X_{45}	0.512177798	0.487822	0.010301
X_{46}	0.512242203	0.487758	0.010297
X_{47}	0.512217292	0.487783	0.020298

（续）

指标	H_i	G_i	w_i
X_{48}	0.512227821	0.487772	0.050298
X_{49}	0.512145327	0.487855	0.010303
X_{410}	0.512164534	0.487835	0.010302
X_{411}	0.512125855	0.487874	0.040304
X_{412}	0.5121782	0.487822	0.020301
X_{413}	0.512211639	0.487788	0.010299

（3）结合所得权重集，依据式（9-9），将标准化后的数据加权化运算，求得了加权化矩阵B_i。

$$B_i = \begin{bmatrix} 0.012316 & 0.011175 & 0.012739 & 0.011937 & 0.012895 & 0.013078 \\ 0.012263 & 0.011124 & 0.012819 & 0.012074 & 0.01283 & 0.013031 \\ 0.012423 & 0.011262 & 0.012841 & 0.012033 & 0.012595 & 0.012995 \\ 0.012371 & 0.011187 & 0.012833 & 0.011955 & 0.012788 & 0.013009 \\ 0.012486 & 0.011282 & 0.012833 & 0.011955 & 0.012504 & 0.01297 \\ 0.012495 & 0.011184 & 0.012786 & 0.011927 & 0.012846 & 0.012905 \\ 0.012283 & 0.011325 & 0.012844 & 0.012005 & 0.012727 & 0.012966 \\ 0.01248 & 0.011252 & 0.012885 & 0.01202 & 0.012532 & 0.012978 \\ 0.012385 & 0.011439 & 0.012798 & 0.011884 & 0.012761 & 0.012886 \\ 0.012285 & 0.011374 & 0.012809 & 0.011934 & 0.01274 & 0.013007 \\ 0.01242 & 0.011443 & 0.012863 & 0.01196 & 0.012478 & 0.012991 \\ 0.012402 & 0.011297 & 0.012873 & 0.01196 & 0.012478 & 0.012991 \\ 0.012392 & 0.011185 & 0.012871 & 0.01203 & 0.01255 & 0.013115 \\ 0.012404 & 0.011402 & 0.012815 & 0.011985 & 0.012608 & 0.01294 \\ 0.012511 & 0.011447 & 0.012837 & 0.011982 & 0.012445 & 0.012934 \\ 0.012548 & 0.0114 & 0.012826 & 0.011957 & 0.012443 & 0.012979 \\ 0.012374 & 0.011263 & 0.012807 & 0.012008 & 0.012657 & 0.013038 \\ 0.012326 & 0.011485 & 0.012823 & 0.011954 & 0.012536 & 0.01303 \\ 0.012369 & 0.011323 & 0.012872 & 0.012069 & 0.01256 & 0.012959 \\ 0.012469 & 0.011186 & 0.012849 & 0.012024 & 0.012561 & 0.013055 \\ 0.012362 & 0.01124 & 0.012872 & 0.012133 & 0.01256 & 0.012981 \\ 0.012364 & 0.011346 & 0.01283 & 0.011999 & 0.012535 & 0.013076 \\ 0.012374 & 0.011253 & 0.012806 & 0.012 & 0.012585 & 0.013128 \\ 0.012166 & 0.011337 & 0.012868 & 0.011949 & 0.012793 & 0.013033 \\ 0.01241 & 0.011472 & 0.012891 & 0.011894 & 0.012521 & 0.012966 \\ 0.012362 & 0.01161 & 0.012816 & 0.011917 & 0.012585 & 0.012869 \\ 0.012406 & 0.011486 & 0.012838 & 0.011998 & 0.01255 & 0.01288 \\ 0.01247 & 0.011519 & 0.012807 & 0.011962 & 0.012536 & 0.012866 \\ 0.01245 & 0.011343 & 0.012862 & 0.011998 & 0.012469 & 0.013029 \\ 0.012424 & 0.011374 & 0.012827 & 0.012004 & 0.012515 & 0.013008 \\ 0.012337 & 0.011266 & 0.012852 & 0.012104 & 0.012548 & 0.013042 \\ 0.012378 & 0.011423 & 0.012812 & 0.011936 & 0.012693 & 0.012912 \\ 0.012389 & 0.011498 & 0.012836 & 0.011989 & 0.0125 & 0.012945 \end{bmatrix}$$

（4）根据式（9-10）～式（9-13）计算欧氏距离，计算结果见表10-18。

表10-18 各地市公司电力客户供电服务满意度评价指标的欧氏距离

	B市	C市	D市	E市	F市	G市
d_i^+	0.003491	0.009516	0.000961	0.00576	0.002313	0
d_i^-	0.006087	0	0.008628	0.003822	0.007383	0.009516

（5）取分辨系数 θ 为 0.5，根据式（9-14）和式（9-15）依次运算各个地市公司的客户电力服务满意度评价指标到正负理想点的灰色关联度矩阵 S_i^+ 和 S_i^-。

$$S_i^+ = \begin{bmatrix}
0.041993 & 0.046885 & 0.040428 & 0.043499 & 0.039883 & 0.03926 \\
0.042198 & 0.047127 & 0.040145 & 0.042944 & 0.040109 & 0.039416 \\
0.04157 & 0.046454 & 0.040054 & 0.043092 & 0.040935 & 0.039525 \\
0.041778 & 0.046823 & 0.040094 & 0.04342 & 0.040251 & 0.039488 \\
0.041336 & 0.046357 & 0.039856 & 0.043191 & 0.041268 & 0.039607 \\
0.041309 & 0.046832 & 0.040257 & 0.043535 & 0.040047 & 0.039841 \\
0.042104 & 0.046157 & 0.040043 & 0.043205 & 0.040455 & 0.03962 \\
0.041357 & 0.046502 & 0.039901 & 0.043147 & 0.041165 & 0.039583 \\
0.041706 & 0.045627 & 0.040198 & 0.043693 & 0.040326 & 0.039888 \\
0.042093 & 0.04593 & 0.040163 & 0.043495 & 0.040408 & 0.03948 \\
0.041573 & 0.045605 & 0.039969 & 0.043379 & 0.041356 & 0.039528 \\
0.04165 & 0.04629 & 0.039943 & 0.043415 & 0.040792 & 0.03955 \\
0.041698 & 0.04683 & 0.039962 & 0.043117 & 0.041107 & 0.03913 \\
0.04163 & 0.045792 & 0.040137 & 0.043278 & 0.040875 & 0.039702 \\
0.041229 & 0.045585 & 0.040057 & 0.043286 & 0.041476 & 0.039718 \\
0.041096 & 0.045806 & 0.040098 & 0.043393 & 0.041488 & 0.039569 \\
0.041759 & 0.046451 & 0.040177 & 0.043194 & 0.040709 & 0.03938 \\
0.041927 & 0.045414 & 0.040106 & 0.043401 & 0.041137 & 0.039395 \\
0.04177 & 0.046164 & 0.039941 & 0.04294 & 0.041057 & 0.039642 \\
0.041405 & 0.046823 & 0.040036 & 0.043136 & 0.041066 & 0.039327 \\
0.041802 & 0.046555 & 0.039945 & 0.042692 & 0.04106 & 0.039571 \\
0.041791 & 0.046058 & 0.040091 & 0.043227 & 0.041152 & 0.039249 \\
0.041763 & 0.046502 & 0.040182 & 0.043231 & 0.040977 & 0.039083 \\
0.042566 & 0.046109 & 0.039964 & 0.043438 & 0.040228 & 0.039398 \\
0.041609 & 0.045478 & 0.039872 & 0.043653 & 0.041194 & 0.039612 \\
0.041778 & 0.044848 & 0.04012 & 0.043543 & 0.040946 & 0.039935 \\
0.041618 & 0.045403 & 0.04005 & 0.043215 & 0.041081 & 0.039902 \\
0.041374 & 0.045255 & 0.040156 & 0.043362 & 0.041131 & 0.03995 \\
0.041464 & 0.046073 & 0.039979 & 0.043231 & 0.041396 & 0.039404 \\
0.041559 & 0.045922 & 0.040097 & 0.043203 & 0.041218 & 0.039473 \\
0.041895 & 0.046435 & 0.040018 & 0.042806 & 0.041106 & 0.039366 \\
0.041732 & 0.045696 & 0.040147 & 0.043478 & 0.040568 & 0.039799 \\
0.041682 & 0.045352 & 0.040057 & 0.043253 & 0.041266 & 0.03968
\end{bmatrix}$$

$$S_i^- = \begin{bmatrix}
0.035954 & 0.039481 & 0.034801 & 0.037052 & 0.034396 & 0.033931 \\
0.036104 & 0.039652 & 0.034591 & 0.036649 & 0.034564 & 0.034048 \\
0.035643 & 0.039175 & 0.034523 & 0.036756 & 0.035175 & 0.034129 \\
0.035796 & 0.039437 & 0.034553 & 0.036995 & 0.034669 & 0.034102 \\
0.035471 & 0.039106 & 0.034376 & 0.036829 & 0.035421 & 0.03419 \\
0.035451 & 0.039443 & 0.034674 & 0.037078 & 0.034517 & 0.034364 \\
0.036035 & 0.038963 & 0.034514 & 0.036839 & 0.03482 & 0.0342 \\
0.035487 & 0.039209 & 0.034409 & 0.036796 & 0.035345 & 0.034173 \\
0.035743 & 0.038585 & 0.034629 & 0.037193 & 0.034724 & 0.0344 \\
0.036027 & 0.038802 & 0.034604 & 0.037049 & 0.034785 & 0.034095 \\
0.035645 & 0.03857 & 0.03446 & 0.036965 & 0.035486 & 0.034131 \\
0.035702 & 0.039058 & 0.034441 & 0.036991 & 0.03507 & 0.034148 \\
0.035737 & 0.039442 & 0.034454 & 0.036774 & 0.035303 & 0.033834 \\
0.035688 & 0.038703 & 0.034584 & 0.036891 & 0.035131 & 0.034261 \\
0.035392 & 0.038555 & 0.034525 & 0.036897 & 0.035574 & 0.034273 \\
0.035294 & 0.038713 & 0.034556 & 0.036975 & 0.035583 & 0.034162 \\
0.035782 & 0.039173 & 0.034614 & 0.036831 & 0.035008 & 0.034021 \\
0.035905 & 0.038433 & 0.034561 & 0.036981 & 0.035325 & 0.034032 \\
0.03579 & 0.038968 & 0.034439 & 0.036646 & 0.035265 & 0.034217 \\
0.035522 & 0.039437 & 0.03451 & 0.036788 & 0.035272 & 0.033982 \\
0.035813 & 0.039246 & 0.034442 & 0.036465 & 0.035268 & 0.034164 \\
0.035805 & 0.038893 & 0.03455 & 0.036854 & 0.035335 & 0.033923 \\
0.035785 & 0.039209 & 0.034618 & 0.036857 & 0.035206 & 0.033799 \\
0.036373 & 0.038929 & 0.034456 & 0.037008 & 0.034652 & 0.034035 \\
0.035672 & 0.038478 & 0.034388 & 0.037164 & 0.035367 & 0.034194 \\
0.035796 & 0.038027 & 0.034572 & 0.037084 & 0.035184 & 0.034434 \\
0.035678 & 0.038425 & 0.03452 & 0.036846 & 0.035283 & 0.03441 \\
0.035499 & 0.038319 & 0.034599 & 0.036953 & 0.03532 & 0.034446 \\
0.035565 & 0.038903 & 0.034467 & 0.036858 & 0.035515 & 0.034039 \\
0.035635 & 0.038796 & 0.034555 & 0.036837 & 0.035384 & 0.03409 \\
0.035882 & 0.039161 & 0.034496 & 0.036548 & 0.035302 & 0.034011 \\
0.035762 & 0.038634 & 0.034592 & 0.037037 & 0.034904 & 0.034333 \\
0.035725 & 0.038388 & 0.034525 & 0.036874 & 0.035419 & 0.034245
\end{bmatrix}$$

（6）根据式（9-16）计算灰色关联度S_i^+和S_i^-，运算结果见表10-19。

表10-19　各地市公司客户供电服务满意度评价指标的灰色关联度

	B市	C市	D市	E市	F市	G市
S_i^+	0.041691	0.046095	0.040068	0.043276	0.040886	0.039548
S_i^-	0.035732	0.038918	0.034533	0.03689	0.035139	0.034146

（7）先依据式（9-1）对之前运算出的欧氏距离和灰色关联度标准化处理，再根据公式（9-17）和式（9-18）整合标准化后的欧氏距离d_i^+和d_i^-和灰色关联度S_i^+和S_i^-，取$p=q=0.5$，得到整合结果C_i，最后根据式（9-19）计算相对接近度F_i，计算结果及排序结果见表10-20。

表 10-20　各地市公司供电服务满意度评价指标的计算结果及排序结果

结果	B 市	C 市	D 市	E 市	F 市	G 市
C_i^+	0.023889	0.023048	0.024348	0.023549	0.024134	0.024532
C_i^-	0.019612	0.024217	0.017747	0.021325	0.018726	0.017073
F_i	0.549164	0.487629	0.578407	0.524784	0.563096	0.589637
排序	4	6	2	5	3	1

10.3　A 省"供电 + 能效服务"项目评价结果分析

通过建立电力公司供电服务客户满意度评价模型，本著作对 A 省六地市电力客户满意度进行了综合评价。

根据上一节计算所得的评价结果，电力客户供电服务满意度综合评价最好的是 G 市，其次是 D 市、F 市、B 市、E 市和 C 市。为更加直观地分析评价结果，根据基础管理满意度、业务服务满意度、计量收费满意度、客户感知满意度 4 个准则层指标评价排序结果绘制了簇状条形图和数据折线图，直观地展示了这六个地市在四个维度上的优劣排序。通过分析簇状条形图与数据折线图，可找出各地的电力客户供电服务的薄弱之处，如图 10-1 和图 10-2 所示。

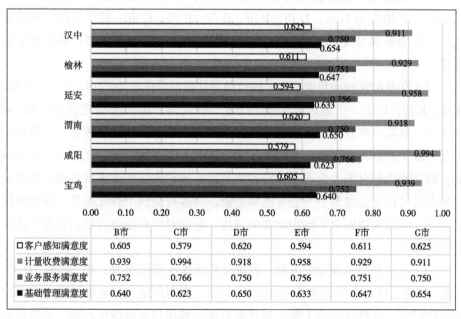

图 10-1　电力客户服务满意度评价结果（一）

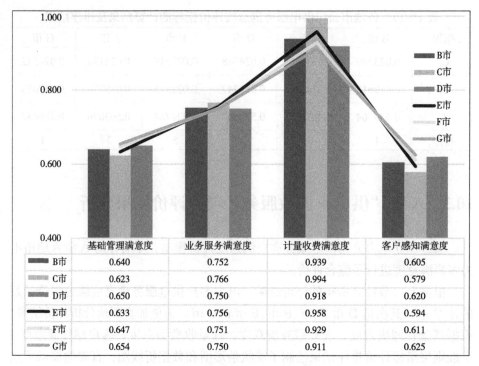

图 10-2 电力客户服务满意度评价结果（二）

（1）电力客户服务满意度评价结果显示，六地市电力客户满意度综合排名从高至低依次为 G 市、D 市、F 市、B 市、E 市、C 市，其中基础管理满意度、业务服务满意度和服务感知满意度是电力公司供电服务客户满意度中的弱项。

（2）在基础管理满意度方面，评价结果从高至低依次为 G 市、D 市、F 市、B 市、E 市、C 市。六地市 F_i 值均在 0.6~0.7 之间，由上文构建模型可知，F_i 越接近 1 则客户满意度越高，说明客户在基础管理方面满意度较低，六地市电力公司需要加强基础管理，由具体指标看，X_{11}、X_{12}、X_{13}、X_{16}、X_{19}、X_{110} 权重较高，即这些指标对电力公司基础管理满意度影响较大，因此需要各地市电力公司提高公司社会公益形象与企业品牌形象，为客户提供个性化服务，保证电压稳定性，同时加强安全节约用电知识宣传，定期对用户用电设备运营安全状况进行检查。

（3）在业务服务满意度方面，评价结果从高至低依次为 C 市、E 市、B 市、F 市、D 市、G 市。六地市 F_i 值均大于 0.75，说明六地市在业务服务方面客户满意度较高，从具体指标上看，包括项目业务和项目人员两项内容，各项指标权重相当，因此需要电力公司持续提高服务人员服务水平与服务态度，持续优化供电服务项目方案实施流程，提高项目方案实施效率。

（4）在计量收费满意度方面，评价结果从高至低依次为 C 市、E 市、B 市、F 市、D 市、G 市。六地市 F_i 值均接近 1，说明其在计量收费方面表现优秀，客户对电费计算，电能计量服务满意度较高，同时网上交费服务提高了客户缴费便利度，有效提高了客户满意度。

（5）在服务感知满意度方面，评价结果从高至低依次为 G 市、D 市、F 市、B 市、E 市、C 市。六地市 F_i 值在 0.6 附近波动，说明客户满意度较低，六地市电力公司在未来需要提高服务感知质量，从具体指标上看，X_{41}、X_{43}、X_{48}、X_{411} 权重较高，均超过 0.1，即这些指标对电力公司服务感知满意度影响较大，因此电力公司需要改进营业厅服务便捷性，提高电子化服务渠道满意度，拓宽服务渠道，跟进客户反映问题有效处理情况，同时加强客户体验管理的评价与检查以确保用户感知的产品或服务满意期望，以此来进一步提高客户满意度。

为了验证研究结果的可靠性和合理性，邀请了国网 A 省电力公司的四位专家进行访谈，对本次评价结果进行点评分析，对排名前列和末尾的地市公司进行了讨论。

从地区 GDP 数据来看，六地市经济增长较为迅速，G 市 2021 年 GDP 达到 1768.72 亿元，名义增量为 175.32 亿元；D 市 2021 年 GDP 达到 2087.21 亿元，实际增速达到 8.2%；E 市 2021 年 GDP 达到 2004.58 亿元，名义增量为 403.1 亿元；C 市 2021 年 GDP 达到 2581.32 亿元，名义增量 376.51 亿元。从地区人口来看，G 市、D 市、E 市呈减少趋势，C 市人口显著增加。分别见表 10-21 和表 10-22。

表 10-21　2021 年六地市 GDP 数据

地区	2021 年 GDP	2020 年 GDP	名义增量	实际增速
G 市	1768.72	1593.4	175.32	8.2%
D 市	2087.21	1866.27	220.94	8.2%
F 市	5435.18	4089.66	1345.52	7.9%
B 市	2548.71	2276.95	271.76	6%
E 市	2004.58	1601.48	403.1	8.1%
C 市	2581.32	2204.81	376.51	8.5%

表 10-22　2021 年六地市常住人口数据

地区	2020 年普查数据	2021 年末数据	人口增减
G 市	321.15	318.93	−2.22
D 市	468.87	463.1	−5.9
F 市	362.48	362.18	−0.3
B 市	332.19	328.2	−3.99
E 市	228.26	226.93	−1.33
C 市	395.98	421.3	25.32

专家指出，国网 G 市供电公司在电网建设规模和供电质量方面一直位于 A 省中上水准，拥有 35kV 以上变电站 119 座，输电线路 243 条 4641.2km，G 市供电公司长期坚持安全生产、数字化转型等业务领域，目前公司安全生产天数超过 6500 天，同时通过筹备建设明珠变电站工程、330kV 元墩变送出工程等项目，合理分配 G 市电网地区负荷，保障区域内重要厂矿企业用电安全可靠，满足地区负荷增长需求，客户供电服务综合满意度较高。D 市人口众多，国网 D 市供电公司目前管辖 35kV 及以上变电站 166 座，容量 12417.85MV·A，线路 438 条 6499.54km，为了应对负荷增长需求，保障客户供电服务需求，D 市公司完成了 110kV "三跨" 治理工程，有效提高了该地区电网的稳定运行及迎峰度夏能力，为 D 市经济发展提供优质、安全、可靠的电力保障；同时 D 市公司还安排变电运维中心有关人员在汛期恢复变电站值守制度，对防汛重点变电站进行驻守保电，全力做好各项运维基础工作，确保 D 市电网设备安全运行，这些举措有效提升了 D 市供电公司客户满意度。E 市近年来经济增长迅速，但由于 E 市地处黄土高原腹地，沟壑纵横，电网规划建设等大型项目建设开展难度较大，部分县镇供电能力已不能满足当地经济发展需求和人们生产生活用电需求，导致客户供电服务综合满意度排名较低，当前 E 市供电公司积极开展 E 市某县 330kV 输变电工程等项目改善地区供电情况，服务新能源产业发展。C 市人口、经济增长迅速，C 市承担了省会等地相关产业、人口的外溢和转移，人口与经济的增长可能在短期造成 C 市供电公司的供电服务压力，导致客户满意度处于下风，目前，A 省电力公司正在通过实施项目，如 C 市东 330kV 输变电工程等，通过新建变电站、新建线路、扩建及改造相关变电站的方式，改善 C 市新区 110kV 电网长距离链式供电的现状。这些措施将在一定程度上满足 C 市新区及周边电网负荷增长的要求，提高电网的供电安全性、可靠性和经济性。

专家最终一致认为此次评价结果具有一定的合理性，从而证实本著作建立的评价指标体系及综合评价模型具有科学性和可操作性。

10.4 相关企业典型案例分析

10.4.1 典型案例 1

2021年10月初，国家电网公司公布了前三季度系统内各单位工作亮点榜单，其中国网Z省电力有限公司（下文称国网Z省电力）推动消费侧能效提升的创新举措格外亮眼，特别是"工业碳效码"等数字化应用，已经接入全省四万多家企业，可在全省11个地市智能、重点行业实现碳监测，有效推动能源使用"吃干榨尽"。这些超前一步的行动凸显出客户用能效果成效。

Z省是能源消费大省。国网Z省电力树立"能效是第一能源""节约的能源是最清洁的能源"理念，致力于从"供电服务"向客户用能效果延伸，引导全社会从"控能"转向"控碳"，将重心从"降价"转向"降量"，以柔性精细市场化方式努力提升全社会能效水平，推进能源领域高效智治。

1. 县域客户用能效果模式

2021年，国网Z省电力有限公司提出客户用能效果三年行动计划，推进用电分析、能效诊断等能效服务，提升社会能效水平。从2021年7月份开始在N市三个县域试点实施供电服务向客户用能效果延伸，以供电服务为基础，聚焦客户用能优化，针对县域内用电客户全面提供能效服务。县域客户用能效果以试点区县供电公司为主体，通过服务组织体系建设，依托信息化支撑平台，构建线上、线下高效协同的能效公共服务实施体系。

在推进县域客户用能效果工作中，国网Z省电力对内实施能效客户双经理制，深化行业能效分析，组建能效专家团队，打造综合化服务班组；对外提出"公共系统＋工艺系统"解决方案，从政府级"双碳"数字平台、能效标准体系构建及分布式光伏、绿色校园、绿色照明等服务延伸方面入手，力争实现从公共服务到市场化服务转变。

2021年前10个月，N市全社会用电量稳居Z省首位，其中工业用电量占比达71.31%。国网Z省电力在N市试点建立健全能效服务体系，通过组建"客户＋能效"双经理团队，优化能效服务流程，促进能效服务与传统供电服务融合；强化政企联动，多次邀请企业代表、行业协会等召开能效提升座谈分享会；通过走访调研企业、应用数字化手段、线上交流等方式，收集企业实际能效需求，提供个性化能效提升建议。试点工作开展以来，N市供电公司累计走访企业6000余家，解答企业能效问题500余个，提出400余条能效提升建议。

在医药企业集中的 N 市 XC 县，XC 县供电公司上门服务多家地方企业，现场研讨"一企一策"、客户用能效果工作方案，帮助企业节能增效。国网 Z 省电力指导 XC 县供电公司成立专项小组，组织相关台区经理结合"网上国网"能效账单模块功能，针对企业客户开展能效专业培训，帮助企业了解自身用电情况及用电特征，助力企业降本增效。

在"小商品之都"YW 市，国网 Z 省电力指导 YW 市供电公司在所属客服中心设立业扩班、用电检查班，在所属供电所设立综合班，为客户开展能效服务。自工作开展以来，YW 市供电公司已为 2277 家企业提供线上能效账单服务，为 21 家企业提供现场能效诊断服务。

2. 能耗管理精细化柔性化市场化

国网 Z 省电力在能耗管理积极探索从以往相对粗放的方式向精细、柔性、市场化的方式转变，让全社会主动参与到能效提升的行动中来。其中，数智赋能与源网荷储协同互动是关键所在。

在杭州萧山，兴惠化纤集团有限公司负责人项兴富通过一键扫描"能耗双控码"，自主识别出了该企业在当地的每日能耗排名和本年度企业剩余能耗额度。"能耗双控码"为当地重点用能企业建立了个性化"用能账户"，实现用能余额、柔性调控随时随地查，有效推动企业能耗管理"精打细算"。

国网 N 市供电公司通过电力大数据，推出"企业用电优化指南"服务，为全市 1 万余家大工业企业提供"一企一策"每日用电优化建议，精准有效指导企业合理错避峰用电。

如今，Z 省参与电网柔性调节的电力客户也越来越多。国网 Z 省电力通过持续探索新型负荷聚合模式，率先构建了日前、小时、分钟级可调节，以及秒级可中断的需求响应全业务分类体系。2022 年全省储备了客户侧削峰响应能力 1000 万 kW 以上，超过 4 万户客户参与电力需求响应，为电网创造了更多"弹性"空间。

3. 打造常态化政企联动机制

在打造常态化政企联动机制上，国网 Z 省电力动态掌握能效管理堵点、难点和痛点，做好政府能源服务参谋官，通过建设运营省级能源大数据中心，实现电、气、水等全品类用能数据采集和在线分析，动态预警用能趋势，服务企业用能诊断和能效对标，通过数字化手段支撑政府做好能耗管理。

国网 SX 市供电公司依托能源大数据中心打造的"高耗能企业用电监测"数据产品于 2021 年在 SX 市政务网上线，通过构建智能用能指数，辅助以"五色图"，直观呈现智能用能情况。

国网 Z 省电力还着力构建规范化能效公共服务，将能效公共服务全面融入传统供电业务，通过"线上精准推送＋线下主动服务"，推动客户开展能效改造，以数字化方式高效支撑业务推广，为客户提供用能服务"一站式"解决方案，满足客户个性化能效提升需求。

依托"网上国网"，国网 Z 省电力向客户推送能效账单、用能诊断报告。截至目前，公司共完成高压客户电能能效账单 32.53 万户，覆盖率 97.13%。"能效账单"通过数字化、规范化和专业化升级，为企业送去便捷经济的能效服务。

10.4.2 典型案例 2

J 省是经济强省，同时也是用能大省，近年来，J 省在全省加速推进能源绿色、低碳转型发展。国网 J 省电力有限公司（下文称国网 J 省电力）拓展延伸客户用能效果，深挖能效服务在建筑、钢铁等高耗能领域的实践价值，为经济社会稳中求进发展夯实能源保障。

1. 创新能源托管模式，促进公共机构建筑耗能量

走进 J 省 DB 镇政府的办公大楼，办公室房间里保持着 20 多度的恒温，楼道的智能节能灯只在有人走动的时候才会亮，大楼内的水、电、气、热等能源的使用数据通过各种传感器采集，汇总到综合能效管理平台，进行统筹科学调配，最大限度节能降耗。

DB 镇政府大楼在 2009 年投入使用，大部分用能设施已老化，能耗较高。2021 年 4 月，国网 ZJ 市供电公司与 DB 镇政府签订了能源托管合同，对镇政府大楼进行节能改造，大楼于 8 月完成改造升级，据测算，每年可减少标准煤消耗 28.23 吨、二氧化碳排放 73.96 吨，还可节约用能成本约 7.2 万元。

这是国网 J 省电力在全省公共机构推进综合能效服务的一个典型案例。2021 年 8 月，国网 J 省电力与 J 省机关事务局签订公共机构能效提升合作框架协议，通过能源托管服务，推进公共机构能源成本"零增加"、设备投资"零投入"，带动全省公共机构能效提升，推进节能减碳。

国网 J 省电力打造的公共机构能源资源综合管理平台，为全省 3.2 万座公共机构楼宇提供能耗监测、定额管理、能效评价、能耗分析等"一张网"服务，为政府部门科学决策、精准施策提供有力支撑。

截至目前，国网 J 省电力为全省 13 个地市共 214 家公共机构提供了能效提升服务方案，实施各类项目 106 项，已经投入运维的项目平均综合节能率超过 12%，累计节约用能折合标煤 1.48 万 t，相当于减排二氧化碳超过 5.3 万 t。

2. 推广新型节能技术，降低钢铁企业"碳含量"

位于盐城市响水县的江苏德龙镍业有限公司是一家生产镍合金钢铁企业，"根据供电公司的节能建议方案，我们改进了炼钢烘烤器工艺和设备，这条生产线能效提升了 20.55%，一年节省了约 470 万元的用能成本，还能减少碳排放。"该企业负责人介绍，根据国网 J 省电力提出的 17 套钢包烘烤器节能改造建议，该企业解决了传统烘烤方式温度低、燃料消耗大等问题，每年可节约标准煤 5691TCE。

钢铁行业一直是工业领域的"用能大户"，其中的焦化、烧结、炼铁、炼钢、热轧、冷轧等生产工艺都需要消耗大量能源资源。国网 J 省电力针对企业不同的用能特点，结合烧结烟气余热回收、钢包烘烤全氧（富氧）燃烧、电炉废钢连续加料烟气预热、工业炉窑余热梯级利用等一批节能潜力大、投资回报高、改造影响小的新技术，为企业定制"一企一策"用能方案。

仅 2020 年以来，国网 J 省电力就签约了江苏德龙镍业、江苏众拓新材料 2 家钢铁行业领军企业，累计实施高效水泵改造、烘烤器富氧燃烧等节能项目 4 个，平均节电率达到 32%、天然气节约率达 69%，年可减排二氧化碳约 12 万 t。

3. 发布"优能"品牌，增加能效服务"含金量"

2021 年 5 月 11 日，国网 J 省电力发布国网系统首个能效服务品牌——"优能"品牌，明确 8 项能效行动，促进江苏生态文明建设和可持续发展。

实施 8 项能效行动后，用能企业将享受到从能效咨询到规划建设、能源托管、智慧运维等一站式套餐服务；政府将通过能源领域碳交易服务系统计算的碳排放模型，开展"双碳"目标路径规划；居民将享受到更加便捷、实惠的电气化绿色生活。

"优能"品牌发布以来，国网 J 省电力还持续在能效服务方面率先探索，投运长江流域千吨级首条电动运输船，建成全国首座重型渣土车专用换电站，成立了国网系统内首个省级能源计量中心，自主研究社会综合能效评价体系并获江苏地方标准立项等。

10.4.3 案例分析结论

通过对以上两个典型案例的分析研究，可以发现 A 省客户用能效果业务主要存在以下问题。

一是未调动起各基层供电企业积极性，未因地制宜打造个性化服务。A 省各单位用能用电情况不一，因此对供电服务的需求不再局限于简单流程化粗线条的服务项目和内容，而是呈现多元化、精细化、差异化的趋势。而客户用能效果县域模式尚未打通，多样化、个性化服务难以满足。

二是尚未建立常态化的政企联动机制，尚未营造良好的政策支持环境。能效公共服务依托于政府配合的节能工作而开展，双方尚未能共享数据、共订标准，节能工作双轨进行，但未能构建常态化政企联动机制。

三是"供电+能效服务"宣传力度不足，未能吸引客户主动接纳。客户用能效果当前还处于刚刚提出的阶段，尚未赢得人民群众和社会主体认知，在各大新闻媒体上，A省的能效服务案例新闻都明确少于东部沿海城市，线下宣传也急需深入开展。

10.5 本章小结

本章通过构建客户用能效果质量评价模型，对A省六个地市展开客户服务质量评价，并分析质量评价结果。首先，通过电力专家问卷调查，构建服务质量评价指标，进而构建服务质量评价模型；其次对六地市电力客户进行问卷调查，分析其在基础管理质量、业务服务质量、计量收费质量、客户感知质量四个维度的满意度情况，得到评价结果并进行排序，即G市＞D市＞F市＞B市＞E市＞C市；根据评价结果绘制了簇状条形图，从准则层面对六地市的服务质量评价结果进行了分析。

通过对国网Z省电力和国网J省电力的典型案例进行梳理，分析了两公司在客户用能效果方面的具体举措，并进行归纳，对比分析讨论了A省电力公司目前在客户用能效果方面存在的不足及原因。国网A省公司应发力于基层，提供个性化服务；建立常态化的政企联动机制，推动政策支持；加大宣传力度引导客户，最终配合"碳达峰、碳中和"的行动方案，通过更优质便捷的客户用能效果业务，在能源消费侧全面推进电气化和节能提效，为人们带来更加绿色、低碳的生活方式。

第 11 章 提升电力服务质量的对策与建议

11.1 客户价值挖掘及服务提升的对策与建议

煤改电居民客户的用电行为同改造前存在显著差异,提升煤改电之后电力公司客户满意度也成为电力公司目前面对的客户关系管理问题,根据 A 省电力公司煤改电居民客户细分结果,提出了与客户细分结果一一对应的对策与建议,分别对"积极客户""保守客户""大型客户""中型客户"与"小型客户"提出提升客户满意度的对策与建议,同时提出保障各服务策略顺利实施的配套设施建设优化对策。

1. 提升"积极客户"满意度的对策与建议

"积极客户"对煤改电积极性较高,对于新事物的接纳程度较高,同时对于价格的敏感度不高,本文根据其特点提出了以下客户满意度提升对策:

(1)提供一户上门服务。"积极客户"总体人数较少,但就个体而言用电规模较大,改造意愿强烈同时对于煤改电接纳程度较高,年收入与改造前能源和资金消耗较高,因此该类客户有很大可能性发展为"大客户",因此本文提出针对该类客户提供"一户上门"服务。

"一户上门"服务是指在煤改电改造中若需要进行改造的客户只有一户,也要优先对其改造需求进行响应并提供上门服务来减少客户的麻烦,客户若产生了改造需求则直接拨打 95598 热线或者进行在线申报,之后由电力公司工作人员主动联系客户,必要时也可以上门进行考察,考察之后对客户电力情况进行评估,同客户进行沟通确定双方满意的改造方案后直接上门进行服务。因"积极客户"总量较少且发展潜力巨大,因此"一户上门"服务造成人力资源消耗增长属于合理范围内,同时也会显著提升"积极客户"对煤改电的满意度,增强其用电意愿,有助于该类客户转化为"大型客户"。

(2)推广新型采暖设备。尽管目前煤改电持续推进中,但目前客户所采用的大多为传统的电采暖设备例如空调,油汀等设备,从客户的反应来看,客户对于这类传统的电采暖设备满意度并不高,制热效率不高或者制热量不够等问

第 11 章 提升电力服务质量的对策与建议

题一直是阻碍这类客户使用电采暖的主要原因之一，因此本文针对该类客户提出推广新型采暖设备的服务策略。

新型采暖设备主要是指蓄热式电采暖与空气源电采暖。蓄热式电采暖是指采用高比热容的材料对其在短时间内进行加热，这种材料就会将热量收集起来，并实现长时间的持续放热。而空气源电采暖是指吸收空气中的热量，对其热量进行转换，并将热能传递至水箱中，之后对水箱进行加热，输入供暖设备实现供暖，整个过程中没有明火，没有污染气体排放，是值得大力推广的一种新型采暖设备。由于"积极客户"对于电采暖技术的接纳程度很高，因此可以向这类客户推广新型蓄热式电采暖于空气源电采暖，这类客户对于价格的敏感程度较低，对这类客户进行试点推广，既可以对新型采暖设备的实际使用情况进行验证，同时还可以实现以点到面的辐射，吸引更多的客户使用。

从调查结果可以看出，"积极客户"对于各类补贴政策的响应并不是很强烈，相比电价补贴和免费发放设备而言，这类客户更偏向于选择心仪的电采暖设备同时对于电价的敏感程度较低，一次性购置补贴作为最便捷的方式也更加吸引该类客户的采用。因此本文提出针对该类客户优化一次性购置补贴政策建议。

优化一次性购置补贴可以在原有基础上对于新型的采暖设备有更加倾斜的补贴措施，吸引客户使用新型的采暖设备，同时降低对于能耗较高以及污染较重的一次性购置补贴，整体上可以降低对于该类客户偏好使用的品牌补贴额度，刺激客户购买新型采暖设备，并将更多的补贴金额投放给"保守客户"。

2. 提升"保守客户"满意度的对策与建议

"保守客户"相比"积极客户"对于煤改电积极性较低，价格敏感性较强，仅需满足刚性需求等，本文根据其特点提出以下策略：

（1）提高煤改电宣传力度。由于"保守客户"对于价格较为敏感，且使用习惯较为传统，对于持续性用电的电采暖接纳度较低，传统的燃煤取暖和秸秆燃烧等的取暖方式都是属于明火取暖，单一的能量转换，客户可以直接感受到能量的转换，且能源的消耗过程是肉眼可见的，因此他们对于电采暖这种新型的能源转换方式以及持续性的电价消耗接纳程度较低。针对这种情况本文提出要提高煤改电宣传力度。

提高煤改电宣传力度，就要针对"保守客户"从电采暖制热原理，电采暖消费金额以及采暖设备的使用周期进行科学且全面的介绍。现有的宣传活动依然需要客户主动去进行了解，或者是客户被动进行改造，这些客户从心理上并未接受电采暖，为了使这些客户接纳电采暖，可以采用社交媒体营销，主动宣传以及试点推广等方式来向这些客户主动推广电采暖。同各地方政府进行合作展开有奖问答或公益讲座等方式来向居住在乡村的居民进行科普，深度介绍电采暖的可行性，也可以对个别客户进行先试用后决定的试点方式，让客户没有经济压力的情况下先对电采暖进行试用，了解之后进行更进一步的营销以及改造活动，并且通过试点推广以及客户使用来实现以点到面的辐射作用，让群众身边的例子来说明电采暖的可行性，吸引更多客户使用电采暖，接受煤改电改造。

（2）推广电采暖电价。从调查情况可以看出，"保守客户"在电价类型上主要还是采用的基本的阶梯电价，和电力公司推出的电采暖电价，峰谷电价，电锅炉电价等电价政策相比，"保守客户"并不愿接纳新型的电价政策，主要是因为"保守客户"在经济上并不宽裕，同时对于其他电价政策的不了解导致客户没有使用更加优惠的电采暖电价等政策。因此在这里提出推广电采暖电价。

推广电采暖电价，首先需要向客户说明电采暖电价的基本内容，让客户了解到电采暖电价实际上是在原有阶梯电价基础上针对采暖季提出的优惠电价政策，旨在鼓励客户使用电采暖满足采暖需求。向客户展示电采暖电价与其他电价政策的区别也是提高客户采用电采暖电价的措施之一，由于客户们对于电价类型并不是很了解，且主要关心的内容是电价类型带来的费用变动问题，企业需要对各类电价的消耗进行可视化且科学的展示，并且通过多种途径将这种比较结果传递给客户，在小范围内展开试点，对不同电价类型进行直观的对比吸引客户主动了解不同电价类型，进一步提升客户对于煤改电的接纳程度。

（3）开展成片改造。"保守客户"存在用电规模小，采暖面积小以及客户数量多的特点，若进行"一户上门"的改造方式则需要大量的人力物力投资，而收益却相对较低，并且"保守客户"中大量客户处于乡村，城中村等地区，收入水平较低，存在一定的从众心理，若只有少量客户愿意进行改造，那么未改造客户的改造意愿也会相对减弱。因此，本文提出开展成片改造与开展成片改造后评估。

开展成片改造，是指对于人群密度相对较大的城中村，乡村等地区，同当地政府机关联合开展集中改造。在当前的改造中已经采用了成片改造，但改造后客户使用效率并不高，针对这种情况，本文建议在进行成片改造时首先对当地客户就其用电习惯，收入情况，采暖面积以及设备偏好等情况进行调查，同时包括台区的负荷等级，然后根据调查情况选择合适的改造方式进行改造。

开展成片改造后评估，是指对于已完成成片改造的区域，在一个采暖季后进行后评估，对当地客户冬季采暖情况进行调查，包括客户用电时间，采用电采暖设备频率，不采用电采暖设备的原因，对电采暖的满意度等情况进行调

第 11 章　提升电力服务质量的对策与建议

研，从客户侧收集客户不愿使用电采暖设备的原因，并对日后的改造进行基于调查的而优化。

（4）推广低功率设备。"保守客户"在设备选择上偏向于设备功率较低，初始价格较低的设备，这是由于"保守客户"的收入水平相对较低，其采暖需求仅为夜间采暖，因此只需满足夜间卧室小范围的采暖需求对于该类客户而言就已经足够。本文就这种情况提出推广低功率设备以及推广蓄热式电采暖设备。

推广低功率设备，指的是在同等制热量条件下，向客户推广更低能耗的采暖设备，即制热效率更高的设备。在电力营销工作中可以对市面上不同厂家同一设备功率的设备进行统一检测，在保证品质的情况下选择制热效率最高且价格最低的设备进行推广，减少客户因购买到制热效率较低的设备而引发对电采暖的不满。电力营销工作中同样可以根据客户采暖面积的不同提供不同的电采暖设备选择，这里建议电力公司可通过公众号、社交媒体等方式为电采暖客户提供免费的电采暖设备推荐服务，客户只需提供基本信息就可以为客户推荐多种电采暖设备。

推广蓄热式电采暖设备，同"积极客户"的推广目的不同，对"积极客户"推广蓄热式电采暖设备主要是为了使"积极客户"起到示范作用，让客户看到蓄热式电采暖设备的可行性。但对于"保守客户"而言，其主要需求是满足夜间需求，白天的采暖效率相对较低，通过蓄热式电采暖设备可以使客户和传统的采暖设备消耗相近的电量但却实现全天候的制热，在保证客户基本采暖需求的同时培养了客户白天用电的用电习惯，让该类客户了解电采暖设备的同时享受更持久的保温效果。

"保守客户"在补贴政策的选择上同"积极客户"产生了较为明显的差异，两者除了都会接受"一次性购置补贴"之外，"保守客户"中还有不在少数的客户选择了"免费领取电采暖设备"的补贴政策，造成这一点差异的原因主要在"保守客户"的经济条件相对比较低，添置电采暖设备对该类客户而言是一笔较大的开支，客户考虑到经济状况可能更愿意选择免费领取电采暖设备，但目前的免费领取电采暖设备政策细化程度不够，客户领取到的设备可能并不适合其用电环境的使用，导致使用频率较低现象的发生。针对这种情况，这里提出优化补贴政策建议。

优化补贴政策，首先要针对"保守客户"将其他一些电价补贴措施转化为客户更愿意采用的免费领取电采暖设备措施，对其他电价补贴措施占比较低的区域进行免费发放电采暖设备来吸引客户；另外，本文建议开展客户电采暖设备使用意愿调查，研究该类客户在电采暖设备的使用上有哪些喜爱的类型、品牌、功率与功能，在完成研究之后建立新型的电采暖设备发放措施，给客户提供更多的选择空间，提升客户对于免费发放的设备满意度，最终实现客户使用时长的提升。

3. 提升"大型客户"满意度的对策与建议

"大型客户"用电量高，用电习惯良好，客户数量较少，对于这类客户，用电量增长空间不大，应当着重提高用电满意度来培养客户忠诚，并利用"大型客户"的高配合度进行新政策的推广。本专著提出了打造专属的尊贵服务，提供主动故障维修与推广新型采暖设备四种服务优化策略。

（1）打造专属的尊贵服务。打造专属的尊贵服务的目的是为了提升"大型客户"的用电满意度，这些客户在客户规模上不大但其消费水平和在群体中的影响作用却相当可观，对这些客户提供尊贵服务可以使这些客户感受到更高层次的享受，给予客户心理上的满足感。尊贵服务的打造主要包括配备"大型客户"经理、定期回访并发放赠品，开通专属的客户服务通道。

配备"大型客户"经理，"大型客户"经理是指专门负责"大型客户"客户服务的专业人员，该类客户人数较少，因此"大型客户"经理负责的客户要做到少而精，尽量做到一户一服务或十户一服务这样的服务水平。客户遇到的所有问题都可以直接与客户经理进行沟通，将现有的电力市场"$1+N$"的模式应用至细分市场中，减少以前客户多个部门跑多趟的形式，由客户经理联系相关部门对客户需求进行响应。

定期回访并发放赠品，该项建议主要是针对"大型客户"经理，要求客户经理要定期对客户进行回访，对用电表现较好的客户可以定期开展回馈活动，例如返电费，赠送设备或者赠送其他礼品，通过回馈活动让客户感受到其享受的专属服务，满足客户心理需求的同时也提升了客户对于电力公司的信任。

开通专属的客户服务通道主要是指对 95598 热线与线下营业厅的服务模式进行优化，开通"大型客户"专属的客户通道，并设置一系列的配套服务，例如排队不用等，政策优先享，"家庭驿站"服务等。排队不用等即在线上或线下的服务过程中，优先处理"大型客户"事务，优先处理"大型客户"问题；政策优先享是指对于政府和电网公司下发的与客户相关的政策，首先通知"大型客户"，让这类客户优先享用，既提升了客户满意度又可以通过对"大型客户"相关政策的执行进行修订并扩散到中小型客户；"家庭驿站"服务是指在营业厅配备"大型客户"的一系列服务措施，如客户就算不用办理业务，经过营业厅时也可以进入营业厅休息，并提供饮品，雨伞，充电宝等服务，让客户充分感受到作为"大型客户"的优越性。

（2）提供主动故障维修。提供主动故障维修主要是从三个方面提供服务，

第 11 章 提升电力服务质量的对策与建议

故障预先检测,主动上门服务,维修后评估。故障预先检测是指从电力公司运检部门运行数据出发,定期对其运行情况进行检测,设立风险预警,若出现停电或故障风险,主动与客户取得联系,告知其可能出现的风险,并提供解决方案供客户选择。主动上门服务在目前的电力企业客户管理中是指对于故障检修的主动上门服务,对于"大型客户"而言,可以对客户进行故障检修的基础上提供上门收费,上门发放赠品等服务。维修后评估是指对于故障维修服务,不仅仅要做到风险预警通知,主动服务,还需要就服务情况咨询客户的意见,根据客户意见优化服务方式并且通过收集意见的同时收集其他相关信息,以便电力公司勾勒客户画像。

(3)优化客户应急用电体验。优化客户应急用电体验主要是对"大型客户"提供延长电费缴纳时间服务以及提供应急供电保障措施,延长电费缴纳时间是指对于"大型客户"而言,当客户没有预存电费时并不会立即停电,而是继续供电,延长客户缴纳时间。目前运行的政策是对于电费用完的客户第一次有 10 度电的保存电量让客户应急,同时敦促客户尽快缴纳电费,对于"大型客户"可以将保存的应急电量提高,考虑到该类客户数量较小,提高应急电量对于电网运行的影响并不大,所以可以采用这种方式来满足客户应急时刻用电。应急供电保障措施是指准备一部分的应急发电设备、应急采暖设备和应急降温设备,当出现供电故障时可以根据客户的需求提供相应的设备保障客户在故障期间的用电,该种方式主要针对"大型客户"中用电规模较大的客户,由于该种方式耗费的人力物力过多,客户在使用时可以收取相应的使用费用,但"大客户"还是享有优先使用权,以此来提高客户满意度。

(4)推广新型采暖设备。推广新型采暖设备是指对"大型客户"推广蓄热式电采暖与空气源电采暖,针对"大型客户"的营销重点应该放在新型采暖设备的推广上,这也就要求电力企业首先要对蓄热式电采暖与空气源电采暖这样的新型采暖设备的可行性进行科学的验证,并要求少量客户免费试用这样的新型设备以确保新型采暖设备的市场接纳程度达到大规模推广要求。新型设备的初始市场价格一般都会有溢价现象产生,考虑到这种现象以及客户对煤改电的接纳程度,选择首先对"大型客户"推广,在这些客户群中形成良好的使用口碑,之后辐射到其他类型客户。

"大型客户"由于其用电行为良好,用电量高,对于补贴政策的要求并不高,对于煤改电的接受程度较高。为了推广新型电采暖设备,进一步优化电力行业能源结构,本文提出针对"大型客户"的制定新型采暖设备试用政策建议。

制定新型采暖设备试用政策,政府机构同采暖设备生产厂家与电力公司合作,鼓励"大型客户"试用如蓄热式电采暖与空气源电采暖等新型采暖设备,这也就要求电力企业首先要对蓄热式电采暖与空气源电采暖这样的新型采暖设备的可行性进行科学的验证,并提供例如服务提升,专属经理等激励措施来提升该类型客户对于政策的响应程度。选择该类型客户新型采暖设备的市场接纳程度达到大规模推广要求。新型设备的初始市场价格一般都会有溢价现象产生,考虑到这种现象以及客户对煤改电的接纳程度,选择首先对"大型客户"推广,在这些客户群中形成良好的使用口碑,之后辐射到其他类型客户。

4. 提升"中型客户"满意度的对策与建议

"中型客户"用电量居中,已培养出一定的用电习惯,客户数量大于"大型客户"而小于"小型客户",这类客户有一定的用电量增长空间,在服务中应当着重挖掘客户痛点,解决阻碍客户使用电能设备的问题,促进用电量的增长,提高客户满意度,最终能够实现"中型客户"向"大型客户"的转化。本专著提出了提供采暖设备指导服务、配备相应的客服通道与主动收集客户反馈意见三种服务优化策略。

(1) 提供采暖设备指导服务。提供采暖设备指导服务是指对"中型客户"开展设备指导服务,包括设备使用方法、设备能耗以及设备推荐等服务。从细分结果中可以看出"中型客户"尽管培养出了一定的电器设备使用习惯,但在冬季的用电量增长并不如夏季的可观,这也说明该类客户对于电采暖设备还是存在一定程度的不信任。首先,展开一定规模的调查,确定客户对于采暖设备存在的疑惑点,之后通过电话,社交媒体以及上门服务向客户提供采暖设备指导服务;同时根据客户方面对采暖设备存在的问题编制采暖设备指导手册,详细解释说明采暖设备的工作原理,使用方法并且可以包含对客户用电需求的测试,客户只需完成简单的测试就可以收到一系列的采暖设备推荐。

(2) 配备相应的客服通道。配备相应的客服通道是指在线上和线下营业厅中设置专业的"中型客户"经理,"中型客户"经理是专门负责接待"中型客户"的工作人员,该人员的选择需要考虑其对"中型客户"的了解情况,同时还要了解各部门业务流程以便为客户提供专业且迅速的客户服务。由于"中型客户"的人口数量处于中等水平,"中型客户"经理的服务对象可以选择一对一片区或一堆一人负责相近用电量等级的客户。通过"中型客户"经理的设置,在为客户提供专业且迅速的服务同时提升客户的用电满意度,促使客户对电器设备的使用。线上开通"中型客户"客服通道,客户拨打95598热线就可以直接进入"中型客户"的专属的客服通道。

(3) 主动收集客户反馈意见。主动收集客户反馈意见是指通过电话咨询,

第 11 章 提升电力服务质量的对策与建议

调查问卷或展开煤改电宣传会同客户展开面对面的直接交谈，主动邀请客户对电采暖的普及提出相关意见。根据客户意见优化服务后可对客户进行跟踪服务，持续关注客户的使用体验，来进一步优化客户服务管理。

尽管"中型客户"的用电量低于"大型客户"，且尚未培养出如"大型客户"一般完善的用电行为，但"中型客户"同大客户相似的是两类客户对于补贴政策的要求都不高，并且这两种客户对于煤改电的接受程度都较高。考虑到"中型客户"也已形成为了一定的高温季采暖季用电习惯，本文针对该类客户类似的制定新型采暖设备试用政策建议。由于"中型客户"在经济上并不如"大型客户"富裕，因此可以着重推荐运行成本较低的低功率新型采暖设备。

5. 提升"小型客户"满意度的对策与建议

"小型客户"用电量在三类客户中最低，高温季与采暖季的用电习惯基本没有培养出来同时对于价格极其敏感。对于这类客户而言，用电量增长空间较大，客户规模庞大，应当着重吸引客户采用电器设备，优化补贴政策来促进用电量的增长。本专著提出了完善客户服务通道、加强冬季电采暖宣传力度以及推广制热效率高的采暖设备三种服务优化策略。

（1）完善客户服务通道。完善客户服务通道是指构建"小型客户"服务体系，通过对线上客户与营业厅人员进行专业培训，使这些工作人员掌握"小型客户"的基本客户特点，指定符合该类型客户的服务手册。设置"小型客户"客户经理，考虑到该类型客户数量庞大，需求繁杂，应当从原有的客服中心中分离出一部分人员形成客户经理班子为"小型客户"提供差异化的服务。对电话客户，社交网站上的客服展开专业化的培训，使他们了解该类型客户的基本特点来提供更优质的服务。

（2）加强冬季电采暖宣传力度。加强冬季电采暖宣传力度，主要是针对"小型客户"的宣传，尽管这些客户已经完成煤改电改造，但其尚未形成冬季电采暖的使用习惯，所以对该类客户仍然有电采暖宣传的必要。宣传的重点可以放在电采暖的经济型与制热效率上，向该类客户说明电采暖并不会大幅增加客户的电费压力，合理的利用不仅可以提供高效的制热效率，运行成本相比原本的燃煤采暖等传统采暖方式甚至有所降低，并采用直观的数字向客户说明使用成本。大力宣传补贴政策，向客户展示例如电价政策这样的运行补贴，降低客户心理压力，促使客户形成良好的用电习惯。

（3）推广制热效率高的采暖设备。推广制热效率高的采暖设备的对象主要是"小型客户"，该类客户对价格的敏感性使得他们偏向于选择价格更低廉的采暖设备，但在缺乏专业指导的条件下，该类客户往往会由于过分追求低廉的价格导致购买到制热效率较低的设备，从而影响客户的使用体验。因此，应事先对不同价位设备的功率与制热量比较，为客户推荐制热效率较高的采暖设备，以提升客户的使用体验来提升客户用电量。同时还可以对蓄热式电采暖进行推广，向客户展示蓄热式电采暖可以在相同的耗电量情况下维持更长时间的放热效果，吸引客户采用更新颖节能的采暖设备。

现行的补贴政策种类繁多，且补贴力度大小不一，这对于"小型客户"而言了解门槛较高，该类客户本身就对煤改电信任度不高，因此尽管补贴力度不小，但客户采用意愿并不强烈，这也导致该类客户在补贴政策的选择上更倾向于"免费领取设备"的原因之一。本文针对该情况提出了简化补贴政策，优化补贴设备选择，打通补贴下放途径3条建议。

1）简化补贴政策是指对现有的补贴政策进行简化，减少客户面对繁琐的政策选择时出现的不满情绪，更方便客户进行选择，同时补贴政策尽量简单明了，重点突出该补贴政策的经济效益，以明确的金额向客户展示该政策的补贴力度，同时同其他政策进行对比，方便客户进行比较选择。

2）优化补贴设备选择是指对于免费发放采暖设备与一次性购置补贴而言，优化其补贴的采暖设备，通过对客户进行调查，补贴政策向更适合客户的采暖设备倾斜，向更清洁和制热效率更高的设备倾斜，同时也可以向蓄热式电采暖与空气源电采暖倾斜。

3）打通补贴下放途径是指向客户明确补贴下放途径，提升补贴下放速度。目前有不少客户反映相关补贴下放渠道不畅通，补贴下放不及时，这种现象的产生会极大地打击客户实现煤改电的改造意愿，也不利于客户用电习惯的培养。打通补贴下放途径需要同电力企业与各个机构合作，这也要求电力企业同政府机构，同设备生产厂家达成一致打通补贴发放渠道来提升客户满意度。

6. 提升客户满意度的配套建设优化建议

通过对客户进行细分研究，实现了客户细分，并在此基础上分别提出了提升"积极客户""保守客户""大型客户""中型客户"与"小型客户"满意度的对策与建议，为了使这些建议有合理的配套设施进行支撑，提出以下4点配套设施建设建议。

（1）加强配套电网建设。加强配套电网建设主要是指对各台区的变压器容量进行合理化的设定，在完成煤改电改造之后，客户用电量整体上会呈上升趋势，这也对于各台区的配套电网建设提出了更严峻的挑战，因此本文提出对各台区的用电情况与停电次数，故障次数结合起来进行评估，对变压器容量进行合理的调整和优化。

（2）调整现有组织结构。调整现有组织结构是指在目前执行的"三个经理"（政企经理，台区经理与营业厅电保姆）的基础上对台区经理进行更详细的划分，在客户服务中心之下的三个经理设定下添加针对居民客户的"大型客户"经理，"中型客户"经理与"小型客户"经理，为差异化的服务提供组织结构基础。

（3）优化业务流程。优化业务流程主要是指在原本的业务流程基础上添加对不同客户的响应方式与对应部门，构建可视化流程模块，让客户能跟踪了解业务流程运行情况，同时结合组织结构变更情况进行人员调整，实现跨部门协作，跨专业合作，在提高客户需求响应速度的基础上为客户提供更专业更优质的服务。

（4）构建针对煤改电的奖惩制度。构建针对煤改电的奖惩制度是指为煤改电优化意见编制奖惩制度，确保员工能够认真对待煤改电的展开，例如对按时完成煤改电的发放奖励，根据改造客户后评估结果对客户满意度较高的台区进行奖励，对表现较差的台区进行惩罚等措施来激励员工更高质量地完成相关工作，进一步促进清洁能源的推广。

11.2 优化智能电网调控管理水平的对策与建议

1. 加强调控人员的培训

电网调控一体化系统的应用对调控人员提出了更高的要求，原有的调度知识已经不能满足当前的需要。随着调控一体化运行管理模式的逐渐深入，电气设备、电网监控、电网操作、电网异常与事故处理等知识的培训学习成为人才培养的重要内容。在电网调控运行过程中，工作人员居于关键地位，是最活跃的因素，他们综合素质的高低直接影响，甚至决定了调控运行质量的优劣。从这里可以看出，要想真正提高电网调控运行的科学性，就需要重视工作人员素质的提升。

一方面应根据技术需要定期开展培训。人员是控制调控系统工作的主要因素，首先要确保技术人员和管理人员的能力和责任意识较强。要不断完善培训制度，通过对人员的培训提升其技术能力，全面提高电网系统人员的整体素质，让员工从培训中意识到自身的问题，从而更加积极地进行调控技术创新和管控流程创新。不断采用国内外新型技术手段对现有人员进行培训，拓宽技术人员成长的平台，使其掌握更多有利于工作的手段。要密切关注技术人员之间的差距，给予技术创新能力和工作能力突出的人员更多机会，为提供其进修机会，安排其到电力管控示范单位学习观摩。之后，再根据学习情况和实际掌握能力安排这些技术人员担任重要技术岗位，给予实践机会，让其更加紧密地结合学到的理论和电网调控实践。可组织现场学习，提高对新的变电设备的操作能力，使调度和监控人员的业务能力随着电网调控一体化系统设备的升级和改造，更快适应遥控操作，培养高素质技能人才。

另一方面要做到调度和监控工作人员的合理优化配置。增加对电力信号的监视与调控力度，在电网调控一体化系统应用中，电力调度人员要实时监控信号，并且要针对信号的变化进行详细的分析、研究、筛选，利用智能化一体系统的高科技信号分析技术，对于一些误报信息予以过滤与清除，使国家电网电力信息实现现代化的管理。在遵循信息监视原则的基础上，应用规范的信息名称，使信息共享的显示更加直观、简洁与清晰化，信息的畅通使电网的安全性得到了有效的提高。每天都要有专业技术人员进行检修，根据电网设备配备合理的工作人员数量，保证每个岗位人员之间的沟通要顺畅，以确保电网设备的及时操作，使电网可以安全、稳定运行。

2. 增强电网设备的管控

电网系统工作量的增加及运行标准的提升，其用到的电力设备的数量与种类日益丰富，在这种情况下，只有确保所有设备都具有良好的性能，才能为电网调控运行效果的优化创造有利条件。

制定电网系统的更新和维护制度，在电网系统更新过程中，启用备用系统和线路对整个电网进行监控，从而保障网络在替换过程中也不会失效。合理设计系统布局，在建立初期就对整个调控系统进行测试运行，在运行期间分析安全风险发生的概率，设定安全风险系数，便于在源头上降低风险发生概率。在电网各项目安装运行前，应该严格审核设备的性能、适用性等，确保设备符合电网线路运行要求，避免发生设备事故。对系统和设备的运行管理，要制定严格的风险控制制度和措施，提前分析各类风险发生的概率，制定应急方案，形成知识汇编手册，并发放到各作业人员手中，以确保风险发生时可以采用正确手段处理，降低安全事故的等级。要在系统和设备维修中实行定期检修制度，并书写台账留存，从而根据各检修记录有效预防风险。

具体来讲，电网系统中的各种集成、微机及晶体管都需要半年做一次全面检修。其中，对晶体管的检修，一般应对其电源的电位及逻辑工作点进行科学的测试，假如在测试中发现问题，应立刻分析问题的根源，接着科学解决；在保护与检修微机的时候，应把相关的采样报告与定值报告打印出来，对这些报告的各项内容进行细致而全面的研究。此外，在对各种电力设备进行检修的过程中，不仅应全面分析技术因素，而且还应分析经济因素，以有效预防维修过剩现象的出现。只有这样，才能在确保各种电力设备都具有良好性能的同时，还可节约大量的检修开支，有助于 A 省电力市场的开拓发展。

3. 重视智能技术的创新

在技术日新月异及社会经济迅猛发展的背景下，"技术是第一生产力"的价值更加凸显，计算机智能技术在改革与发展中得以广泛应用，并在推动各行各业快速向前发展中彰显出巨大优越性。技术支持系统是新时期优化电网调控运行质量的有效措施，在整个智能电网系统日常工作中发挥着十分重要的作用，其可显著提高电网的抗风险水平及系统性。因此，智能电网调控运行工作人员应在日常工作中依据具体需求主动将影响的技术系统引进来，搭建电网调控运行统一平台，以推动技术系统完善性的提升。在实际操作中，应做好以下几点：

（1）应与时俱进地现代化技术应用到工作中，促使传统调控运行技术的创新与改革，不断增强技术支持系统中的技术含量。

（2）通过培训、学习、观摩等途径尽可能多地了解行业最前沿的管理理念及成功经验，将其借鉴过来与自身的具体情况有机结合在一起，为我所用。只有这样才能把技术优势、管理经验与具体的电网调控运行内容与任务恰当融合，才能将先进技术转变成理想的工作效率，才能促使电网调控运行过程的科学性及效果的理想性。

4. 强化安全风险的预防

智能电网调控工作中，相关的技术人员可以结合常见的安全风险、电网中相关的数据信息，研判与处理安全风险。在这个过程中，相关数据信息的准确性与完整性起着重要作用。因此，必须准确采集电网各项数据信息，然后结合事故发生概率确定风险等级大小，从而依托实际经验制定有效措施。风险分析涉及多个方面，不是简单只测试电网运行和系统就能实现的，还需要结合电网运行的具体情况进行分析，只有这样才能有效预判风险，从而及时、准确地修复现有漏洞。智能电网调控涉及的人员和部门是多方面的，因为线路复杂、广，所以在风险预防分析中应该联动整体线路的所有人员，不能只依靠调控中心，只有使整体人员形成一个整体，才能一一分析出电网存在的未知风险。因此，要建立好电网间所有人员的交流沟通平台，保证发生的问题可以直接传送到调控中心，让调控中心制定合适的方案进行修复，并将安全风险数据汇总在数据库。这有利于在有效时间内解决安全风险问题，为后续安全预防提供有效资料。

在智能化时代，各行各业对电的需求逐步增加，中国智能电网建设的速度会越来越快，智能电网中存在的安全风险会更加受到社会各界人士的关注。电网调控是确保整体电网安全运行和处理问题的有效方式，需要不断加大创新调控手段的力度，为更多人提供安全的用电服务；要根据用电的规模和调控中心负荷，完善整个风险预防制度，既要满足人们对用电安全的期望，又要保障电网作业人员的安全；要不断强化对电网作业人员的培训制度，将培训作为预防风险的有效手段，通过培训为提供更多人才，让更多技术人员探索更有效的防范安全风险的创新措施；要开展风险意识培训，加强电网从业人员的风险意识、安全意识，保障电网安全；要确保电网运行中各部门交流沟通畅通，在问题发生时及时上报调控中心，这有利于及时解决风险，保障 A 省整体用电需求。

11.3 客户用电能效服务质量提升的对策与建议

1. 加强基础业务管理能力

评价结果显示六个地市电力公司供电服务基础管理方面满意度 F_i 值在 0.6~0.7 之间，说明客户在基础管理方面满意度较低，从具体指标上分析，X_{11}、X_{12}、X_{13}、X_{16}、X_{19}、X_{110} 权重较高，均超过 0.1，即提高企业服务形象，提供个性化服务，提升供电电压稳定性，同时开展用电安全检查服务，普及安全节约用电知识对电力公司提升基础业务满意度帮助较大，对此针对性地提出以下 4 点对策建议。

（1）加强企业服务形象建设。根据表 10-3，X_{11}、X_{12} 指标权重较大，即"社会公益形象"与"企业品牌形象"指标对电力公司提高基础管理满意度影响较大，因此电力公司需要加强企业服务形象建设以提高企业社会公益形象与品牌形象。企业形象是企业的无形资产，关乎公司的竞争力与认可度。各电力公司需要做好示范项目建设，组织编制示范项目建设计划，选择重点区域、重点客户开展示范项目建设，结合不同客户的特征与用电需求，编制有地区、特色的示范项目案例，推动各领域供电服务的标准化与模块化，形成产品服务标准化、定制化套餐，塑造专业的服务形象。此外需要组织产品发布会、展览会、座谈会、图书出版等形式活动积极宣传项目服务成效，通过现场参观、直播等方式邀请同行、客户等参加项目作业观摩，分享工作经验。在线上推广宣传方面，公众号、微博等官方账户整体利用率不高，客户普及率不高，电力公司需要充分运营线上媒体，提高信息扩散效率，塑造良好企业品牌形象。

（2）做好客户差异化、个性化服务。根据表 10-4，X_{13} 指标权重较大，电力公司做好客户差异化、个性化服务能够有效提高基础管理满意度。一般而言，停电、电压波动等情况会对高压客户生产经营、设备安全带来较大危害，因此高压客户更关注于供电稳定，针对高压用户，可以通过网络服务与其建立社交关系，利用公众号、微信群、电话专线等方式提供一对一咨询服务，线下可通过实地走访，进行用电检查、隐患排查、线路改造等上门服务，同时及时通知供电变化情况，帮助高压客户降低风险；低压客户更关注电费电价及其他抱怨问题，在积极使用传统电话、短信、网上营业厅、线下营业厅服务的同时，积极推广"网上国网"产品服务，支持提供一站式智能供电业务服务。电力公司还需要做好用户信息台账，对用户抱怨、用户能源、经济数据做好储存与分析，深刻洞察客户需求，为客户提供业务诊断，为客户提供经济性、环保性兼备的供电服务解决方案。在具体业务服务方面，面向钢铁、建材、化工、有色金属等高耗能行业和机械、电子等制造企业，积极开展并推广节能改造、分布式能源开发、储能、冷热供应等项目；面向办公楼、医院、酒店、商场、交通枢纽、学校等大型公共建筑和相关基础设施，开展用能优化、电冷暖供应、储能、光伏建设等项目；面向种植业、养殖业农业客户，开展分布式热泵供暖、渔/农光互补等项目。依托"绿色国网"省级智慧能源服务平台，为电力客户提供能耗检测、智能运维等智慧服务，促进客户满意度提升。

（3）确保供电服务质量。根据表10-3，X_{16}指标权重较大，电力公司需要通过一系列举措稳定供电电压，确保供电服务质量。保证企业供电服务质量，是保障客户正常生产生活的重点工作。目前，由于国家"双碳"政策的影响，各地市新能源汽车消费量增加，对供电需求不断提高，使得保障电能稳定成为提高客户体验的关键问题。此外，除了保障客户生活生产正常用电外，还需要积极做好电网改造构建工作，完善地区输电网络配置，提高电网需求响应能力，满足客户的负荷增长需求。

（4）保障客户用电安全。根据表10-3，X_{19}、X_{110}指标权重较大，电力公司需要通过宣传安全节约用电知识及检查用电设备运营安全以保障客户用电安全。首先需要加强前瞻性技术研究，构建企业、高校、科研机构协作研发机制，开展前瞻性研究，做好用能信息采集、计量、分析、控制技术等产品的研究工作，为设备产品安全性能提升提供基础技术支撑。同时需要积极组织施工人员对老旧社区、园区实施线路检查与改造，通过更换变压器、更换损坏老旧电表箱、重新敷设电缆、改造接户线等措施消除客户在供用电方面存在的安全隐患，提高电压合格率和供电可靠性，为客户安全用电提供电力保障。此外需要做好电力设施安全保护与安全用电的宣传工作，通过积极宣传引导形成自觉监督举报盗窃、破坏电力设施、私拉乱接等行为的良好风气,确保电力设备的安全、稳定运行。在具体宣传推广工作方面,可以通过开展区域安全用电专项宣传、安全用电知识进校园等活动,向广大社会电力用户普及电力设施保护常识,提升客户安全用电意识。

2. 加强服务流程与人员管理

在业务服务方面,六个地市电力公司供电服务客户满意度F_i值均大于0.75,说明客户满意度较高,但仍有较大提升空间。从指标权重上看,各项指标权重相当,从具体指标上看包括项目业务和项目人员两类内容,因此电力公司在进行业务项目建设时,仍需要持续优化改进服务流程,加强人员管理,促进客户满意度地持续提升,针对性地提出以下两点对策建议。

(1)加强业务服务流程管理。在供电服务计划制定前,电力公司需要组织工作人员开展实施现场实地勘察。业务制定后,组织专家对项目进行评估,对项目实施可能造成的风险隐患进行排查处理,做好备案方案。在业务项目方案实施阶段,需要各实施单位积极配合,形成统一的工作标准,明确各环节责任单位,确保工作任务的统筹安排,为确保方案顺利落地创作条件;其次需要深入排查风险隐患,强化标准化管理模式,提升整体方案的稳定性,降低方案实施风险。在业务服务检查环节,需要分解考核指标,遵从一定的指标管控原则,通过制定评价标准,采用合适的方法对项目实施单位与实施环节做好分析回顾,找出项目实施过程中出现的问题,进一步改善用户体验,促进业务服务满意度不断提升。

(2)加强人员管理,提高员工整体素质。员工形象代表着企业形象,员工素质水平较高时,客户对企业形象也会有正向积极的态度。为了加强人员管理,提高员工整体素质,首先要定期对关键岗位员工进行综合管理培训,提升员工知识与技能,能够更高效的为客户解决实际问题,培训后可以通过劳动技能竞赛、市场业绩对比等方式激发员工工作热情。同时需要强化绩效考核保障员工综合素质提升,在考核形式的选择上,除了企业干部、员工评价,还可以引入客户评价机制,了解客户的声音,保障考核的真实有效。此外,需要为员工提供公平的待遇,对于考核未达标的员工提供充分专业的技能培训,提高其个人能力素质;对于考核优秀的员工应积极提供奖金及晋升的机会,对其产生一定激励作用,增强其对公司的使命感与忠诚度。在严格执行公司制定的考核评价标准的同时,需要根据实际需要对考核标准、指标等进行调整完善,充分收集员工与考核评价方面的意见建议,能够保障考核标准指标在动态变化中不断完善,提高员工的参与感与认可度,进而提高供电服务客户满意度。

第 11 章 提升电力服务质量的对策与建议

3. 加强客户服务体验管理

评价结果显示,六地市电力公司服务感知满意度 F_i 值在 0.6 附近波动,说明供电服务客户满意度较低,从具体指标来看,X_{41}、X_{43}、X_{48}、X_{411} 权重较高,均超过 0.1,电力公司需要改进营业厅服务便捷性,提高电子化服务渠道满意度,拓宽服务渠道,跟进客户反映问题有效处理情况,同时加强客户体验管理的评价与检查以确保用户感知的产品或服务满意期望,以此来提高客户满意度,对此提出 3 点建议。

(1)提升服务便捷性,提高服务效率。根据表 10-14,X_{41}、X_{43} 指标权重均超过 0.1,说明客户较为看重营业厅服务便捷性与电子化服务渠道便捷性,电力公司需要提升服务便捷性,提高服务效率。电力公司需要对营业厅实时用户量、用户等待情况进行监控,发现问题并及时整改,切实提高客户服务感知。积极引导用户使用"网上国网"、e 享家等 APP,保障无论客户在任何区域,都能够实现业务快捷、方便办理。同时可以在区域之间推出一些特色服务业有助于帮助客户体验更多的便捷服务,例如通过组织区域电保巡查,开展政策宣传、用户培训等活动,让客户及时了解政策及产品服务,有效提升政策服务推广力度,提升服务便捷性。

(2)完善客户回馈交流机制。根据表 10-14,X_{48} 指标权重超过 0.1,说明客户希望及时得到问题处理反馈,因此建议电力公司完善客户回馈交流机制,帮助客户快速报告问题,及时得到反馈。对于电力用户来说,其在电力消费过程中产生的不满与抱怨可能会通过网络、媒体等渠道传播,同时可能会产生为难基层服务人员等不良行为,对电力公司来说会引起管理成本的提高,影响企业效益,因此,需要完善客户回馈交流机制,为了更好地与客户沟通,供电所需要开放多个交流渠道,例如电话访问、在线意见箱、客户回访以及微信群互动等,以便客户在任何时候都可以方便地与供电所联系。此外还需要对客户反馈交流情况进行定期总结与汇报,做好反馈交流机制改进工作。

(3)加强客户体验管理的评价与检查。根据表 10-14,X_{411} 指标权重超过 0.1,说明客户对产品或服务满足期望较为看重,电力公司应该加强客户体验管理的评价与检查,有效提高客户体验感知。近年来客户满意度要求不断提升,为了更为有效地降低客户的抱怨,提高客户服务体验满意,需要对开展的业务项目进行调研回访。高效率的回访不仅可以有效提升解决客户问题的时效性,也能够及时听到用户体验反馈,发现客户用电隐患,提升服务工作的实际效果。当客户有服务诉求时,需要及时给予反馈,积极协调多部门资源,优化服务流程,减少客户用电业务办理的等待时长,保证工作质量与时效,对于回访中经常发生的问题,形成系统的解决方案手册,做好相关培训,保证客户问题有效化解。在多部门协调处理客户问题的同时,需要保证沟通流畅,可以设置专员保证业务受理至完成的管理沟通质量,提升客户体验满意。此外,电力公司需要客观评价业务服务工作成效,积极引导各单位针对重点任务,持续加大工作力度,确保工作责任落实到位,通过建立考核监督机制,做好客户体验满意度提升的支撑保障工作。

4. 实现地区政府有效调控

为促进供电服务客户满意度的策略落实落地,一方面,需要地区政府出台相关的制度保障,加强对供电服务的监管职能,另一方面,需要出台相应补贴政策,激励电力公司主动提高供电服务水平,促进客户满意度提升,对此提出两点对策建议。

(1)积极发挥地区政府的领导、监督职能。地方政府在地区公共管理中承担着重要的主导作用与责任,包括产品供给、调节、维护市场环境公平等职责,在公共管理中,地方政府不仅是主导者,还是服务者。供电服务是地区基础公共服务,地区政府需要通过制定公共服务政策、推进电力工程建设、合理配置电力资源、加强电力公司监管等方式,保障群众权益。

为供电服务做好服务保障,地方政府需要服务国家整体宏观政策,通过制定政策,为行业发展提供支持,在政策制度编制过程中,必须遵守国家标准与行业规范,充分考虑电力公司业务优劣势、技术特点、服务内容等情况,确保制定的相关政策制度切实可行,保障电力公司供电服务有法可依,切实保障电力公司合法权益。在制定相关监督政策后,需要严格遵守监督程序,不得对电力公司进行过分的干预和管控,遵从市场经济的发展规律,以保障电力公司长远健康发展。地方政府还需要加快政企协同办电信息平台建设推进工作。用户在办电过程中,需要申请营业执照、不动产登记等资质信息,通过建设政企协同办电信息平台,能够实现办理流程便捷化,提高用户办电效率。

(2)出台相应补贴政策,激励电力公司供电服务水平提升。随着我国电力体制改革的不断深入,电力公司在向公益服务类企业转型的过程中面临了一系列挑战。除了要承担满足社会公益需求的责任外,电力公司还需要追求经济效益,实现企业的可持续发展。在这个过程中,电力公司需要不断提高自身服务能力和质量水平,以满足不同客户的需求,提高用户满意度。然而,这需要大量的人力、物力和财力投入,同时也存在一定的风险和不确定性。因此,地方政府需要出台相应补贴政策,对电力公司起到一定激励作用,促进其服务能力与服务水平提升。

从评价结果来看,六个地市居民客户计量收费满意度较高,地区政府未来

第 11 章　提升电力服务质量的对策与建议

可以在技术创新、基础设施建设方面提供政策扶持，或采取有效的激励补偿措施。当地区需要进行电网改造、电网工程建设时，可以给予电力公司一定的补贴，或采取成立专项基金等方式，降低企业的服务成本，激励企业更好地为地区经济发展、基础设施建设服务。同时加强新技术研究应用补贴力度，如智能电网技术、节能技术等补贴，激励电力公司加大智能电网、智能技术研发投入，推动智能社区、智能城市的发展建设，提升人们的生活品质，同时降低能源损耗，让生活更环保，用电更可靠，从而进一步促进地区供电服务水平的提升，让用户享受到更优质的供电服务。

参考文献

[1] MICHAEL G, LUCY B, PAUL T. Diversity and security in UK electricity generation: the influence of low carbon objectives[J]. Energy Policy, 2006, 34(18): 171-173.

[2] KANNAN R. Uncertainties in key low carbon power generation technologies implication for UK. decarbonisation targets[J]. Applied Energy, 2009, 86(10): 26-29.

[3] NEIL S, RAMACHANDRAN K. Hybrid modeling of long-term carbon reduction scenarios for the UK[J]. Energy Economics, 2008, 30(6): 2947-2963.

[4] DAGOUMAS A S, BARKER T S. Pathways to a low-carbon economy for the UK with the macro-econometric E3MG model[J]. Energy Policy, 2010, 38(6): 3067-3077.

[5] PEURA H, BUNND W. Renewable Power and Electricity Prices: The Impact of Forward Markets[J]. Management Science, 2021, 67(8): 4772-4788.

[6] YINGZ, XIN-GANG, Z, LEIX. Supply side incentive under the Renewable Portfolio Standards: A perspective of China[J]. Renewable Energy, 2022, 193: 505-518.

[7] WANG G, ZHANG Q, SU B, et al. Coordination of tradable carbon emission permits market and renewable electricity certificates market in China[J]. Energy Economics, 2021, 93: 105038.

[8] MARKANDYA A, BEN G A, SIMON H, et al. Public health benefits of strategies to reduce greenhouse-gas emissions: low-carbon electricity generation[J]. Lancet, 2009(12): 2006-2015

[9] SONIA Y, DANIEL S. Low carbon fuel standards: implementation scenarios and challenges[J]. Energy Policy, 2010, 38(11): 214-215.

[10] TOSHIHIKO N, DIEGO S, MIKHAIL R. Application of energy system models for designing a low-carbon society[J]. Progress in Energy and Combustion Science, 2011, 37(4): 56-58.

[11] JOHN A M. How carbon credits could drive the emergence of renewable energies[J]. Energy Policy, 2008, 36(10): 39-40.

[12] JAMES N, JOSIAH J, ANA M, et al. High-resolution modeling of the western north american power system demonstrates low-cost and low-carbon futures[J]. Energy Policy, 2012(3): 102-103.

[13] LU S, WU Y, LOU S, et al. A Model for Optimizing Spinning Reserve Requirement of Power System Under Low-Carbon Economy[J]. IEEE Transactions on Sustainable Energy, 2014,

5(4): 1048-1055.

[14] AGRAWAL V V, YÜCE Ş. Design of Electricity Demand-Response Programs[J]. Management Science, 2022, 68(10): 7441-7456.

[15] BOEMARE C, QUIRION P, SORRELL S. The evolution of emission trading in the EU: tensions between national trading schemes and the proposed EU directive[J]. Climate Policy, 2006, 3(2): 105-124.

[16] FANG G, TIAN L, LIU M, et al. How to optimize the development of carbon trading in China—Enlightenment from evolution rules of the EU carbon price[J]. Applied energy, 2018, 211: 1039-1049.

[17] GIBLINS, MCNABOLA A. Modeling the impacts of a carbon emission- differentiated vehicle tax system on CO_2 emissions intensity from new vehicle purchases in ireland[J]. Energy policy, 2009, 37(4): 1404-1411.

[18] ASBJORN T, JAMES M. The political economy of technology support: making decisions about carbon capture and storage and low carbon energy technologies[J]. Global Environmental Change, 2011(5): 303-312.

[19] SIMON A J, NALUAHI BK, FRIEDMANN S J, et al. Systems analysis and cost estimates for large scale capture of carbon dioxide from air[J]. Energy Procedia, 2011(4): 2893-2900.

[20] JAMES N, JOSIAH J, ANA M, et al. High-resolution modeling of the western north American power system demonstrates low-cost and low-carbon futures[J]. Energy Policy, 2012(3): 102-103.

[21] 康重庆, 陈启鑫, 夏清. 低碳电力技术的研究展望[J]. 电网技术, 2009, 33(2): 127-132.

[22] 路石俊, 杨淑霞, 林艳婷. 低碳经济下电力行业发展研究[J]. 国家行政学院学报, 2010(2): 46-50.

[23] 黄海燕, 雷嘉, 栾维新, 等. 我国沿海地区风力发电发展与布局研究[J]. 海洋开发与管理, 2010, 27(1): 95-98.

[24] 蒋虹, 张东明, 林少平. 低碳经济时代发电行业的发展形势与对策[J]. 环境污染与防治, 2010, 32(4): 107-109.

[25] 殷红军, 郭永凯. 低碳经济与发电企业发展[J]. 中国电力企业管理, 2010(6): 30-31.

[26] 高波, 张国兴, 郭菊娥. 基于暂停期权的低碳发电项目投资决策研究——以稻秆发电项目为例[J]. 长沙理工大学学报（社会科学版）, 2010, 25(6): 50-56.

[27] 王跃锦, 薛松, 朱晓丽. 基于MILP-ANN方法的低碳智慧岛分布式发电管理模型[J]. 华东电力, 2011, 39(9): 1414-1418.

[28] CARDOZO R M. An Experimental Study of Consumer Effort. Expectation and Satisfaction[J]. Journal of Marketing Research, 1965, 2(8): 244-249.

[29] ANDERSON E W, LEHMANN D R. Customer satisfaction, market share, and profitability findings from Sweden[J]. Journal of Marketing, 1994, 58(3): 53-66.

[30] KANO N, SERAKU N, TAKAHASHI F, et al. Attractive quality and must-be quality[J]. Journal of the Japanese Society for Quality Control, 1984, 14(2): 147-156.

[31] FORNELL C, BRYANT B E. The American customer satisfaction index: nature, purpose, and findings[J]. Journal of Marketing, 1996, 60(4): 7-18.

[32] FORNELL C. A national customer satisfaction barometer: the Swedish experience[J]. Chinese Journal of Management, 2005, 56(1): 6-21.

[33] SCHÜLLER D, PEKÁREK J, DOSTÁL P, et al. Profitability of customer satisfaction segments: genetic algorithm method in multidimensional clustering[C]. 25th International Business Information Management Association Conference-Innovation Vision 2020: From Regional Development Sustainability to Global Economic Growth. 2015: 2561-2571.

[34] MILIONR N, et al. Impacts of residential construction defects on customer satisfaction[J]. International Journal of Building Pathology and Adaptation, 2017, 35(3): 218-232.

[35] KASSAK, CHERNETM, KELEMEWORKG, et al. Customer satisfaction survey: the case of urban water supply services in southern Ethiopia[J]. Water Practice and Technology, 2017, 12(4): 1009-1017.

[36] CATAPAN A M, YAMAKAWA E K, SIEBERT L C, et al. Customer satisfaction performance assessment model for electricity Service for a Power Utility in Brazil[C]. 2017 Portland International Conference on Management of Engineering and Technology. 2017: 1-7.

[37] 周黎莎, 于新华. 基于网络层次分析法的电力客户满意度模糊综合评价[J]. 电网技术, 2009, 35(17): 89-93.

[38] 杨淑霞, 韩奇, 徐琳茜, 等. 基于鱼群算法优化BP神经网络的电力客户满意度综合评价方法[J]. 电网技术, 2011, 35(5): 146-151.

[39] ZHONG S, HOU L, RAO Z, et al. Foodservice management of health industries based on customer satisfaction[C]. IFIP WG 5. 7 International Conference on Advances in Production Management Systems. 2015, 460: 612-619.

[40] WANG J, PENG F. Satisfaction evaluation of power customer based on interval type-2 fuzzy sets[C]. 5th IEEE International Conference on Electric Utility Deregulation, Restructuring and Power Technologies. 2015, 688-692.

[41] 尹建国, 谢业亮, 颜立, 等. 基于AHP的电力企业综合考评模型[J]. 计算机系统应用, 2016, 25(9): 171-175.

[42] 皇甫汉聪, 肖招娣, 余永忠. 基于熵权法与改进的PCA聚类算法的电力客户价值分类与应用[J]. 现代电子技术, 2017, 40(7): 183-186.

[43] RAJABI A, ESKANDARI M, GHADI M J. A comparative study of clustering techniques for electrical load pattern segmentation[J]. Renewable and Sustainable Energy Reviews, 2020, 120: 3325-3361.

[44] LEE E, KIM J, JANG D. Load profile segmentation for effective residential demand

response program: method and evidence from korean pilot study[J]. Energies, 2020, 16(3): 589-614.

［45］MOTLAGH O, BERRY A, O'NEIL L. Clustering of residential electricity customers using load time series[J]. Applied Energy, 2019, 237: 11-24.

［46］KWAC J, FLORA J, RAJAGOPAL R. Lifestyle segmentation based on energy consumption data[J]. IEEE Transactions on Smart Grid, 2018, 9(4): 2409-2418.

［47］周冰钰，刘博，王丹，等．基于自组织中心 K-means 算法的客户互动用电行为聚类分析[J]．电力建设，2019, 40(1): 68-76.

［48］胡长青，黄研利，吴洁，等．大数据下的电力客户动态细分方法研究 [J]．微型电脑应用，2019, 35(12): 96-99.

［49］智能电网行业市场现状与发展趋势分析 [J]．电器工业，2022, 254(1): 46-57.

［50］WANG Y, CHEN Q, HONG T, et al. Review of smart meter data analytics: Applications, methodologies, and challenges[J]. IEEE Transactions on Smart Grid, 2018, 10(3): 3125-3148.

［51］胡学强．基于大数据挖掘的电力客服中台数据智能整合方法 [J]．自动化技术与应用，2023, 42(3): 117-121.

［52］梅震．基于电力大数据和人工智能的短期负荷预测 [J]．中外建筑，2018(10): 215-216.

［53］韦琦，杨明．改进神经网络算法的智能电网短期负荷预测 [J]．哈尔滨理工大学学报，2017, 22(4): 65-69.

［54］张智晟，于道林．考虑需求响应综合影响因素的 RBF-NN 短期负荷预测模型 [J]．中国电机工程学报，2018, 38(6): 1631-1638.

［55］文喆．含分布式电源的智能电网园区净负荷预测方法研究 [D]．长沙：湖南大学，2017.

［56］郭攀攀．智能用电大数据环境下的短期负荷预测研究 [D]．北京：华北电力大学，2017.

［57］鲁云．智能电网负荷特性分析与短期负荷预测研究 [D]．北京：北京邮电大学，2017.

［58］廖慧惠．基于改进人工智能的短期电力负荷预测算法研究 [J]．长春工程学院学报（自然科学版），2019, 20(2): 23-26, 34.

［59］张振，王锋，陈敏曦．基于 BP 网络的电力负荷预测改进研究 [J]．中国电业（技术版），2015(10): 12-15.

［60］邹红波，伏春林，喻圣．基于 Akima-LMD 和 GRNN 的短期负荷预测 [J]．电工电能新技术，2018, 37(1): 51-56.

［61］张建寰，吉莹，陈立东．深度学习在电力负荷预测中的应用 [J]．自动化仪表，2019, 40(8): 8-12, 17.

［62］YAHYA M A, HADI S P, PUTRANTO L M．Short-term electric load forecasting using recurrent neural network, Study Case of Load Forecasting in Central Java and Special Region of Yogyakarta[C]. 2018 4th International Conference on Science and Technology (ICST), 2018.

[63] 李若晨,朱帆,朱永利,等.结合受限玻尔兹曼机的递归神经网络电力系统短期负荷预测[J].电力系统保护与控制,2018,46(17): 83-88.

[64] 李鹏,何帅,韩鹏飞,等.基于长短期记忆的实时电价条件下智能电网短期负荷预测[J].电网技术,2018,42(12): 4045-4052.

[65] 许言路,武志锴,朱赫炎,等.基于多尺度卷积神经网络的短期电力负荷预测[J].沈阳工业大学学报,2020,42(6): 618-623.

[66] 张静,石鑫.基于改进MOPSO-BP算法的短期电力负荷预测研究[J].电力学报,2019,34(6): 556-563.

[67] SUN J X. LIU K Z. Middle-term power load forecasting model based on kernel principal component analysis and improved neural network[J]. Nanjing Li Gong Daxue Xuebao/Journal of Nanjing University of Science and Technology, 2018, 42(3): 259-265.

[68] 陆继翔,张琪培,杨志宏,等.基于CNN-LSTM混合神经网络模型的短期负荷预测方法[J].电力系统自动化,2019,43(8): 131-137.

[69] XIA H, ZHANG G, YANG J, et al. Theory study and application of the BP-ANN method for power grid short-term load forecasting[J]. ZTE Communications, 2015, 13(3): 2-5.

[70] PENG J, GAO S, DING A. Study of the short-term electric load forecast based on ANFIS[C]. 2017 32nd Youth Academic Annual Conference of Chinese Association of Automation, 2017.

[71] WAN H. Load forecasting via deep neural networks[J]. Procedia Computer Science, 2017, 122.

[72] 陈国涛,滕欢.基于混合神经网络深度学习的短期负荷预测[J].水电能源科学,2020,38(4): 193-196.

[73] 张未,余成波,王士彬,等.基于VMD-LSTM-LightGBM的多特征短期电力负荷预测[J].南方电网技术,2023,17(2): 74-81.

[74] YANG G, DU S, DUAN Q, et al. Short-term Price Forecasting Method in Electricity Spot Markets Based on Attention-LSTM-mTCN[J]. Journal of Electrical Engineering &Technology, 2022: 1-10.

[75] 代业明,周琼.基于改进Bi-LSTM和XGBoost的电力负荷组合预测方法[J].上海理工大学学报,2022,44(2): 138-147.

[76] 赵会茹,赵一航,郭森.基于互补集合经验模态分解和长短期记忆神经网络的短期电力负荷预测[J].中国电力,2020,53(6): 48-55.

[77] KAVOUSI-FARD A, SAMET H, Marzbani F. A new hybrid modified firefly algorithm and support vector regression model for accurate short term load forecasting[J]. Expert Systems

With Applications, 2014, 41(31): 6047-6056.

[78] BAHRAMI S, HOOSHMAND RA, PARASTEGARI M. Short term electric load forecasting by wavelet transform and grey model improved by PSO (particle swarm optimization) algorithm[J]. Energy, 2014(72): 434-442.

[79] CHEN YH, KLOFT M, YANG Y, et al. Mixed kernel based extreme learning machine for electric load forecasting[J]. Neurocomputing, 2018(312): 90-106.

[80] TIAN C, HAO Y. A novel nonlinear combined forecasting system for short-term load forecasting[J]. Energys, 2018, 11(4): 115-136.

[81] ZENG N, ZHANG H, LIU W, et al. A switching delayed PSO optimized extreme learning machine for short-term load forecasting[J]. Neurocomputing, 2017(240): 175-182.

[82] 刁家伟. 基于ARIMA-BPNN的负荷预测方法研究与应用[D]. 广州：广东工业大学，2018.

[83] 金樑. SVM与神经网络的组合模型在短期电力负荷预测中的应用研究[D]. 吉林：吉林大学，2018.

[84] 王白玲. 电力负荷组合预测的理论方法及影响因素分析[D]. 北京：华北电力大学，2005.

[85] 陈亚，李萍. 基于神经网络的短期电力负荷预测仿真研究[J]. 电气技术，2017(1): 26-29.

[86] 陈丽娜，撒奥洋，于立涛，等. 计及储能调度因素的短期负荷预测模型[J]. 电力系统及其自动化学报，2019, 31(7): 57-63.

[87] 于道林. 计及需求响应的Elman_NN短期负荷预测模型研究[J]. 电工电能新技术，2017, 36(4): 59-65.

[88] 吴永峰，蔡学志，肖建华. 基于RBF神经网络的短期负荷预测方法[J]. 自动化应用，2017(10): 73-74, 93.

[89] 赵东雷，李丹华，库巍，等. 基于神经网络的电力系统短期负荷预测[J]. 华北电力技术，2017(9): 22-27.

[90] XIA C, WANG J, MCMENEMYK. Short, medium and long term load forecasting model and virtual load forecaster based on radial basis function neural networks[J]. International Journal of Electical Power & Energy Systems, 2010, 32(7): 743-750.

[91] CECATI C, KOLBUSZ J, ROZYCKI P, et al. A novel RBF training algorithm for short-term electric load forecasting and comparative studies[J]. IEEE Transactions on Industrial Electronics. 2015, 62(10): 6519-6529.

[92] RYU S, NOH J, KIM H. Deep neural network based demand side short term load forecasting[J]. Energys, 2017, 10(1): 774-796.

[93] 杨晶，廖鬻，妥建军. 面向智能电网应用的电力大数据关键技术[J]. 电子技术与软件工

程, 2018(4): 173.

[94] 魏骁, 申少辉, 徐俊. 浙江省中长期电力负荷需求预测分析 [J]. 自动化技术与应用, 2023, 42(2): 26-29, 40.

[95] ZHENG J, XU C, ZHANG Z, et al. Electric Load Forecasting in Smart Grid Using Long-Short-Term-Memory Based Recurrent Neural Network In: Information Sciences and Systems(CISS)[C]. Baltimore, MD, USA: IEEE, 2017: 1-6.

[96] 罗澍忻, 麻敏华, 蒋林, 等. 考虑多时间尺度数据的中长期负荷预测方法 [J]. 中国电机工程学报, 2020, 40: 11-19.

[97] 谢品杰, 朱文昊, 谭忠富. 产业结构、电价水平对我国电力强度的非线性作用机制 [J]. 现代财经（天津财经大学学报）, 2016, 36(1): 56-69.

[98] LAOUAFI A, MORDJAOUI M, LAOUAFI F. An evaluation of conventional and computational intelligence methods for medium and long-term load forecasting in Algeria[C]. International Conference on Control, Engineering & Information Technology. IEEE, 2015: 1-6.

[99] CITROEN N, OUASSAID M, MAAROUFI M. Long term electricity demand forecasting using auto regressive integrated moving average model: Casestudy of Morocco[C]. International Conference on Electrical and Information Technologies. IEEE, 2015: 59-64.

[100] LIANG Y. A combined model for short-term load forecasting based on neural network and grey wolf optimization in: Advanced Information Technology, Electronic and Automation Control Conference(IAEAC)[C]. Chongqing, China: IEEE, 2017: 1291-1296.

[101] DENG J. Control problems of grey systems[J]. Systems & Control Letters, 1982, 1(5): 288-294.

[102] 刘思峰, 杨英杰, 吴利丰, 等. 灰色系统理论及其应用 [M]. 北京: 科学出版社, 2014.

[103] 王大鹏. 灰色预测模型及中长期电力负荷预测应用研究 [D]. 武汉: 华中科技大学, 2013.

[104] 刘秋华, 徐杨. 基于改进灰色预测法的连云港市电力需求与对策研究 [J]. 南京工程学院学报（社会科学版）, 2019, 19(3): 32-39.

[105] 雷绍兰, 李山, 蒋东荣, 等. 重庆地区中长期负荷特性和预测方法研究 [J]. 中国电力, 2016, 49(1): 96-101.

[106] COSKUNH, HUSEYINA. Forecasting the annual electricity consumption of Turkey using an optimized grey model[J]. Energy, 2014(70): 165-171.

[107] ZENG B, MENG W, LIU S, et al. Research on the prediction model of oscillatory sequence based on GM(1,1) and its application In Electricity Demand Prediction In: Grey Systems and Intelligent Services[C]. Macao, china: IEEE, 2014: 31-40.

［108］王允平, 黄殿勋, 熊浩清, 等. 智能电网环境下采用关联分析和多变量灰色模型的用电量预测 [J]. 电力系统保护与控制, 2012(1): 96-100.

［109］CHEN L, LIN W, LI J, et al. Prediction of lithiumion battery capacity with metabolic grey model[J]. Energy, 2016(106): 662-672.

［110］周德强. 改进的灰色 Verhulst 模型在中长期负荷预测中的应用 [J]. 电网技术, 2009, 18: 124-127.

［111］张成, 滕欢, 付婷. 基于灰色离散 Verhulst 模型理论的电力中长期负荷预测研究 [J]. 电力系统保护与控制, 2013(4): 45-49.

［112］XU N, DANG Y, GONG Y. Novel grey prediction model with nonlinear optimized time response method for forecasting of electricity consumption in China[J]. Energy, 2017, 118(1): 473-480.

［113］RASOULINEZHAD E, TAGHIZADEH-HESARY F. Role of green finance in improving energy efficiency and renewable energy development[J]. Energy Efficiency, 2022, 15(2): 14.

［114］ROSEN MA. Improving the Efficiency of Electrical Systems via Exergy Methods[C]// Electrical Power Conference, 2007. EPC 2007. IEEE Canada, Montreal, Que., 2007: 467-472.

［115］ANG B W. Monitoring changes in economy-wide energy efficiency: From energy-GDP ratio to composite efficiency index[J]. ENERGY POLICY, 2006, 34(5): 574-582.

［116］MAHESWARAN D, RANGARAJ V, KAILAS K K J, et al. Energy efficiency in electrical systems[C]//2012 IEEE International Conference on Power Electronics, Drives and Energy Systems (PEDES). IEEE, 2012: 1-6.

［117］STENQVIST C, NILSSON LJ. Energy efficiency in energy-intensive industries-an evaluation of the Swedish voluntary agreement PFE[J]. Energy Efficiency, 2012, 5 (2): 225-241.

［118］赵洪山, 李静璇. 基于 PSR 和改进灰色 TOPSIS 的园区客户能效评估模型 [J]. 中国电力, 2022, 55(3): 203-212.

［119］匡少林. 电力需求侧通信网络设计及可靠性评估 [D]. 长沙: 湖南大学, 2014.

［120］ZANARDO P R, MAIRESSE C J, DE SOUZA S F, et al. Energy audit model based on a performance evaluation system[J]. Energy, 2018, 154(3) : 544-552.

［121］AMIR K, RAM R, MARTIN F. Ranking appliance energy efficiency in households: Utilizing smart meter data and energy efficiency frontiers to estimate and identify the determinants of appliance energy efficiency in residential buildings[J]. Energy and Buildings, 2015, 99: 220-230.

［122］YOSHIYUKI S, AYAKO T M, TAKUYA I, et al. Residential energy end-use model as evaluation tool for residential micro-generation[J]. Applied Thermal Engineering, 2017, 114(5): 1433-1442.

[123] MAHBOD H, DAŠA M, NICOLINE V D L, et al. Analysis of the energy efficiency potential of household lighting in Switzerland using a stock model[J]. Energy and Buildings, 2018, 158: 536-548.

[124] ZHANG X, SU B, YANG J, et al. Analysis of Shanxi Province's energy consumption and intensity using input-output framework (2002–2017)[J]. Energy, 2022, 250: 123786.

[125] 刘敦楠, 陈雪青, 何光宇, 等. 电力市场评价指标体系的原理和构建方法 [J]. 电力系统自动化, 2005(23): 2-7, 14.

[126] 李丹, 余岳峰, 虞亚辉. 工业企业能效评估方法研究 [J]. 上海节能, 2007(5): 5.

[127] 吴剑飞, 姚建刚, 陈华林, 等. 电力客户能效状态模糊综合评估 [J]. 电力系统保护与控制, 2010, 38(13): 94-98, 103.

[128] 罗耀明, 毛李帆, 姚建刚, 等. 基于递阶综合评价模型的电力客户能效评估系统 [J]. 微计算机信息, 2011, 27(5): 69-71.

[129] 王彬, 何光宇, 陈颖, 等. 智能电网评估指标体系中电力客户需求指标集的构建 [J]. 电网技术, 2012, 36(6): 21-26.

[130] 高新华, 严正. 基于主成分聚类分析的智能电网建设综合评价 [J]. 电网技术, 2013, 37(8): 2238-2243.

[131] 彭旭东, 邱泽晶, 肖楚鹏. 电力客户能效监测与需求响应研究综述 [J]. 节能技术, 2013, 31(3): 243-246.

[132] 孙勇, 方彦军. 高耗能行业省域多级能效监测体系设计研究 [J]. 华东电力, 2014, 42(3): 520-523.

[133] 祝恩国, 董俐君, 葛磊蛟, 等. 客户用电设备评估的区间熵权法 [J]. 电测与仪表, 2014, 51(24): 106-112.

[134] 曲朝阳, 王冲, 潘峰. 智能用电环境下的家庭电力能效评估方法 [J]. 电工电能新技术, 2015, 34(10): 61-67.

[135] 徐梦佳, 王渝红, 竺懋渝, 等. 家居智能用电水平指标体系构建方法研究 [J]. 现代电力, 2017, 34(2): 74-79.

[136] LIU H, GAO C, LIU F, et al. Comprehensive evaluation on user energy efficiency based on improved matter-element model[C]// International Conference on Electric Utility Deregulation & Restructuring & Power Technologies. IEEE, 2015.

[137] 马立新, 朱润, 周小波. 电力客户的智能能效分析及评级新方法 [J]. 控制工程, 2016(4): 474-477.

[138] 田贺平, 杜松怀, 韩晓慧, 等. 基于AHP-熵值法的企业电力综合能效评估 [J]. 智能

电网, 2015, 3(2): 112-118.

[139] 郑世明, 李壮茂, 彭显刚, 等. 电力客户能效的递阶综合评估方法 [J]. 广东电力, 2017, 30(3): 106-111.

[140] 张健钊, 陈星莺, 徐石明, 等. 基于 AHP- 熵值法的工业大客户用电能效评估 [J]. 电网与清洁能源, 2017, 33(1): 57-63.

[141] ZHANG Y J, PENG H R. Exploring the direct rebound effect of residential electricity consumption: An empirical study in China[J]. Applied Energy. 2017, 196: 132-141.

[142] WANG Z X, ZHU H, DING Y, et al. Energy efficiency evaluation of key energy consumption sectors in China based on a macro-evaluating system[J]. Energy, 2018, 153: 65-79.

[143] LI J, JUST R E. Modeling household energy consumption and adoption of energy efficient technology[J]. Energy Economics, 2018, 72: 404-415.

[144] SU Y W. Residential electricity demand in Taiwan: Consumption behavior and rebound effect[J]. Energy Policy, 2019, 124: 36-45.

[145] 叶玲, 彭皓月, 高怡, 等. 基于客户能量使用大数据的能效评价体系构建 [J]. 电力大数据, 2019, 22(1): 41-47.

[146] 王永真, 张靖, 潘崇超, 等. 综合智慧能源多维绩效评价指标研究综述 [J]. 全球能源互联网, 2021(3): 19.

[147] 林伯强, 杨梦琦. 碳中和背景下中国电力系统研究现状、挑战与发展方向 [J]. 西安交通大学学报 (社会科学版), 2022, 42(5): 1-10.

[148] WEI Y M, LIAO H. Energy economics: energy efficiency in China[M]. New York, NY, USA: Springer International Publishing, 2016.

[149] 袁家海, 宋岩. "十四五" 电力行业煤炭消费控制政策研究 [J]. 中国煤炭, 2021, 47(7): 9-16.

[150] QIN J H, GONG N J. The estimation of the carbon dioxide emission and driving factors in China based on machine learning methods[J]. Sustainable Production and Consumption, 2022, 33: 218-229.

[151] BP. BP statistical review of world energy 2021[EB/OL]. (2022-8-20). http: //www. bp. com/statisticalreview.

[152] 国家统计局能源统计司. 中国能源统计年鉴 2021[M]. 北京 : 中国统计出版社 , 2022.

[153] 朱吉茂, 孙宝东, 张军, 等. "双碳" 目标下我国煤炭资源开发布局研究 [J]. 中国煤炭, 2023, 49(1): 44-50.

[154] 高红均, 郭明浩, 刘俊勇, 等. 从四川高温干旱限电事件看新型电力系统保供挑战与应对展望 [J]. 中国电机工程学报 , 2023: 1-19.

[155] AMAGAI H. Environmental implications of fuel substitution and thermal efficiency. A case study of Japan's electricity sector[J]. Energy Policy, 1991, 19(1): 57-62.

[156] MASJUKI H, MAHLIA T M, CHOUDHURY IA. Potential CO2 reduction by fuel substitution to generate electricity in Malaysia[J]. Energy Conversion and Management, 2002, 43(6): 763-770.

[157] ZHENG P, ZHU L, LU W. The effects of electricity substitution in Fujian: based on microdata survey[J]. Environment, Development and Sustainability, Springer Netherlands, 2020.

[158] 李晖. 考虑大规模新能源接入的电力系统规划研究及应用 [D]. 北京：华北电力大学，2017.

[159] BELLO M O, SOLARIN S A, YEN Y Y. Hydropower and potential for interfuel substitution: The case of electricity sector in Malaysia[J]. Energy, 2018, 151: 966-983.

[160] ZHAO X, CAI Q, ZHANG S, et al. The substitution of wind power for coal-fired power to realize China's CO_2 emissions reduction targets in 2020 and 2030[J]. Energy, 2017, 120: 164-178.

[161] LIN B, ANKRAH I. Renewable energy (electricity) development in Ghana: observations, concerns, substitution possibilities, and implications for the economy[J]. Journal of Cleaner Production, 2019, 233: 1396-1409.

[162] CAI H, NAN Y, ZHAO Y, JIAO W, PAN K. Impacts of winter heating on the atmospheric pollution of northern China's prefectural cities: Evidence from a regression discontinuity design[J]. Ecological Indicators, 2020, 118: 106709.

[163] 袁小凯，李果，黄世平. 基于大数据技术的多变量短期电力需求预测研究 [J]. 电网与清洁能源，2020, 36(12): 30-34, 40.

[164] World Health Organization. WHO Air quality guidelines 2005[J]. International Journal of Life Cycle Assessment, 2018, 10(2): 116.

[165] 杨帆，张晶杰. 碳达峰碳中和目标下我国电力行业低碳发展现状与展望 [J]. 环境保护，2021, 49(Z2): 9-14.

[166] 朱怡，王旭辉. 国网公司发布"碳达峰、碳中和"行动方案 [J]. 班组天地，2021(3): 82-83.

[167] SHAN Y, GUAN D, ZHENG H, et al. China CO_2 emission accounts 1997-2015[J]. Scientific Data, 2018, 5: 170-182.

[168] POLLITT M, YANG CH, CHEN H. Reforming the Chinese Electricity Supply Sector: Lessons from International Experience[R]. Cambridge, UK: Energy Policy Research Group (EPRG), 2017.

[169] 张瑶, 王傲寒, 张宏. 中国智能电网发展综述 [J]. 电力系统保护与控制, 2021, 49(5): 180-187.

[170] 王志鹏, 兰峰, 赵勇, 等. 数字孪生技术在坚强智能电网中的应用探讨 [J]. 电气应用, 2021, 40(6): 111-115.

[171] 盘生. 电力客户价值评估及增值的研究与应用 [D]. 广州: 华南理工大学, 2020.

[172] ALGHAMDI A. A Hybrid Method for Customer Segmentation in Saudi Arabia Restaurants Using Clustering, Neural Networks and Optimization Learning Techniques. [J]. Arabian Journal for Science and Engineering, 2022, 12: 11-19.

[173] 胡晓雪, 赵嵩正, 吴楠. 基于 SOM-DB-PAM 混合聚类算法的电力客户细分 [J]. 计算机工程, 2015, 41(10): 295-301, 308.

[174] 陈娟, 夏鹏, 梁晓伟, 等. 基于 CSPSO-K-means 算法的电力客户细分及定制化增值服务系统研究 [J]. 微型电脑应用, 2021, 37(10): 90-93.

[175] 于平. 电力负荷特性及其优化调控方法的思考 [J]. 电子制作, 2017(22): 93-94.

[176] HU L, LI H, TAN J. Sensitivity analysis and forecast of power load characteristics based on meteorological feature information[J]. IOP Conference Series: Earth and Environmental Science, 2020, 558(5): 442-468.

[177] 仇伟杰. 中国电力经济运行规律研究 [D]. 南京: 南京航空航天大学, 2006.

[178] BARAKAT E H, EISSA M A M. Forecasting monthly peak demand in fast growing electric utility using a composite multiregression-decomposition model[C]//IEE Proceedings C (Generation, Transmission and Distribution). IET Digital Library, 1989, 136(1): 35-41.

[179] SCOTT D. Understanding Organizational Evolution: Its Impact on Management and Performance[M]. London, Quorum Books, 2001.

[180] CHEN I J, POPOVICH K. Understanding customer relationship management (CRM): People, process and technology[J]. Business Process Management Journal, 2003, 9(5): 672-688.

[181] GREENBERG P, CRM at the speed of light: capturing and keeping customers in internet real time[M]. New York: McGraw-Hill Osborne Media, 2001.

[182] 孙忠. 客户关系管理在企业营销管理中的形成与发展 [J]. 科技进步与对策, 2000(12): 55-57.

[183] 张国安. 客户关系管理与企业文化 [J]. 科技进步管理, 2001, 1: 98-100.

[184] 朱吉. 比较客户关系价值理论与传统的市场营销管理理论 [J]. 北京商学院学报, 2001(1): 17-19.

[185] 刘雪飞. 电力营销客户关系管理系统的设计 [J]. 电力需求侧管理, 2005, 11: 10-12.

[186] 韩冬. 客户关系管理在电力市场营销中的应用 [J]. 黑龙江电力, 2007, 29(1): 1-3.

[187] 向明. 供电企业营销应实施以提高顾客满意度为核心的客户关系管理 [J]. 广东科技, 2011, 20(16): 172-173.

[188] 张晓红. 数据挖掘技术在电力行业客户关系管理中的应用 [J]. 科技资讯, 2018, 16(32): 19-20.

[189] 余文辉. 基于电力大数据的客户立体画像构建及应用研究 [J]. 计算技术与自动化, 2020, 39(2): 164-169.

[190] 郭薇. 浅析新形势下如何做好电力企业电力营销及优质服务 [J]. 价值工程, 2019, 38(20): 86-88.

[191] OLIVERRL. A cognitive model of the antecedents and consequences of satisfaction decisions[J]. Journal of Marketing Research, 1980, 42: 460-69.

[192] CHURCHILLG A, CAROL S. An investigation into the determinants of customer satisfaction[J]. Journal of Marketing Research, 1982, 19: 491-504.

[193] WILLIAM O B, JESSE E. Selected determinants of consumer satisfaction and complaint reports[J]. Journal of Marketing Research, 1983, 20: 21-28.

[194] FARRIS P F, BENDLE N T, PFEIFER P E, et al. Marketing metrics: the definitive guide to measuring marketing performance[M]. 2nd ed. New York, Pearson Education, 2010.

[195] HIRSCHMAN A O. Exit, voice, and loyalty: responses to decline in firms, Organizations, and States[M]. Cambridge: Harvard University Press, 1970.

[196] ANDREASSEN T W. Small, high cost countries strategy for attracting MNC's global investments[J]. The International Journal of Public Sector Management, 1995, 8: 115-129.

[197] ANDERSON E, SULLIVAN M. The antecedents and consequences of customer satisfaction for firms[J]. Marketing Science, 1993, 12: 125-43.

[198] 韩添祎, 陈曦, 刘庆鑫. 峰谷电价下基于长短时记忆网络的配电网短期负荷预测研究 [J]. 东北电力大学学报, 2020, 40(4): 19-28.

[199] 刘会家, 管鑫, 陈波, 等. 考虑主动需求的主动配电网负荷预测 [J]. 电力系统保护与控制, 2018, 46(10): 68-74.

[200] 苏梦. 峰谷分时电价下的客户需求响应研究 [J]. 价值工程, 2020, 39(4): 188-195.

[201] 张智晟, 于道林. 考虑需求响应综合影响因素的RBF-NN短期负荷预测模型 [J]. 中国电机工程学报, 2018, 38(6): 1631-1638, 1899.

[202] 谈竹奎, 汪元芹, 赵菁, 等. 实时电价下客户侧电力需求响应模型优化策略及数字仿真 [J]. 电力大数据, 2020, 23(5): 10-18.

[203] 刘文, 于强, 龚文杰, 等. 计及尖峰电价机制的短期负荷预测研究 [J]. 青岛大学学报 (工程技术版), 2019, 34(2): 45-49.

[204] 都成, 魏震波. 基于模糊激励型需求响应的微电网两阶段优化调度模型 [J]. 电力建设,

2020, 41(5): 37-44.

［205］范宏，邓剑．不确定性的激励型需求响应对配电网可靠性的影响［J］．现代电力，2020, 37(4): 416-424.

［206］林俐，张玉．激励型需求响应参与主动配电网优化调度的不确定性分析［J］．华北电力大学学报（自然科学版），2020, 47(5): 10-20.

［207］JAHAN I S, SNASEL V, MISAK S. Intelligent Systems for Power Load Forecasting: A Study Review[J]. Energies, 2020, 13(22): 977-996.

［208］杨博宇，陈仕军．电力负荷预测研究综述及预测分析［J］．四川电力技术，2018, 41(3): 56-60, 91.

［209］闫群民，邱绎同，杨浩，等．基于大数据的电力系统短期负荷预测［J］．电工技术，2020(5): 16-18.

［210］邹红波，伏春林，喻圣．基于 Akima-LMD 和 GRNN 的短期负荷预测［J］．电工电能新技术，2018, 37(1): 51-56.

［211］魏亮亮，毛森，吕杭．电力系统短期负荷预测方法研究［J］．科技经济导刊，2019, 27(8): 89.

［212］刘建军．电力系统负荷预测综述［J］．中国科技信息，2016(16): 52-53.

［213］张彦宇，肖茜．国内外关于电力系统负荷预测的研究现状分析［J］．山东工业技术，2016(11): 215, 208.

［214］杨英，胡函武，魏晗，等．电力系统负荷预测分类研究［J］．电子世界，2018(21): 109.

［215］GURKAN T, AHMET V, RESUL D. A comparison of the performance of classification methods and artificial neural networks for electricity load forecasting[J]. The Eurasia Proceedings of Science, Technology, Engineering & Mathematics, 2018, 57: 57-68.

［216］LINDBERG K B, SELJOM H. MADSEN D. Long-term electricity load forecasting: Current and future trends[J]. Utilities Policy, 2019, 58: 478-490.

［217］JUNAID G, MALIK U, PAUL J M. Mid-term electricity load prediction using CNN and Bi-LSTM[J]. The Journal of Supercomputing, 2021, 77(10): 669-699.

［218］Engineering; New Findings from Sichuan University in the Area of Engineering Described (A Deep Learning Method for Short-term Residential Load Forecasting In Smart Grid)[J]. Journal of Engineering, 2020, 571: 472-498.

［219］NIU D, CHEN Y, QING J. Study of Super Short-Term Bus Load Forecasting Model Based on Similar Ranges[J]. Applied Mechanics and Materials, 2014, 2947: 462-492.

［220］张帆，张峰，张士文．基于提升小波的时间序列分析法的电力负荷预测［J］．电气自动化，2017, 39(3): 72-76.

［221］朱刘柱，王绪利，马静，等．基于小波包分解与循环神经网络的综合能源系统短期负

荷预测 [J]. 电力建设，2020, 41(12): 131-138.

[222] 李霄，王昕，郑益慧，等. 基于改进最小二乘支持向量机和预测误差校正的短期风电负荷预测 [J]. 电力系统保护与控制，2015, 43(11): 63-69.

[223] 宋占党，李湘华，王海宾，等. 大数据环境下的电力负荷预测研究 [J]. 电子测量技术，2019, 42(12): 51-54.

[224] 兰栋. 面向智能电网应用的电力大数据关键技术分析 [J]. 数字通信世界，2018(4): 81.

[225] 阳曾，丁施尹，叶萌，等. 基于变分模态分解和深度学习的短期电力负荷预测模型 [J]. 电测与仪表，2021, 60(2): 1-8.

[226] 郑凯，彭显刚，李壮茂，等. 基于直觉模糊熵修正权重的工业客户能效综合评估 [J]. 智慧电力，2017, 45(10): 43-49.

[227] AUDREY B, WIDED B. How competent are consumers? The case of the energy sector in France[J]. International Journal of Consumer Studies, 2011, 35.

[228] MERLIN S, JANE F. The challenge of new marketing issues[J]. The Journal of Database Marketing & Customer Strategy Management, 2010, 20.

[229] FULLI V G . A business case for Smart Grid technologies: A systemic perspective[J]. Energy Policy, 2012, 40: 252-259.

[230] BROWN D, HALL S, MARTISKAINENM, et al. Conceptual ising domestic energy service business models: A typology and policy recommendations, [J]. Energy Policy, 2022, 161(2).

[231] USHER W, STRACHANN. An expert elicitation of climate, energy and economic uncertainties[J], Energy Policy, 2013, 61: 811-821.

[232] SOUSAJ L, MARTINSA G, JORGEH. Dealing with the paradox of energy efficiency promotion by electric utilities[J], Energy, 2013: 251-258.

[233] APAJALAHTI E L, LOVIO R, HEISKANEN E. From demand side management (DSM) to energy efficiency services: A Finnish case study[J]. Energy Policy, 2015, 81(2): 76-85.

[234] FELLM J, Energy services: a conceptual review. [J]. Energy Res. Soc. Sci, 2017, 27: 129-140.

[235] 申庆斌，武志宏，张媛，等. 基于电力大数据的客户能效服务研究 [J]. 电力需求侧管理，2017, 19(4): 29-31.

[236] 张国方，金国栋. 客户细分理论及应用策略研究 [J]. 华中科技大学学报（社会科学版），2003(3): 101-104.

[237] 王雷. 基于数据挖掘的电力行业客户细分模型研究 [D]. 上海：上海交通大学，2007.

[238] DZOBO O K, ALVEHAG C T, GAUNT R H. Multi-dimensional customer segmentation model for power system reliability-worth analysis[J]. International Journal of Electrical Power & Energy Systems, 2014, 62: 532-539.

［239］MARÍA T B, PILAR G C, JORGE S. Customer segmentation in e-commerce: Applications to the cashback business model[J]. Journal of Business Research, 2018, 88: 407-414.

［240］原慧琳, 杜杰, 李延柯. 基于数据挖掘的客户细分模型研究及应用[J]. 计算机工程与设计, 2021, 42(1): 57-64.

［241］LI Y, CHU X, TIAN D, et al, Customer segmentation using K-means clustering and the adaptive particle swarm optimization algorithm[J]. Applied Soft Computing, 2021, 113(12).

［242］JESUS S, NOEL V, ADRIANA B L. Association rules extraction for customer segmentation in the SMEs sector using the apriori algorithm[J]. Procedia Computer Science, 2019, 151: 1207-1212.

［243］MANJUNATH Y S K, KASHEF R F. Distributed clustering using multi-tier hierarchical overlay super-peer peer-to-peer network architecture for efficient customer segmentation[J]. Electronic Commerce Research and Applications, 2021, 47: 101040.

［244］CAIGNY A D, KRISTOF C, WOUTER V, et al. Uplift modeling and its implications for B2B customer churn prediction: A segmentation-based modeling approach[J]. Industrial Marketing Management, 2021, 99: 28-39.

［245］PAWEŁOSZEK I. Customer segmentation based on activity monitoring applications for the recommendation system[J]. Procedia Computer Science, 2021, 192: 4751-4761.

［246］KOLAROVSZKI P, JIŘÍ T, MAJERČÁKOVÁ M. The New Model of Customer Segmentation in Postal Enterprises[J]. Procedia - Social and Behavioral Sciences, 2016, 230: 121-127.

［247］DANIEL R T, SHALU A, ASEEM M, Johannes U. Understanding segmentation in rural electricity markets: Evidence from India[J]. Energy Economics, 2020, 87, 104697.

［248］杨璐. 基于电力大数据的客户行为分析及可视化技术应用[D]. 保定: 华北电力大学, 2017.

［249］冀慧杰, 倪枫, 刘姜, 等. 基于灰色关联度和K-Means++的电子商务客户价值分类[J]. 计算机系统应用, 2020, 29(9): 249-254.

［250］孙林, 刘梦含, 徐久成. 基于优化初始聚类中心和轮廓系数的K-means聚类算法[J]. 模糊系统与数学, 2022, 36(1): 47-65.

［251］PEÑA J M, LOZANO J A, LARRAÑAGA P. An empirical comparison of four initialization methods for the K-Means algorithm[J]. Pattern Recognition Letters, 1999, 20(10): 1027-1040.

［252］LIAO C C. Genetic k-means algorithm based RBF network for photovoltaic MPP prediction[J]. Energy, 2010, 35(2): 529-536.

［253］MERHAD A, ÖZBAKIR L, SINEM K. FC-Kmeans: Fixed-Centered K-means

Algorithm[J]. Expert Systems with Applications, 2022: 118656.

[254] ABERNATHY A, CELEBI M E. The incremental online k-means clustering algorithm and its application to color quantization[J]. Expert Systems with Applications, 2022, 207: 117927.

[255] 刘潇潇, 郭馨泽, 刘金, 等. 基于电力客户行为的客户细分与价值评价研究[J]. 电子世界, 2013(24): 245-248.

[256] 刘艾旺. 基于电力营销大数据的用电客户精准营销[D]. 杭州: 浙江大学, 2021.

[257] 胡晓雪. 基于客户价值的工业电力客户细分研究[D]. 西安: 西北工业大学, 2016.

[258] 赵希正, 周小谦, 姜绍俊. 中国电力负荷特性分析与预测[M]. 北京: 中国电力出版社, 2002.

[259] 姚道香. 我国智能电网建设中的政府作用研究[D]. 南宁: 广西大学, 2012.

[260] 滕雪莉. 智能计算配电网负荷预测方法研究[J]. 科技论坛, 2013, 36(1): 338-344.

[261] 郁嘉嘉, 左郑敏, 程鑫, 等. 省级电网负荷特性分析方法研究[J]. 机电工程技术, 2018, 47(2): 80-85.

[262] 阙之玫, 俞强, 谢旗辉, 等. 一种基于负荷特性指标的负荷分类方法[J]. 华东电力, 2014, 42(11): 2382-2387.

[263] 霍成军. 电力系统负荷特性分析[D]. 天津: 天津大学, 2007.

[264] 许明. 基于负荷特性分析的错峰方案研究[D]. 广州: 华南理工大学, 2012.

[265] 余书奇. 基于负荷特性分析的错峰管理系统研究与开发[D]. 广州: 华南理工大学, 2013.

[266] MOHSENIAN-RAD A H, WONG V W S, JATSKEVICH J. Autonomous demand-side management based on game-theoretic energy consumption scheduling for the future smart grid[J]. IEEE Transactions on Smart Grid, 2010, 1: 320-331.

[267] 金鑫, 李龙威, 季佳男, 等. 基于大数据和优化神经网络短期电力负荷预测[J]. 通信学报, 2016, 37(S1): 36-42.

[268] 阮文骏, 王蓓蓓, 李扬, 等. 峰谷分时电价下的客户响应行为研究[J]. 电网技术, 2012, 36(7): 86-93.

[269] 陆继翔, 张琪培, 杨志宏, 等. 基于CNN-LSTM混合神经网络模型的短期负荷预测方法[J]. 电力系统自动化, 2019, 43(8): 131-137.

[270] 王雁凌, 吴梦凯, 周子青, 等. 基于改进灰色关联度的电力负荷影响因素量化分析模型[J]. 电网技术, 2017, 41(6): 1772-1778.

[271] 廖慧惠. 基于改进人工智能的短期电力负荷预测算法研究[J]. 长春工程学院学报(自然科学版), 2019, 20(2): 23-26+34.

［272］石栋安, 周芸. 基于改进 BP 神经网络的居民负荷短期预测 [J]. 国外电子测量技术, 2018, 37(10): 15-19.

［273］郑舟, 肖建华, 陈冬沣. 电力系统短期负荷预测模型与优选的分析 [J]. 自动化应用, 2017(12): 120-122.

［274］刘欢. 基于 BP 神经网络与时间序列的电力系统短期负荷组合预测 [J]. 内燃机与配件, 2018(15): 214-215.

［275］李泽文, 胡让, 刘湘, 等. 基于 PCA-DBILSTM 的多因素短期负荷预测模型 [J]. 电力系统及其自动化学报, 2020, 32(12): 32-39.

［276］孙伟, 鲍毅, 戴波, 等. 基于改进极限学习机的电力需求预测研究 [J]. 计算机与数字工程, 2019, 47(4): 806-811, 819.